Über dieses Buch

Im Jahr 1935 hielt C. G. Jung in der Tavistock Clinic in London vor ungefähr 200 Psychiatern, Psychotherapeuten und Medizinern fünf Vorlesungen mit jeweils anschließenden Diskussionsveranstaltungen. Die Mitschriften der Vorlesungen und Diskussionsbeiträge erschienen dann in Buchform und gelten bis heute als ausgezeichnete Einführung in die Grundlagen der Analytischen Psychologie. Die Darstellung ist systematisch und doch unformell, wobei die Lebendigkeit des Vortrages einen bleibenden Eindruck der Persönlichkeit C. G. Jungs vermittelt.

Der Autor

Carl Gustav Jung wurde am 26. Juli 1875 in Kesswil, Kanton Thurgau, Schweiz, geboren. Er studierte in Basel Medizin und wurde 1900 Assistent am »Burghölzli«, der Psychiatrischen Klinik der Universität Zürich. Seit 1905 war er als Privatdozent für Psychiatrie an der Universität Zürich tätig. Seit 1907 arbeitete er mit Sigmund Freud zusammen, 1911 wurde er der erste Präsident der neugegründeten Internationalen Psychoanalytischen Gesellschaft. 1912/13 Trennung von der psychoanalytischen Bewegung Freuds. Nachdem er seine Dozentur an der Universität Zürich aufgegeben hatte, widmete er sich ganz der Herausarbeitung der »Analytischen Psychologie«. Er starb am 6. Juni 1961 im Alter von 85 Jahren in Küsnacht.
Außerdem erschienen von C. G. Jung im Fischer Taschenbuch Verlag: *Bewußtes und Unbewußtes* (Bd. 6058) und *Über die Psychologie des Unbewußten* (Bd. 6299).

C. G. Jung

Über Grundlagen der analytischen Psychologie

Die Tavistock Lectures 1935

Fischer
Taschenbuch
Verlag

Fischer Taschenbuch Verlag
November 1975
Ungekürzte Ausgabe
Umschlagentwurf: Jan Buchholz/Reni Hinsch
Titel der englischen Originalausgabe:
›Analytical Psychology. Its Theory and Practice‹
Aus dem Englischen übersetzt von Hilde Binswanger
Fischer Taschenbuch Verlag GmbH, Frankfurt am Main
Lizenzausgabe mit freundlicher Genehmigung
der Walter-Verlag AG, Olten
Gesamtherstellung: Hanseatische Druckanstalt GmbH, Hamburg
Printed in Germany
580-ISBN 3 436 02173 3

Inhalt

Vorbemerkung zur ursprünglichen Ausgabe 7

Vorwort von E. A. Bennet 8

Erste Vorlesung 13

Diskussion 32

Zweite Vorlesung 44

Diskussion 63

Dritte Vorlesung 78

Diskussion 102

Vierte Vorlesung 110

Diskussion 131

Fünfte Vorlesung 143

Diskussion 174

Verzeichnis der Diskussionsteilnehmer 188

Literaturverzeichnis 191

Vorbemerkung zur ursprünglichen Ausgabe

Diese Wiedergabe von Professor Jungs Vorlesungen am »Institute of Medical Psychology« erfolgt unter dem Patronat des »Analytical Psychology Club«, London.

Jungs Ausführungen sind im Prinzip wörtlich wiedergegeben. Um mögliche Mißverständnisse auszuschließen, schien es uns jedoch ratsam, den Aufbau einiger Sätze etwas abzuändern. Wir hoffen, durch diese geringfügigen Änderungen den ganz persönlichen Reiz der Vorlesungen nicht beeinträchtigt zu haben.

In einigen Fällen waren die Namen der Diskussionsteilnehmer nicht mehr festzustellen, und auch denen, deren Namen uns bekannt waren, konnte die Formulierung ihrer Fragen nicht mehr vorgelegt werden. Hierfür sowie für allfällige Irrtümer in der Wiedergabe der Fragen bitten wir um Entschuldigung.

Wir danken dem »Institute of Medical Psychology« nicht nur für die Erlaubnis, diese Vorlesungen zu veröffentlichen, sondern auch dafür, daß es unsere Arbeit in jeder Hinsicht unterstützte. Besonderer Dank sei Fräulein Toni Wolff für ihre Hilfe ausgesprochen. Vor allem aber möchten wir Herrn Professor Jung herzlich dafür danken, daß er uns für die Beantwortung einiger schwieriger Fragen und für die Durchsicht der Niederschrift in ihrer endgültigen Form zur Verfügung gestanden ist.

London, Oktober 1935

Mary Baker
Margaret Game

Für diese Ausgabe sind die Bilder und Diagramme neu hergestellt worden, und Dr. Bennet stellte uns Photographien der Zeichnungen seines Patienten (Originale in Wasserfarben) zur Verfügung.

Vorwort

von E. A. Bennet

Im Jahr 1935 hielt der verstorbene Professor C. G. Jung, der damals in seinem sechzigsten Altersjahr stand, in der Tavistock-Klinik[1] in London vor ungefähr zweihundert Ärzten fünf Vorlesungen. Die Vorlesungen und anschließenden Diskussionen sind von Mary Baker und Margaret Game in vervielfältigter Maschinenschrift herausgegeben worden. Dieser Bericht wird nun in Buchform veröffentlicht.

Jungs Arbeiten waren dem Publikum bekannt, aber wenige hatten ihn bis dahin sprechen gehört. Seine Vorlesungen zogen eine repräsentative Gruppe von Psychiatern und Psychotherapeuten aller Schulen an, ferner viele Ärzte von Nervenkliniken und auch einige Allgemeinpraktiker. Jung las im allgemeinen während einer Stunde und ließ dann für eine weitere Stunde eine Diskussion folgen. Von Anfang an bewirkten sein ungewöhnliches Material, seine unformelle Art und seine überraschende Beherrschung der englischen Umgangssprache eine ungezwungene und anregende Atmosphäre, und die Diskussionen erstreckten sich weit über die vorgesehene Zeit hinaus.

Jung beschränkte sich auf die Grundsätze, die seinen eigenen Auffassungen zugrundelagen, und stellte sie unter zwei Haupttiteln dar: Struktur und Inhalte der Psyche und die zu ihrer Erforschung angewendeten Methoden.

Er definierte das Bewußtsein als die Beziehung psychischer Fakten zu »einem Ich genannten Faktum«, dessen Charakter vom allgemeinen Einstellungstyp – extravertiert oder introvertiert – des einzelnen abhängt. Auf die Außenwelt bezieht sich das Ich über die vier Funktionen: Denken, Fühlen, Empfinden und Intuieren. Da das Ich, das Zentrum des Bewußtseins, aus dem Unbewußten hervorgeht, kann das Bewußtsein mit seinen Funktionen nur auf dem Hintergrund der Hypothese vom persönlichen und kollektiven Unbewußten verstanden werden. Diese Zusammenhänge sowie das Wesen der Funktionen führten zu vielerlei Fragen, und Jung erklärte sehr deutlich, was er unter diesen Begriffen verstand, von denen er viele selbst in die Analytische Psychologie eingeführt hatte.

[1] Im Jahr 1920 als The Tavistock Square Clinic gegründet, wurde sie 1931 in The Institute of Medical Psychology und einige Jahre später in The Tavistock Clinic umbenannt.

Bei der Erklärung der Methoden, die er in der Erforschung der unbewußten seelischen Aktivität anwandte, sprach Jung über das Assoziationsexperiment, über die Traum-Analyse und die aktive Imagination. Bei einigen Zuhörern rief die Bedeutung, die er dem Assoziationsexperiment beilegte, Überraschung hervor, da es schon lange nicht mehr verwendet wurde. Jung sprach aber vor allem deshalb darüber, weil es in seinen frühen Forschungen eine Schlüsselposition einnahm. Als er als junger Assistent an der Klinik Burghölzli in Zürich daranging, die Geheimnisse der Geisteskrankheiten zu erforschen, gab es noch kein kodifiziertes psychologisches Wissen. Seine Versuche mit den Wort-Assoziationen führten zu unerwarteten und hoch-bedeutsamen Ergebnissen. Zu den bedeutendsten unter ihnen gehörte die Entdeckung der autonomen Natur des Unbewußten. Die Annahme, es gebe eine seelische Aktivität außerhalb des Bewußtseins, bestand schon lange bevor FREUD oder Jung auf deren klinische Verwendbarkeit stießen. Durch seine verfeinerte Ausarbeitung des Assoziationsexperimentes bestätigte Jung diese Hypothese, und mit dem Aufweis der gefühlsbetonten Komplexe bewies er die FREUDsche Verdrängungstheorie. Ursprünglich war die Antwort auf das Reizwort auf ein einziges Wort beschränkt; Jung fand aber, daß dies den Testwert begrenze und führte gewisse technische Änderungen ein. Während der Test in seiner alten Form der Reaktionszeit-Messung weiterlief, wurden gleichzeitig auch mechanische Aufzeichnungen gemacht, die die Wirkung von Emotionen auf Pulsschlag, Atmung und quantitative Veränderungen des elektrischen Hautwiderstandes graphisch wiedergaben. Seine Feststellung, daß Körper und Seele als Einheit reagieren, machte Jung zum ersten Kliniker, der die Bedeutung der physiologischen Begleiterscheinungen von Emotionen erkannte, die heute als psychosomatische Phänomene jedem vertraut sind.

Die Grenze zum Land der Träume überschreitend, wie Jung es ausdrückte, sprach er über die persönlichen und kollektiven Elemente im Traum, und insbesondere über die Traum-Analyse, das wichtigste therapeutische Hilfsmittel in seiner Arbeit — »der Traum bringt alles Notwendige hervor«. Einmal antwortete Jung auf eine etwas verwickelte Frage auf Deutsch — zum Entsetzen des Fragestellers! Vom Vorsitzenden zur Rede gestellt, bemerkte er lächelnd: »Sie sehen, das Unbewußte arbeitet wirklich autonom!« Jung war nicht nur ein faszinierender Redner, sondern er wählte seine Worte auch sehr sorgfältig, und es gelang ihm ausgezeichnet, in verständlicher Weise und ohne doktrinären Jargon genau zu sagen, was er meinte.

In der vierten Vorlesung legte Jung die Interpretation eines

Traumes mit archetypischen Motiven vor, wobei er die von ihm angewandte amplifikatorische Methode erläuterte. Er zeigte, daß die Amplifikation durch Parallelerscheinungen in der Traumdeutung der vergleichenden Methode in der Philologie entspricht. Die Seele beschrieb er auf Grund der kompensatorischen Beziehung zwischen Bewußtsein und Unbewußtem als selbstregulierendes System, das mit den homeostatischen Mechanismen des Körpers verglichen werden kann.

Leider reichte die Zeit nicht, um die Analyse des ungewöhnlich interessanten Traumes zu Ende zu führen, und Jung beabsichtigte, dies in seiner letzten Vorlesung nachzuholen. Dr. Hugh Crichton-Miller schlug jedoch als Alternative vor, Jung möge über das schwierige Problem der Übertragung sprechen, was von den Teilnehmern unterstützt wurde. Jung erklärte die Übertragung als Sonderfall des allgemeineren Vorganges der Projektion und wies darauf hin, daß sie unter Umständen zum Hauptproblem der Analyse wird. Besondere Bedeutung maß er der Erfahrung und Geschicklichkeit des Analytikers im Umgang mit der Gegenübertragung zu. Der Ursprung der Übertragung und ihr völlig spontanes und unprovoziertes Auftreten führte zu dem, was Jung die schwierige und komplizierte Übertragungstherapie nannte.

So kurz sie war, bedeutete Jungs Übersicht über das Übertragungsproblem doch ein bewundernswertes Vorspiel zu seiner späteren und sehr stark ausgefeilten Arbeit über dieses Thema. Im Jahr 1946 erschien *Die Psychologie der Übertragung* auf Deutsch. Jung änderte seinen Begriff der Übertragung nicht, aber sein Verständnis davon vertiefte sich. In einer späteren Veröffentlichung, dem *Mysterium Coniunctionis,* schrieb er über die Struktur des Selbst und des Ich, die Natur der Übertragung und der Gegenübertragung, und über den Individuationsprozeß.

In der abschließenden Diskussion wurde Jung nach seinem Gebrauch des Ausdrucks »aktive Imagination« gefragt, und er ging sehr ausführlich darauf ein. Er beschrieb den zielgerichteten und schöpferischen Charakter der aktiven Imagination in der Analyse und zeigte, wie sie in Verbindung mit spontanem Malen und Zeichnen therapeutisch eingesetzt werden kann. Einige Teilnehmer waren überrascht zu hören, daß er seinen Patienten häufig riet, sich durch Bleistift oder Pinsel auszudrücken. Dieses Vorgehen hatte sich als höchst wertvoll erwiesen, besonders bei Menschen, die ihre Phantasien nicht in Worten auszudrücken vermochten; außerdem setzte es die Patienten in die Lage, in ihrer Freizeit aktiv an der Behandlung mitzuarbeiten.

Jung starb im Jahr 1961 mit fünfundachtzig Jahren, das heißt sechsundzwanzig Jahre, nachdem er diese Vorlesungen gehalten hatte. In der Zwischenzeit hat er zahlreiche Werke veröffentlicht, in denen zunehmende Entwicklung und Vertiefung zu erkennen sind, insbesondere in seinen Studien über das Unbewußte und seiner Bedeutung für das Verständnis von Gesundheit und Krankheit der Seele. Die folgenden Vorlesungen sind eine ausgezeichnete Einführung in die Grundlagen, auf denen Jungs Werk beruht. Sie sind systematisch und doch unformell, und die Niederschrift seiner gesprochenen Worte vermittelt einen bleibenden Eindruck seiner Persönlichkeit.

Da die deutsche Ausgabe erst nach dem Tode von C. G. Jung (1961) erscheint, wurden die von ihm geprägten Begriffe, die er zum Teil in späteren Jahren modifizierte, so belassen, wie er sie damals verwendet hat.

Der Verlag

Erste Vorlesung

Der Vorsitzende, Dr. H. Crichton-Miller:
Meine Damen und Herren,
In Ihrer aller Namen heiße ich Herrn Professor Jung bei uns willkommen, und es ist mir eine große Freude, dies tun zu dürfen. Herr Professor Jung, Ihr bevorstehender Besuch hat uns seit Monaten mit freudiger Erwartung erfüllt. Sicher erhoffen sich viele von uns aus diesen Seminarien neue Erkenntnisse. Ich glaube, daß die meisten von uns sich neue Erkenntnisse über uns selbst erhoffen. Für viele der Teilnehmer sind Sie der Mann, der die moderne Psychologie davor bewahrt hat, sich in gefährlicher Weise von den übrigen Geisteswissenschaften abzusondern. Wir bewundern die Weite und Kühnheit Ihres Geistes, die es Ihnen erlaubt haben, Psychologie und Philosophie zu verbinden, was von anderer Seite so sehr verpönt wird. Sie haben für uns den Sinn für die Werte, die Vorstellung menschlicher Freiheit im psychologischen Denken wiederhergestellt; Sie haben uns neue Einsichten vermittelt, die für viele von uns von unschätzbarem Wert sind, und vor allem andern hört für Sie die Erforschung der menschlichen Seele nicht dort auf, wo die Naturwissenschaft zu ihrem Ende kommt. Aus diesen und vielen andern Gründen, die für jeden von uns ganz persönlicher Art sind, danken wir Ihnen und sehen wir diesen Zusammenkünften mit großer Spannung entgegen.

C. G. Jung:
Meine Damen und Herren,
Zunächst bitte ich Sie zu bedenken, daß Englisch nicht meine Muttersprache ist. Ich muß Sie also um Nachsicht bezüglich sprachlicher Unvollkommenheit oder Fehler ersuchen.

Wie Sie wissen, geht es mir hier darum, Ihnen eine kurze Übersicht über gewisse psychologische Grundvorstellungen zu geben. Wenn dabei meine eigenen Prinzipien oder mein Gesichtspunkt im Vordergrund stehen, so heißt das nicht, daß ich die Bedeutung der wertvollen Beiträge anderer Forscher auf diesem Gebiet übersehen würde. Ich will mich nicht ungebührlich in den Vordergrund stellen, aber ich darf sicher voraussetzen, daß Sie über die Verdienste von Freud und Adler so gut im Bild sind wie ich selbst.

Nun zu unserem Vorgehen: Ich möchte Ihnen zunächst kurz das Programm vorlegen. Wir haben uns mit zwei Hauptgebieten zu befassen; einmal mit der *Struktur des Unbewußten* und dessen *Inhalten*, und zum andern mit den *Methoden*, die ich in der Erforschung der sich aus dem unbewußten psychischen Prozeß ergebenden Inhalte anwende. Das zweite Gebiet zerfällt in drei Teile: erstens das Assoziationsexperiment, zweitens die Traum-Analyse und drittens die aktive Imagination.

Es ist mir natürlich absolut unmöglich, Ihnen hier all das zu bringen, was über so komplizierte Themen wie zum Beispiel die philosophischen, religiösen, ethischen und sozialen Probleme zu sagen wäre, die für das kollektive Bewußtsein unserer Zeit charakteristisch sind, oder über die Vorgänge im kollektiven Unbewußten und die für deren Erhellung notwendigen Forschungen auf dem Gebiet der vergleichenden Mythologie und der Geschichte. So weit abliegend diese Themen erscheinen mögen, stellen sie doch die machtvollsten Faktoren für die Herstellung, Regulierung und Störung der individuellen inneren Verfassung dar, und auf ihnen beruhen auch die Divergenzen im Bereich der psychologischen Theorien. Obwohl ich Arzt bin und mich daher vor allem mit Psychopathologie beschäftige, bin ich doch überzeugt, daß gerade dieser Zweig der Psychologie durch ein erweitertes und vertieftes Wissen um das normale Seelenleben im allgemeinen nur gewinnen kann. Gerade der Arzt sollte nie vergessen, daß Krankheiten gestörte normale Prozesse sind und nicht *entia per se* mit einer nur ihnen selbst zugehörigen Psychologie. *Similia similibus curantur* ist eine bedeutsame Wahrheit der alten Medizin, und als große Wahrheit kann sie auch in großen Unsinn ausarten. Die medizinische Psychologie muß sich also davor hüten, selbst krank zu werden. Einseitigkeit und Verengung des Horizontes sind nur zu bekannte neurotische Charakteristika.

Was immer ich Ihnen werde sagen können, wird auf alle Fälle ein bedauerlich unvollendeter Torso bleiben. Leider kann ich nicht mit vielen neuen Theorien aufwarten, denn mein empirisches Temperament greift mehr nach neuen Fakten als nach Spekulationen über sie, obwohl diese zugegebenermaßen ein vergnüglicher intellektueller Zeitvertreib sind.

Jeder neue Fall ist für mich fast eine neue Theorie, und vielleicht ist dieser Standpunkt nicht einmal ganz so schlecht, wenn man bedenkt, wie jung die moderne Psychologie noch ist, die meines Erachtens noch in der Wiege liegt. Für allgemeine Theorien ist daher die Zeit sicher noch nicht reif. Es scheint mir sogar manchmal, als ob die Psychologie weder die gigantische Größe ihrer Aufgabe, noch die verwirrend und deprimierend komplizierte Natur ihres Objekts: der Psyche selbst, schon verstanden hätte. Es sieht fast so aus, als ob diese Dinge erst langsam in unser Bewußtsein träten, und wir uns gar nicht recht vorstellen könnten, was es heißt, daß die Seele einerseits das *Objekt* wissenschaftlicher Beobachtung und Untersuchung ist und zu gleicher Zeit auch ihr *Subjekt*, das heißt das *Mittel*, mit dem man diese Beobachtungen anstellt. Die Konfrontierung mit diesem bedrohlichen Teufelskreis hat mich zu äußerster Vorsicht und zu einer gewissen Relativierung der Äußerungen geführt — ein Vorgehen, das oft ganz und gar mißverstanden worden ist.

Ich möchte meine Darlegungen nicht mit kritischen Einwänden belasten, die nur störend wirken können. Ich erwähne sie nur als eine Art vorwegnehmender Entschuldigung für anscheinend unnötige Komplizierungen. Theorien beschäftigen mich weniger als Tatsachen; ich bitte Sie daher, sich bewußt zu halten, daß ich Ihnen in der Kürze der mir zur Verfügung stehenden Zeit nicht alles Beweismaterial zur Stützung meiner Schlußfolgerungen vorlegen kann. Ich denke hier vor allem an die weiten Verzweigungen der Traum-Analyse und an die vergleichende Methode der Erforschung der unbewußten Prozesse. Damit muß ich weitgehend an Ihr Verständnis und Ihr Entgegenkommen appellieren, wenn mir auch klar ist, daß es in erster Linie an mir liegt, Ihnen die Dinge so einfach wie möglich darzustellen.

Psychologie ist, zunächst einmal, eine Wissenschaft vom Bewußtsein. Sodann ist sie eine Wissenschaft von den Erzeugnissen dessen, was wir das unbewußte Seelenleben nennen. Wir können das Unbewußte nicht direkt erforschen — eben weil es unbewußt ist und wir daher keinen Zugang zu ihm haben. Wir können uns nur mit den bewußten Gegebenheiten befassen, von denen wir annehmen, daß sie ihre Wurzeln in dem Bereich haben, den wir das Unbewußte nennen, dem Bereich der »dunklen Vorstellungen«, die nach der *Anthropologie* des Philosophen KANT[1] die halbe Welt ausmachen. Was immer wir über das Unbewußte aussagen, wird vom bewußten Geist ausgesagt. Das unbewußte Seelenleben ist absolut unbekannter Natur, drückt sich aber durch das Bewußtsein und innerhalb der Voraussetzungen des Bewußtseins aus, und mehr können wir nicht tun. Darüber hinaus können wir nicht gehen, und das sollten wir uns als letztes Kriterium unserer Beurteilung immer vor Augen halten.

Das Bewußtsein ist ein seltsames Ding. Es ist ein intermittierendes Phänomen. Ein Fünftel oder ein Drittel, oder viel-

[1] [KANT, *Anthropologie in pragmatischer Hinsicht*, 1. Teil. 1. Buch, Paragr. 5.]

leicht sogar die Hälfte des menschlichen Lebens spielt sich in einem unbewußt-bewußten Zustand ab. Unsere erste Kindheit verläuft unbewußt. Jede Nacht sinken wir ins Unbewußte, und nur zu bestimmten Zeiten zwischen Wachen und Schlaf besitzen wir ein mehr oder weniger klares Bewußtsein. Man kann sich sogar fragen, wie klar dieses Bewußtsein überhaupt ist. So könnte man zum Beispiel annehmen, daß ein zehnjähriges Kind bereits bewußt ist, aber es wäre leicht zu zeigen, daß es sich dabei um ein Bewußtsein merkwürdiger Art handelt, nämlich vermutlich um ein Bewußtsein ohne jede *Ich*bewußtheit. Ich weiß von vielen Kindern, die mit elf, zwölf, vierzehn Jahren oder noch später plötzlich erleben: »Ich bin.« Zum erstenmal in ihrem Leben spüren sie, daß sie selbst erleben, daß sie in eine Vergangenheit zurückblicken können, die Erinnerungen an Dinge, aber keine Erinnerung an ihre eigene Person birgt.

Wir müssen zugeben, daß wir, wenn wir »Ich« sagen, kein absolutes Kriterium dafür haben, ob wir dieses »Ich« voll erfahren oder nicht. Es wäre möglich, daß unsere Erfahrung des Ich immer noch fragmentarisch ist, und daß in späteren Zeiten die Menschen viel mehr darüber wissen, was das Ich für den Menschen bedeutet, als uns heute möglich ist. Tatsächlich haben wir keine Ahnung, zu welchen Ergebnissen dieser Prozeß noch führen wird.

Das Bewußtsein ist wie die Oberfläche oder wie eine Haut über einem ausgedehnten unbewußten Gebiet, dessen Umfang wir nicht kennen. Da wir nichts vom Unbewußten wissen, können wir auch seinen Herrschaftsbereich nicht abstecken. Über etwas, das man nicht kennt, kann man keine Aussagen machen. Wenn wir »das Unbewußte« sagen, sind wir oft der Meinung, damit etwas Konkretes zum Ausdruck zu bringen, aber in Tat und Wahrheit bringen wir nur zum Ausdruck, daß wir nicht wissen, was das Unbewußte ist. Wir haben lediglich indirekte Anhaltspunkte dafür, daß es ein psychisches Gebiet unterhalb der Bewußtseinsschwelle gibt. Wir haben auch einige wissenschaftlich stichhaltige Begründungen dafür. Aus den Inhalten, welche das Unbewußte hervorbringt, können wir gewisse Schlüsse auf sein Wesen ziehen. Wir dürfen aber in unsern Schlußfolgerungen nicht allzu anthropomorph vorgehen, denn es wäre durchaus möglich, daß die Dinge in Wirklichkeit ganz anders sind, als unser Bewußtsein sie sieht.

Wenn wir zum Beispiel die konkrete Realität ansehen und sie mit dem vergleichen, was unser Bewußtsein daraus macht, so stoßen wir auf die verschiedenartigsten inneren Bilder, die »objektiv« gar nicht existieren. So sehen wir zum Beispiel Farben und hören wir Töne, wo in Wirklichkeit nur Schwingungen vorhanden sind. Wir benötigen Laboratorien mit sehr komplizierten Apparaten, um uns ein Bild von der Welt unabhängig von unsern Sinnen und unserer Psyche machen zu können, und ich vermute, daß es mit dem Unbewußten ähnlich ist — wir müßten ein Laboratorium haben, in dem wir mit Hilfe objektiver Methoden feststellen könnten, wie die Dinge im unbewußten Zustand wirklich sind. Daher muß alles, was ich im Laufe dieser Vorlesungen über das Unbewußte sagen werde, auf diesem Hintergrund gesehen werden. Es geht immer um ein »als ob«, und ich bitte Sie, das stets im Auge zu behalten.

Das Bewußtsein ist überdies einer gewissen Beschränkung unterworfen. Es kann in einem gegebenen Augenblick immer nur einige wenige Inhalte gleichzeitig festhalten. Alles übrige ist in jenem Moment unbewußt; die Vorstellung des kontinuierlichen Zusammenhanges der bewußten Welt, das Wahrnehmen und Verstehen eines allgemeinen Zusammenhanges wird uns daher nur auf Grund des *Ab-* oder *Aufeinanderfolgens* solcher bewußter »Momentaufnahmen« vermittelt. Es ist uns nicht möglich, die Ganzheit ins Bild zu bekommen — dafür ist unser Bewußtsein zu begrenzt; wir sehen jeweils nur das, was der Scheinwerfer gerade beleuchtet. Es ist, wie wenn wir die Welt durch einen schmalen Spalt beobachten würden, der nur die Sicht auf einen kleinen Ausschnitt freigibt; alles andere liegt im Dunkeln und ist unserer Wahrnehmung entzogen. Das Reich des Unbewußten ist riesengroß und kontinuierlich, während das Reich des Bewußtseins einem begrenzten Feld dauernd wechselnder, augenblickshafter Einsichten gleicht.

Das Bewußtsein beruht weitgehend auf der Wahrnehmung und der Orientierung in der *Außenwelt*. Es ist vermutlich im Gehirn lokalisiert, das ektodermen Ursprungs ist und zur Zeit unserer frühesten Vorfahren wahrscheinlich ein Sinnesorgan der Haut war. Diese Lokalisierung des Bewußtseins im Gehirn ist vermutlich der Grund für dessen (Sinnes-) Empfindungs- und Orientierungsaspekt. Nicht von ungefähr haben daher englische und französische Psychologen des frühen siebzehnten und achtzehnten Jahrhunderts versucht, das Bewußtsein aus den Sinnesempfindungen abzuleiten, so als ob es nur aus solchen bestehen würde. Dies kommt in der berühmten Formulierung zum Ausdruck: »Nihil est in intellectu quod non fuerit in sensu«[2]. In der modernen Psychologie lassen sich ähnliche Vorstellungen nachweisen. So leitet FREUD zwar nicht das Bewußtsein von den Sinnesempfindungen, aber das Unbewußte vom Bewußtsein ab. Das entspricht der gleichen ratio-

[2] »Nichts ist im Geist, was nicht vorher in den Sinnen war.« Vgl. LEIBNIZ, *Neue Abhandlungen über den menschlichen Verstand*, 2. Buch, 1. Kp., Abschn. 2, als Antwort auf LOCKE. Die Formulierung ist scholastischen Ursprungs; vgl. DUNS SCOTUS, *Super universalibus Porphyrii*, qu. 3.

nalen Einstellung.

Mir selbst stellen sich die Dinge umgekehrt dar. Ich würde sagen, daß ganz offensichtlich zuerst das Unbewußte da ist, und daß das Bewußtsein sich aus einem unbewußten Zustand entwickelt. In der frühen Kindheit leben wir unbewußt; die wichtigsten Instinktfunktionen laufen unbewußt ab, und das Bewußtsein muß erst vom Unbewußten hervorgebracht werden.

Dieser Vorgang verlangt heftigste Anstrengungen. Bewußt leben ist mühsam. Es kann bis zur Erschöpfung führen. Das Bewußtsein zu entwickeln ist eine fast unnatürliche Anstrengung. Dies läßt sich zum Beispiel bei Primitiven beobachten, die bei der geringsten Anforderung, oder sogar ohne eine solche, plötzlich »nicht mehr da sind«. Sie können stundenlang einfach dasitzen, und wenn man sie fragt: »Was denkst du?« fühlen sie sich beleidigt, da sie finden: »Nur ein Verrückter denkt – er hat Gedanken in seinem Kopf. Wir denken nicht.« Wenn sie überhaupt denken, so tun sie das mehr mit dem Bauch oder dem Herzen. Gewisse Negerstämme sind überzeugt davon, daß die Gedanken im Bauch sind, denn sie nehmen nur jene Gedanken wahr, die die Leber-, Magen- oder Darmfunktion stören. Mit andern Worten, sie sind sich nur emotionaler Gedanken bewußt. Emotionen und Affekte sind immer von wahrnehmbaren physiologischen Innervationen begleitet. Die Pueblo-Indianer sagten zu mir, alle Amerikaner seien verrückt. Als ich sie etwas überrascht nach dem Grund fragte, antworteten sie: »Sie sagen, sie denken mit dem Kopf. Kein normaler Mensch denkt mit dem Kopf. *Wir* denken mit dem Herzen.« Diese Menschen leben noch im Homerischen Zeitalter, in dem das Zwerchfell (Diaphragma, *phren* = Geist, Seele) als Sitz der psychischen Aktivität angesehen wurde. Das bedeutet eine andere Art psychischer Lokalisierung. *Unsere* Vorstellung vom Bewußtsein versetzt das Denken in unsern hocherhabenen Kopf. Die Pueblo-Indianer hingegen leiten das Bewußtsein von der Intensität des Gefühls ab. Abstraktes Denken existiert für sie nicht. Da die Pueblo-Indianer Sonnenanbeter sind, legte ich ihnen das Augustinische Argument vor: Gott ist nicht die Sonne, sondern der Erschaffer der Sonne[3]. Das konnten sie jedoch nicht akzeptieren, da sie nicht in der Lage sind, über die Wahrnehmung ihrer Sinne und Gefühle hinauszugehen. Deshalb sind Bewußtsein und Denken für sie im Herzen lokalisiert. Für uns wiederum bedeutet die psychische Aktivität nichts. Nach unserer Auffassung liegen Träume und Phantasien »tief unten«, und daher spricht

[3] [In: Johannis Evang., Tract. XXXIV, 2. Vgl. C. G. JUNG, *Symbole der Wandlung* (Ges. Werke V). Bei den Gesammelten Werken, die bereits erschienen sind, wurde das Erscheinungsjahr angegeben.]

man auch vom »*Unter*-Bewußten«, von den Dingen *unterhalb* des Bewußtseins.

Diese uns seltsam anmutenden Lokalisierungen spielen eine große Rolle in der sogenannten primitiven Psychologie, die alles andere als primitiv ist. Im Tantra-Yoga und in der Hindu-Philosophie zum Beispiel kann man äußerst präzis ausgearbeitete Systeme psychischer Schichten feststellen, von Lokalisierungen des Bewußtseins vom Perineum bis zum Kopf[4]. Diese »Zentren« sind die sogenannten *chakras;* man trifft sie nicht nur in den Yoga-Lehren an, sondern begegnet ähnlichen Vorstellungen auch in alt-deutschen alchemistischen Werken[5], die sicher ohne Yoga-Kenntnisse entstanden sind.

Wesentlich am Bewußtsein ist, daß nichts bewußt sein kann ohne ein Ich, auf das es sich bezieht. Was nicht ans Ich angeschlossen ist, ist nicht bewußt. Daher kann man das Bewußtsein definieren als die Beziehung psychischer Fakten zum Ich. Was aber ist das Ich? Das Ich ist eine komplexe Gegebenheit, das vor allem aus der allgemeinen Wahrnehmung des Körpers, des »Daseins«, besteht, und sodann aus den Gedächtnisinhalten; man hat eine Vorstellung davon, gewesen zu sein und besitzt eine lange Reihe von Erinnerungen. Diese zwei Faktoren sind die Hauptpfeiler von dem, was wir das Ich nennen. Deshalb kann man das Ich einen Komplex psychischer Fakten nennen. Dieser Komplex besitzt eine große Anziehungskraft, etwa wie ein Magnet; er zieht Inhalte aus dem Unbewußten an, aus jenem dunklen Gebiet, von dem wir nichts wissen; er zieht auch Eindrücke aus der Außenwelt an, und was von all dem in Verbindung mit dem Ich tritt, wird bewußt. Was keine solche Verbindung eingeht, wird nicht bewußt.

Meiner Vorstellung nach ist das Ich demnach eine Art von Komplex. Natürlich ist das Ich der uns nächstliegende und liebste Komplex. Es steht dauernd im Mittelpunkt unserer Aufmerksamkeit und unserer Wünsche, und es ist das absolut unumgängliche Zentrum des Bewußtseins. Spaltet sich das Ich auf — zum Beispiel in der Schizophrenie — so geht jede Wertrelation verloren; die Dinge können auch nicht mehr willentlich reproduziert werden, da das Zentrum gespalten ist und gewisse Inhalte der Psyche sich auf den einen, andere Inhalte sich auf einen andern Teil des Ich beziehen. Daher läßt sich beim Schizophrenen häufig ein unmittelbarer Wechsel von der einen zur andern Persönlichkeit beobachten.

Das Bewußtsein besitzt eine Anzahl Funktionen, die es ihm

[4] [Vgl. C. G. Jung, *Praxis der Psychotherapie* (Ges. Werke XVI, 1958, Paragr. 558 ff).]

[5] [Jung denkt hier an die melothesiae, die er in *Psychologie und Religion* (Ges. Werke XI, 1963, Paragr. 113, Anm. 5) erläutert; vgl. auch *Psychologie und Alchemie* (Ges. Werke XII).]

erlauben, sich auf den Gebieten ektopsychischer und endopsychischer Fakten zu orientieren. Unter *Ektopsyche* verstehe ich das Verbindungssystem zwischen den Inhalten des Bewußtseins und den Umwelteindrücken. Es ist ein Orientierungssystem für den Umgang mit den Gegebenheiten der Außenwelt, die mir durch die Sinnesfunktionen übermittelt werden. Die *Endopsyche* auf der andern Seite ist das Beziehungssystem zwischen den Inhalten des Bewußtseins und den Prozessen, die unserer Vermutung nach im Unbewußten ablaufen.

Wir sprechen zuerst von den ektopsychischen Funktionen. Da ist einmal die *Empfindung*[6], unsere Sinnesfunktion. Unter Empfindung verstehe ich das, was die Franzosen »la fonction du réel« nennen, also die Gesamtsumme der von mir wahrgenommenen äußeren Fakten, die mir durch meine Sinnesfunktionen vermittelt werden. Der französische Ausdruck »la fonction du réel« scheint mir der umfassendste Ausdruck dafür zu sein. Die Empfindung sagt mir, daß etwas *ist:* Sie sagt mir nicht, *was* es ist, und sie sagt auch sonst nichts über dieses »etwas« aus, sie sagt mir lediglich, daß etwas ist.

Die nächste unterscheidbare Funktion ist das *Denken*[7]. Wenn Sie einen Philosophen fragen, was Denken ist, so wird er es als etwas sehr Schwieriges bezeichnen — fragen Sie daher nie einen Philosophen danach, denn er ist der einzige, der nicht weiß, was Denken ist. Alle andern Menschen wissen, was Denken ist. Wenn Sie zu jemandem sagen: »Nun denken Sie einmal nach«, so weiß er genau, was Sie meinen; ein Philosoph weiß das aber nie. In seiner einfachsten Form sagt mir das Denken, *was* etwas ist. Es gibt dem Ding einen Namen. Es fügt einen Begriff hinzu, da Denken Wahrnehmung plus Urteil ist. (Die deutsche Psychologie spricht von Apperzeption)[8].

Die dritte Funktion, die man herausheben kann und für die die Umgangssprache einen Ausdruck hat, ist das *Fühlen*[9]. Hier verwirren sich die Geister, und oft verärgere ich die Leute, wenn ich vom Fühlen spreche, weil ich ihrer Ansicht nach etwas Furchtbares darüber aussage. Das Fühlen vermittelt einem durch den Gefühlston den *Wert* der Dinge. Das Fühlen sagt mir zum Beispiel, ob etwas annehmbar, beziehungsweise angenehm ist oder nicht. Es sagt mir, was mir etwas *wert* ist. Aus diesem Grund ist jede Wahrnehmung und jede Apperzeption mit einer bestimmten Gefühlsreaktion verbunden. Daß immer irgendein Gefühlston vorhanden ist, kann man sogar

[6] [C. G. Jung, *Psychologische Typen* (Ges. Werke VI, 1967, Definitionen, Paragr. 786 f).]
[7] [ibid. Paragr. 774 f]
[8] [ibid. Paragr. 753]
[9] [ibid. Paragr. 801 f]

experimentell beweisen. Wir werden hierauf noch zurückkommen. Nun, das »Furchtbare« bezüglich des Fühlens besteht darin, daß es wie das Denken eine *rationale*[10] Funktion ist. Jeder denkende Mensch ist absolut überzeugt davon, daß Fühlen keine rationale Funktion, sondern im Gegenteil höchst irrational sei. Machen Sie sich aber bitte einmal das Folgende klar: Niemand kann auf allen Gebieten vollkommen sein. Wer im Denken vollkommen ist, ist es bestimmt nicht im Fühlen, da man diese zwei Dinge nicht gleichzeitig tun kann; sie stehen sich gegenseitig im Weg. Das heißt, wenn Sie leidenschaftslos in echt wissenschaftlicher oder philosophischer Weise denken wollen, müssen Sie alle Gefühlswerte ausschalten. Wenn man gleichzeitig von Gefühlswerten bedrängt wird, beginnt man vielleicht, lieber über den freien Willen nachzudenken, als über die Einteilung der Blattläuse. Und es kann sicher kein Zweifel darüber bestehen, daß die beiden Themen, vom Standpunkt des Fühlens aus betrachtet, sich nicht nur der *Sache* nach, sondern auch dem *Wert* nach unterscheiden. Wertvorstellungen sind keine Kriterien für den Intellekt; sie existieren aber, und die Wertung ist eine wichtige psychologische Funktion. Wertvorstellungen sind integrierende Bestandteile eines vollständigen Weltbildes; will man sie ausschließen, bekommt man Schwierigkeiten. Das Fühlen scheint vielen Menschen deshalb etwas höchst Irrationales zu sein, weil wir in törichten Stimmungen alle möglichen Gefühle haben können. Daher ist auch jedermann überzeugt – in diesem Land ganz besonders – daß man seine Gefühle beherrschen sollte. Ich gebe gern zu, daß dies eine gute Eigenschaft ist, und bewundere die Engländer restlos dafür. Trotzdem aber existieren die Gefühle, und ich kenne Menschen, die sie wunderbar beherrschen können und trotzdem große Schwierigkeiten mit ihnen haben.

Wir kommen nun zur vierten Funktion. Die Empfindung sagt uns, daß etwas *ist*. Das Denken sagt uns, *was* dieses etwas ist, das Fühlen sagt uns, was es uns *wert* ist. Es gibt aber noch eine andere Kategorie: die Zeit. Dinge haben eine Vergangenheit und eine Zukunft. Sie kommen irgendwoher, sie gehen irgendwohin, man weiß nicht, woher sie kommen, und man kann nicht wissen, wohin sie gehen, aber man kann eine Ahnung oder einen »Riecher« dafür haben. So »riecht« zum Beispiel ein Kunst- oder Antiquitätenhändler, daß ein bestimmter Gegenstand von einem großen Meister um 1720 stammen muß, er »riecht«, daß er es mit einer guten Arbeit zu tun hat. Oder man weiß noch nicht, wie sich die Aktienkurse bewegen werden. Aber man »riecht«, daß sie steigen. Diesen

[10] [ibid. Paragr. 873 f]

Vorgang nennen wir *Intuition*[11], eine Art prophetischer, unerklärbarer Eigenschaft. So wissen Sie zum Beispiel nicht, daß Ihr Patient etwas sehr Schweres auf dem Herzen hat; es »kommt Ihnen aber so vor«, Sie haben »so ein Gefühl«, wie man sagt, weil die Umgangssprache für diese Dinge noch keine klar definierten Bezeichnungen kennt. Der Begriff »Intuition« bürgert sich jedoch im Englischen mehr und mehr ein, und dafür können Sie sehr dankbar sein, denn in andern Sprachen existiert er nicht. Die Deutschen können noch nicht einmal zwischen Empfinden und Fühlen unterscheiden. Im Französischen ist das anders: auf Französisch können Sie unmöglich sagen, Sie hätten ein bestimmtes »Gefühl im Magen«, Sie sprechen vielmehr von einer Empfindung; im Englischen gibt es ebenfalls verschiedene Ausdrücke für Empfinden und Fühlen. Aber *Gefühl* und *Intuition* lassen sich leicht verwechseln. Was ich hier tue, ist daher eine beinahe künstlich anmutende Unterscheidung; aus praktischen Gründen ist es aber sehr wichtig, daß wir eine solche Unterscheidung in wissenschaftlicher Sprache vornehmen. Wir müssen genau definieren, was wir mit gewissen Ausdrücken meinen, sonst sprechen wir eine unverständliche Sprache, was in der Psychologie immer eine höchst leidige Sache ist. Wenn jemand in der Umgangssprache »Fühlen« sagt, meint er vielleicht etwas völlig anderes als ein anderer, der ebenfalls vom Fühlen spricht. Es gibt viele Psychologen, die den Ausdruck Fühlen verwenden, und sie definieren ihn meist als verkrüppelten Gedanken. »Fühlen ist nichts als ein unvollendeter Gedanke« – dies ist die Definition eines bekannten Psychologen. Fühlen ist aber etwas Ursprüngliches, etwas Wirkliches, eine Funktion, und daher gibt es auch einen Begriff dafür. Der instinktbezogene Geist findet immer Worte für Dinge, die wirklich existieren. Nur Psychologen erfinden Worte für Dinge, die nicht existieren.

Die zuletzt definierte Funktion, die Intuition, scheint etwas sehr Mysteriöses zu sein, und Sie wissen, daß die Leute mich für »sehr mystisch« halten. Hier haben Sie also einen Teil meiner Mystik! Die Intuition ist eine Funktion, mit der man um die Ecken sehen kann; das kann man zwar in Wirklichkeit nicht tun, aber die Intuition tut es für einen, und man verläßt sich auf sie. Sie ist eine Funktion, die man im allgemeinen nicht benützt, wenn man ein normales Leben innerhalb der üblichen vier Wände lebt und darin Routinearbeit ausführt. An der Börse aber oder im Herzen von Afrika benötigt man seine Ahnungen wie nur etwas. Man kann zum Beispiel nicht im voraus berechnen, ob man bei der nächsten Wegbiegung im Busch einem Rhinozeros oder einem Tiger begegnen wird – aber man kann es ahnen, und das rettet einem vielleicht das

[11] [ibid. Paragr. 834 f]

Leben. So kann man feststellen, daß Menschen, die unter natürlichen Bedingungen leben, ihre Intuition sehr ausgiebig benutzen; das gleiche gilt auch für Menschen, die auf unbekannten Gebieten etwas wagen, für Pioniere der verschiedensten Art. Erfinder und Richter verlassen sich auf die Intuition. Wo immer man es mit unbekannten Situationen zu tun hat, in denen man sich an keine allgemein anerkannten Werte oder festgefügten Begriffe halten kann, ist man auf die Fähigkeit der Intuition angewiesen.

Ich habe Ihnen diese Funktion so gut ich konnte umschrieben, aber vielleicht ist es mir nicht sehr gut gelungen. Intuition ist meines Erachtens eine Art Wahrnehmung, die nicht eigentlich durch die Sinne vermittelt wird, sondern mehr über das Unbewußte. Dabei möchte ich es bewenden lassen und kann nur hinzufügen: »Ich weiß nicht, wie das vor sich geht.« Ich weiß nicht, was geschieht, wenn jemand etwas weiß, das er nun wirklich nicht wissen kann. Ich weiß nicht, wie er dazu gekommen ist, aber er weiß es und kann danach handeln. So gehören zum Beispiel prophetische Träume, telepathische Phänomene und ähnliches ins Gebiet der Intuition. Ich begegne ihr oft und bin überzeugt, daß sie existiert. Man kann diese Dinge auch bei den Primitiven beobachten. Man kann sie überall sehen, wenn man auf diese Wahrnehmungen achtet, die irgendwie unterhalb der Bewußtseinsschwelle ablaufen, wie zum Beispiel Sinneseindrücke, die so schwach sind, daß unser Bewußtsein sie einfach nicht aufnehmen kann. So kann zum Beispiel bei der Kryptomnesie etwas plötzlich im Bewußtsein auftauchen, oder ein zufällig gehörtes Wort setzt einen Gedankenablauf in Bewegung; immer aber handelt es sich um etwas, das bis zum Augenblick des Auftretens unbewußt war, und wir haben den Eindruck, es sei vom Himmel gefallen. Im Deutschen nennt man das einen *Einfall*, das heißt, etwas, das einem von »irgendwoher« in den Kopf »fällt«. Manchmal ist es wie eine Offenbarung. In Wirklichkeit ist die Intuition eine sehr natürliche Funktion, etwas völlig Normales, und sie ist auch notwendig, weil sie dort in die Lücke springt, wo wir etwas wegen seines Mangels an Realität nicht wahrnehmen oder denken oder fühlen können. So ist zum Beispiel die Vergangenheit nicht mehr wirklich und die Zukunft nicht so wirklich, wie wir das annehmen. Daher müssen wir dem Himmel dankbar sein für eine Funktion, die uns gewisse Einsichten in Dinge gibt, die um die Ecke liegen. Ärzte zum Beispiel, die häufig einer ganz unbekannten Situation gegenüberstehen, müssen natürlich sehr viel Gebrauch von der Intuition machen. Manch gute Diagnose leitet sich von dieser »geheimnisvollen Funktion« her.

Die psychologischen Funktionen unterstehen im allgemeinen der Kontrolle des Willens, oder wir hoffen doch, daß sie es tun, da uns alles ängstigt, was autonom vor sich geht. Wenn sie unter Kontrolle stehen, können sie zum Beispiel ausgeschaltet, ausgewählt, unterdrückt, intensiviert werden, kurz, sie können von der Willenskraft, der Intentionalität, gelenkt werden. Sie können aber auch in ungewollter Weise funktionieren: dann denken oder fühlen sie für uns. Sie tun das sogar sehr oft, und wir können sie nicht daran hindern. Oder sie funktionieren unbewußt, so daß man gar nicht weiß, was sie getan haben; plötzlich taucht das Ergebnis zum Beispiel eines Fühlprozesses auf, der sich im Unbewußten abgespielt hat. Daraufhin wird vermutlich jemand sagen: »Aha, Sie waren ärgerlich oder verletzt, daher haben Sie so oder so reagiert.« Vielleicht ist Ihnen gar nicht bewußt, daß Sie so etwas empfunden haben, aber trotzdem ist es sehr wahrscheinlich so gewesen. Die psychologischen Funktionen besitzen, wie die Sinnesfunktionen, ihre spezifische Energie. Sie können das Fühlen oder das Denken oder irgendeine der anderen Funktionen nicht einfach ausschalten. Niemand kann sagen: »Ich will nicht denken«; es ist unvermeidlich, daß er denkt. Niemand kann sagen: »Ich will nicht fühlen«; jedermann fühlt, weil die in jeder Funktion investierte spezifische Energie zum Ausdruck drängt und nicht gegen eine andere eingetauscht werden kann.

Natürlich hat man bestimmte Vorlieben. Menschen mit gutentwickeltem Denkvermögen denken gern über die Dinge nach und passen sich mittels der Denkfunktion an. Menschen mit einer gut entwickelten Fühlfunktion fühlen sich in Gesellschaft wohl und haben einen ausgeprägten Sinn für Wertungen; sie sind richtige Künstler im Herstellen von Gefühls-Situationen, und sie leben aus solchen. Oder jemand mit starker Beobachtungsgabe gebraucht hauptsächlich die Empfindungsfunktion und so weiter. Die Hauptfunktion verleiht jedem Menschen seine spezifische Psychologie. Derjenige zum Beispiel, der hauptsächlich vom Denken her lebt, ist ein unverwechselbarer Typ, und man kann sich ausmalen, wie sein Fühlen funktioniert. Wo Denken die Hauptfunktion ist, befindet sich das Fühlen notwendigerweise in einer minderwertigen Situation[12]. Das gleiche gilt für die andern drei Funktionen. Ich möchte Ihnen das an einem Diagramm näher erläutern.

Wir haben hier das sogenannte Funktionenkreuz (Abb. 1). In der Mitte befindet sich das Ich (I), dem ein bestimmter Betrag an Energie zur Verfügung steht, die Willenskraft. Beim Denktyp kann diese Willenskraft auf das *Denken* (D) gerichtet werden. Das *Fühlen* (F) müssen wir hier unten anbringen,

[12] [ibid. Paragr. 832 f]

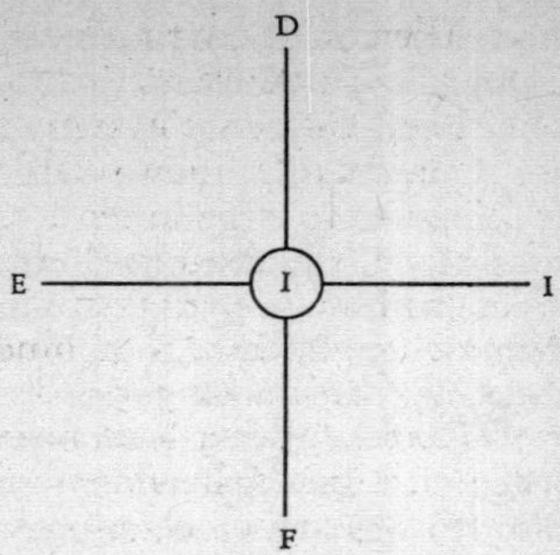

Abb. 1: Die Funktionen

da es in diesem Fall die *minderwertige Funktion* ist[13]. Das kommt daher, daß man beim Denken das Fühlen ausschalten muß und beim Fühlen das Denken. Wenn man denkt, muß man das Fühlen und die Gefühlswerte beiseitelassen, weil diese das Denken am empfindlichsten stören. Auf der andern Seite schalten Menschen, die vom Fühlen her leben, gern das Denken aus, und sie tun recht daran, denn diese zwei Funktionen schließen sich gegenseitig aus. Eine Reihe von Leuten haben mir schon gesagt, ihr Denken sei ebenso differenziert wie das Fühlen; das konnte ich aber nicht glauben, denn es ist nicht möglich, die beiden gegensätzlichen Funktionen gleich vollkommen ausgebildet gleichzeitig zur Verfügung zu haben.

Das gleiche gilt für Empfinden (E) und Intuieren (I). Wie verhalten sich diese beiden Funktionen zueinander? Wenn man objektive Tatsachen beobachten will, kann man nicht zu gleicher Zeit »um die Ecke schauen«. Bei einem Menschen, der hauptsächlich die Empfindungsfunktion benützt, kann man bei genauem Hinsehen feststellen, daß die Achsen seiner Augen die Tendenz haben, zu konvergieren und an einem Punkt zusammenzutreffen. Wenn Sie den Ausdruck oder die Augen intuitiver Menschen beobachten, werden Sie feststellen, daß ihr Blick die Dinge nur berührt – sie sehen nicht genau hin, sie leuchten die Dinge vielmehr an, nehmen ihre Fülle in sich auf, und aus der Mannigfaltigkeit des Wahrgenommenen tritt ein bestimmter Punkt in die Peripherie ihres Gesichtskreises, und das ist die *Ahnung*. Oft kann man vom Ausdruck der Augen her feststellen, ob jemand intuitiv ist oder nicht. Der Intuitive interessiert sich im allgemeinen nicht für die Details. Er versucht immer, die Situation als Ganzes in sich aufzunehmen, und dann tritt plötzlich etwas aus dieser Ganzheit in den Vordergrund. Der Empfindungstyp sieht die

[13] [ibid.]

Dinge, wie sie sind, aber er hat keine Intuition, ganz einfach weil diese beiden Dinge nicht gleichzeitig funktionieren können. Das wäre zu schwierig, weil das Prinzip der einen Funktion das Prinzip der andern Funktion ausschließt. Aus diesem Grund bezeichne ich sie hier als Gegensätze.

Von diesem einfachen Diagramm aus können Sie nun eine Menge sehr wichtiger Schlüsse auf die Struktur des Bewußtseins eines Menschen ziehen. Ist zum Beispiel das Denken sehr differenziert, wird das Fühlen undifferenziert sein. Was heißt das? Soll es heißen, daß solche Menschen keine Gefühle haben? Nein, ganz im Gegenteil. Sie sagen einem sogar: »Ich habe sehr starke Gefühle. Ich bin sehr temperamentvoll und emotional.« Diese Menschen stehen im Bann ihrer Emotionen, sie werden von ihnen beherrscht und zuweilen überwältigt. Es ist zum Beispiel sehr interessant, das Privatleben von Professoren zu studieren. Wenn Sie genau wissen wollen, wie der Intellektuelle sich zu Hause verhält, fragen Sie seine Frau: Sie wird Ihnen etwas erzählen können!

Beim *Fühltyp* verhalten sich die Dinge umgekehrt. Entwikkelt er sich normal, dann wird er sich nie stark durch Denken stören lassen; wird er aber neurotisch, dann wird er durch Gedanken gestört. Das Denken tritt dann zwanghaft auf, und er kann gewissen Gedanken nicht ausweichen. Er ist ein sehr netter Mensch, aber er hat erstaunliche Überzeugungen und Vorstellungen, und sein Denken ist minderwertig. Er wird vom Denken gefangengehalten, ist in bestimmten Gedanken festgefahren, und er kann sich nicht daraus lösen, weil er nicht überlegen kann. Seine Gedanken sind unelastisch und unverrückbar. Ein Intellektueller andererseits sagt einfach: »Ich fühle das eben so«, und kein Argument kommt dagegen an. Nur wenn er in seinen Emotionen richtig durchgekocht wird, kann er sich aus ihnen befreien. Er kann nicht aus seinem Fühlen herausargumentiert werden, und er wäre ein sehr unvollständiger Mensch, wenn er es könnte.

Ähnlich verhält es sich beim *Empfindungs-* und beim *Intuitionstyp*. Der Intuitive fühlt sich immer von der Realität der Dinge bedrängt; vom Realitätsstandpunkt aus ist er ein Versager; er ist immer auf neue Lebensmöglichkeiten aus. Er ist ein Mensch, der ein Feld bebaut, und bevor die Ernte reif ist, schon wieder zu einem neuen Feld unterwegs ist. Er hat gepflügte Felder hinter sich und dauernd neue Hoffnungen vor sich, und nichts wird in die Wirklichkeit umgesetzt. Der Empfindungstyp hingegen bleibt bei den Dingen. Er verbleibt in einer gegebenen Realität. Für ihn ist etwas wahr, wenn es real ist. Und was bedeutet es für den Intuitiven, wenn etwas real ist? Es ist genau das Verkehrte; es sollte nicht sein, etwas anderes sollte sein. Wenn der Empfindungstyp nicht eine gegebene Realität vor sich hat – vier Wände um sich herum – wird er krank. Stecken Sie aber einen Intuitiven in vier Wände, in denen er leben soll, so hat er nur den einen Gedanken: wie er sich daraus befreien kann. Für ihn ist eine gegebene Situation ein Gefängnis, das er so rasch wie möglich verlassen muß, um neuen Möglichkeiten zusteuern zu können.

Diese Unterschiede spielen in der praktischen Psychologie eine große Rolle. Glauben Sie mir, ich stecke die Menschen nicht in Schubladen und sage leichthin: »Er ist intuitiv« und/oder »er ist ein Denktyp«. Ich werde oft gefragt: »Ist nicht der und der ein Denktyp?« Dann antworte ich: »Das habe ich mir noch nie überlegt«, und das stimmt auch. Es ist ein Unsinn, die Menschen in Kategorien einzuteilen und mit Etiketten zu versehen. Aber wenn man ein umfangreiches empirisches Material vor sich hat, ist man auf unterscheidende Orientierungsmerkmale angewiesen, die einem die Übersicht erleichtern. Ohne Übertreibung darf ich wohl sagen, daß es für mich außerordentlich wichtig ist, irgendeine Art von Ordnung in mein empirisches Material zu bringen, vor allem, wenn ich gestörte oder verwirrte Menschen vor mir habe, oder wenn ich ihre Art oder ihren Zustand jemand anderem erklären muß. Wenn man zum Beispiel das Verhalten der Ehefrau dem Ehemann erklären soll oder umgekehrt, dann kann es sehr hilfreich sein, solche objektiven Kriterien beiziehen zu können; andernfalls bleibt es dauernd bei dem: »Er sagt« – »Sie sagt«.

Grundsätzlich besitzt die minderwertige Funktion nicht die Eigenschaften der bewußt differenzierten Funktion. Diese kann im Prinzip vom Willen her gesteuert werden. Ein echter Denktyp kann sein Denken mit dem Willen leiten und seine Gedanken unter Kontrolle halten. Er ist nicht der Sklave seiner Gedanken, er kann auch an etwas anderes denken. Er kann sagen: »Ich kann mir etwas anderes ausdenken; ich kann das Gegenteil denken.« Der Fühltyp hingegen kann das nicht, denn er vermag seinen Gedanken nicht zu entfliehen. Die Gedanken besitzen ihn, oder besser: er ist von seinen Gedanken besessen. Das Denken hat etwas Faszinierendes für ihn, und daher flößt es ihm Furcht ein. Der Denktyp hat Angst davor, von seinen Gefühlen übermannt zu werden, weil sein Fühlen archaischen Charakters ist und er sich in der Lage eines archaischen Menschen befindet: er ist das hilflose Opfer seiner Emotionen. Dies ist auch der Grund dafür, daß der Primitive so außerordentlich höflich ist: Er ist sorgfältig darauf bedacht, die Gefühle seiner Mitmenschen nicht zu verletzen, denn das könnte gefährlich werden. Viele unserer Sitten und Gebräuche lassen sich durch diese archaische Höflichkeit erklären. So ist es zum Beispiel nicht üblich, jemand die Hand zu schütteln und dabei die linke Hand in der Tasche oder auf dem Rücken zu haben: Man muß doch zeigen, daß man keine Waffe in der Hand trägt. Der orientalische Gruß mit ausgestreckten, nach oben geöffneten Handflächen bedeutet: »Ich habe nichts in den Händen.« Beim Kotau beugt man den Kopf bis zu den Füßen des andern, damit er sieht, wie völlig wehrlos man ist und daß man ihm voll und ganz vertraut. Bei den Primitiven kann man die Symbolik der Verhaltensweisen sehr gut studieren, und man versteht auch, weshalb sie sich vor den Mitmenschen fürchten. Wir fürchten uns in ähnlicher Weise vor unserer minderwertigen Funktion. Wenn Sie sehen, wie sehr ein typischer Intellektueller Angst davor hat, sich zu verlieben, so werden Sie diese Angst zunächst sehr töricht finden. Aber er hat vermutlich gute Gründe für seine Angst, denn höchstwahrscheinlich wird er sich in einem solchen Fall wirklich unsinnig benehmen. Er wird von seinen Gefühlen überwältigt werden, da diese nur auf einen archaischen oder gefährlichen Frauentyp reagieren. Deshalb neigen manche Intellektuelle dazu, unter ihrem Niveau zu heiraten. Sie werden vielleicht von der Vermieterin oder von der Köchin eingefangen; in Wirklichkeit gehen sie ihren eigenen archaischen Gefühlen in die Falle, über die sie sich keine Rechenschaft geben. Sie fürchten sich daher mit Recht, denn ihre Gefühle können sie ins Verderben führen. Im Denken sind sie unangreifbar. Darin sind sie stark und unabhängig; aber über ihr Gefühl können sie beeinflußt, überwältigt, betrogen und ausgenützt werden, und sie wissen das sehr gut. Man sollte daher nie einen Intellektuellen in sein Gefühl hineinzwingen wollen. Er unterdrückt es mit eiserner Faust, weil er weiß, wie gefährlich es ist.

Dieses Gesetz kann auf jede Funktion angewendet werden. Die minderwertige Funktion ist immer mit einem archaischen Persönlichkeitsaspekt in uns assoziiert; in unserer minderwertigen Funktion sind wir alle Primitive. In unserer differenzierten Funktion sind wir Zivilisierte und haben so etwas wie einen freien Willen; aber wenn es sich um die minderwertige Funktion handelt, so ist es um jeglichen freien Willen geschehen. Sie ist wie eine offene Wunde – oder wenigstens wie eine offene Tür, durch die alles eintreten kann.

Nun kommen wir zu den *endopsychischen Funktionen* des Bewußtseins. Die Funktionen, von denen wir bisher gesprochen haben, regeln oder unterstützen unsere bewußte Orientierung in den Beziehungen zur Umwelt, sie gelten aber nicht für die Beziehungen zu jenen Dingen, die sozusagen unterhalb des Ich liegen. Das Ich ist nur ein Bewußtseinsteilchen, das auf dem Ozean der dunklen Dinge schwimmt. Die dunklen Dinge sind die inneren Dinge. Auf dieser inneren Seite liegt eine psychische Schicht, die eine Art Bewußtseinssaum um das Ich herum bildet. Ich will Ihnen das durch ein Diagramm illustrieren. (Abb. 2)

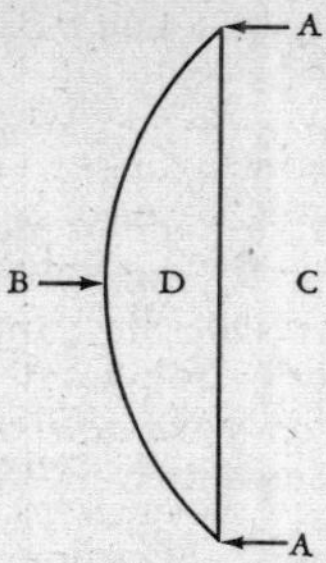

Abb. 2: Das Ich

Nehmen wir an, AA sei die Bewußtseinsschwelle. Dann wäre D jener Teil des Bewußtseins, der sich auf die ektopsychische Welt B bezieht, das heißt die Welt, die von den besprochenen Funktionen beherrscht wird. Auf der andern Seite jedoch, der mit C bezeichneten, liegt die *Schattenwelt*. Nach jener Seite hin wird das Ich selbst etwas dunkel, wir können dort nicht hineinsehen, wir sind uns selbst ein Rätsel. Wir kennen das Ich nur in D, in C kennen wir es nicht. Daher entdecken wir immer wieder etwas Neues über uns selbst. Fast jedes Jahr taucht wieder etwas Neues auf, das uns bisher unbekannt war. Jedesmal meinen wir, jetzt seien wir am Ende unserer Entdeckungen angelangt. Das sind wir aber nie. Wir finden heraus, daß wir das und jenes und noch anderes sind, und dabei können wir die erstaunlichsten Dinge erleben. Daraus geht hervor, daß es immer noch Teile unserer Persönlichkeit gibt, die unbewußt, die noch im Werden sind; wir sind unvollendet, wir wachsen und verändern uns. Und doch ist die Persönlichkeit, die wir im nächsten Jahr sein werden, heute schon anwesend, nur liegt sie noch im Schatten. Das Ich ist wie ein beweglicher Rahmen über einem Film. Die künftige Persönlichkeit ist noch nicht sichtbar, aber wir sind auf dem Wege zu ihr und bekommen plötzlich das künftige Wesen ins Blickfeld. Diese Möglichkeiten gehören natürlich zur dunklen Seite des Ich. Wir wissen, was wir sind und waren, aber wir wissen nicht, was wir sein werden.

Die *erste* Funktion dieser endopsychischen Seite ist daher das *Gedächtnis*. Die Funktion des Gedächtnisses oder der Reproduktion verbindet uns mit den Dingen, die aus dem Bewußtsein entschwunden und unter die Bewußtseinsschwelle gesunken sind, oder die beiseite geschoben und verdrängt wurden. Was wir Gedächtnis oder Erinnerung nennen, ist die Fähigkeit, unbewußt gewordene Inhalte zu reproduzieren. Diese Fähigkeit ist die erste Funktion, die wir in ihrer Beziehung zwischen unserem Bewußtsein und jenen Inhalten, die momentan nicht im Bewußtseinsfeld liegen, klar herausheben können.

Die *zweite* endopsychische Funktion betrifft ein schwieriges Problem. Hier geraten wir in die Dunkelheit und verlieren den Boden unter den Füßen. Es handelt sich um die *subjektiven Komponenten der bewußten Funktionen.* Ich hoffe mich klar ausdrücken zu können. Wenn Sie zum Beispiel einen Menschen kennenlernen, den Sie nie zuvor gesehen haben, dann machen Sie sich natürlicherweise gewisse Gedanken über ihn. Das, was Sie über ihn denken, werden Sie ihm nicht immer gleich mitteilen wollen; vielleicht denken Sie Dinge, die gar nicht wahr sind, die nicht der Wirklichkeit entsprechen. Es handelt sich also eindeutig um subjektive Reaktionen. Solche Reaktionen nun treten auch bezüglich Dingen und Situationen auf. Der Einsatz einer Bewußtseinsfunktion — auf welches Objekt sie auch gerichtet sein mag — ist immer von subjektiven Reaktionen begleitet, die wir uns selbst mehr oder weniger ungern zugeben, die unrichtig oder ungenau sind. Wir werden des Ablaufs dieser Dinge in uns peinlich gewahr, aber niemand gibt gern zu, daß er ihnen unterworfen ist. Er läßt sie lieber im Schatten, weil es ihm dann leichter fällt anzunehmen, er sei völlig unschuldig, sehr nett, ehrlich und aufrichtig, völlig guten Willens usw. Sie kennen alle solche Beteuerungen. In Wirklichkeit ist man das alles nicht. Man hat eine Unmenge subjektiver Reaktionen, aber es bekommt einem nicht allzu gut, sie zuzugeben. Diese Reaktionen nenne ich die subjektiven Komponenten. Sie sind ein sehr wesentlicher Bestandteil der Beziehung zu unserer inneren Seite. Hier werden die Dinge ausgesprochen schmerzhaft. Deshalb ist es so unangenehm, sich mit dieser Schattenwelt des Ich zu befassen. Wir schließen gern unsere Augen vor der eigenen Schattenseite; daher gibt es viele Leute in unserer zivilisierten Gesellschaft, die ihren Schatten überhaupt verloren haben; sie haben ihn abgeschafft. Sie sind nur zweidimensional; sie haben die dritte Dimension, und damit meistens auch den Körper verloren. Der Körper ist ein sehr zweifelhafter Freund, denn er bringt Dinge hervor, die wir gar nicht schätzen; es gibt zu viele den Körper betreffende Dinge, über die man nicht sprechen kann. Er ist häufig die Verkörperung dieses Ich-Schattens. Manchmal ist er der »dunkle Punkt«, den natürlich jeder gern loswerden möchte. Es dürfte jetzt wohl klar geworden sein, was ich unter den subjektiven Komponenten verstehe. Sie stellen im allgemeinen die Neigung dar, in einer bestimmten Weise zu reagieren, und meistens ist diese Neigung nicht allzu positiv getönt.

Es gibt hier aber eine Ausnahme: sie bezieht sich auf Menschen, die nicht – wie wir es alle von uns als selbstverständlich voraussetzen – auf der positiven Seite leben und immer die richtigen Dinge tun. Es sind Menschen, die wir Pechvögel nennen; sie geraten immer in unerfreuliche Situationen und verursachen überall Aufregungen, weil sie ihren eigenen Schatten *leben*; sie leben ihre eigene Verneinung. Es sind Menschen, die zu spät ins Konzert oder zu einem Vortrag kommen; und weil sie sehr bescheiden sind und niemand stören wollen, schleichen sie sich irgendwo hinten hinein, und dann stolpern sie über einen Stuhl und machen einen furchtbaren Lärm, so daß das ganze Publikum zu ihnen hinschaut. Das sind die Pechvögel.

Nun kommen wir zur *dritten* endopsychischen Komponente – ich kann nicht sagen: Funktion. Beim Gedächtnis kann man von Funktion sprechen; aber auch es ist nur bis zu einem gewissen Grad eine dem Willen und der bewußten Kontrolle unterstehende Funktion. Oft ist es sehr eigenwillig – wie ein scheuendes Pferd, das sich nicht einfangen läßt. Es verweigert seinen Dienst oft in höchst peinlicher Weise. All dies ist bei den subjektiven Komponenten und Reaktionen noch viel mehr der Fall. Hier wird es wirklich schlimm, denn nun treten die *Emotionen* und *Affekte* in Erscheinung. Diese sind eindeutig keine Funktionen mehr, sondern Ereignisse, denn in der Emotion wird man im wörtlichen Sinn »wegbewegt«, über den Haufen geworfen; das hochanständige Ich wird auf die Seite gestellt, und etwas anderes übernimmt die Führung. Wir sagen in einem solchen Fall: »Er ist außer sich« oder »Der Teufel reitet ihn« oder »Was ist in ihn gefahren?«, denn er benimmt sich wie ein Besessener. Der Primitive sagt nicht, er habe im Zorn jedes Maß überschritten; er sagt, ein Geist sei in ihn gefahren und habe ihn vollständig verwandelt. So etwas geschieht in der Emotion. Man ist wirklich besessen, nicht mehr sich selbst, und die Ich-Kontrolle ist praktisch aufgehoben. Das ist eine Situation, in der das Innere des Menschen von ihm Besitz ergreift, ohne daß er etwas dagegen tun kann. Er kann die Fäuste ballen und die Zähne zusammenbeißen – aber er bleibt im Banne der Emotion.

Der *vierte* wichtige endopsychische Faktor ist das, was ich als *Einbruch* bezeichne. Wo er vorliegt, hat der Schatten, das Unbewußte, die Herrschaft völlig an sich gerissen und kann daher ins Bewußtsein einbrechen. In einem solchen Fall ist die Bewußtseinskontrolle auf dem Tiefpunkt angelangt. Solche Augenblicke im Menschenleben müssen nicht unbedingt als pathologisch bezeichnet werden, oder dann höchstens in der früheren Bedeutung des Wortes, als Pathologie die Wissenschaft von den Leidenschaften darstellte. In diesem Sinn kann man eine solche Situation pathologisch nennen; aber im Grund ist es einfach eine außer-ordentliche Situation, in der der Mensch vom Unbewußten ergriffen ist und man nicht wissen kann, was daraus wird. Man kann den Kopf verlieren und trotzdem mehr oder weniger normal sein. Wir haben keinen Anlaß, Dinge als abnormal zu bezeichnen, die unsere Vorfahren sehr gut kannten, weil sie bei den Primitiven völlig normale Vorgänge sind. Sie sprechen davon, daß ein Teufel oder ein Alb in den Menschen eingegangen sei, oder daß seine Seele ihn verlassen habe — eine seiner Teilseelen, von denen sie manchmal bis zu sechs besitzen. Wenn ihn seine Seele verläßt, ist er plötzlich in anderer Stimmung; er ist seiner selbst verlustig gegangen, er leidet an einem Selbst-Verlust. Diesen Vorgang kann man bei neurotischen Patienten häufig beobachten. Plötzlich verlieren sie ihre Energie, sie verlieren sich selbst, und sie geraten unter einen seltsamen Einfluß. Diese Phänomene sind noch nicht pathologisch; sie gehören zu den normalen Erscheinungsformen des Menschlichen; nur wenn sie habituell werden, sprechen wir mit Recht von einer Neurose. Solche Dinge können also zur Neurose führen; zunächst sind sie aber einfach außergewöhnliche Zustände normaler Menschen. Überwältigende Emotionen zu haben, ist nicht pathologisch, sondern nur unerwünscht. Wir brauchen kein solches Wort wie »pathologisch« zu erfinden für etwas Unerwünschtes, denn es gibt viele andere unerwünschte Dinge in der Welt, die nicht pathologisch sind, zum Beispiel den Steuereinzieher.

DISKUSSION

Dr. J. A. Hadfield:
In welchem Sinn verwenden Sie den Begriff »Emotion«? Sie haben den Ausdruck »Fühlen« für Dinge gebraucht, für die wir hier vielfach Emotion sagen würden. Hat der Ausdruck »Emotion« eine bestimmte Bedeutung für Sie?

C. G. Jung:
Ich bin dankbar für diese Frage, denn meistens begegnet man großen Mißverständnissen und Fehlern bezüglich des Begriffes Emotion. Natürlich kann jeder die Worte nach seinem eigenen Belieben verwenden, aber in der wissenschaftlichen Sprache muß man gewisse Unterscheidungen festlegen und beibehalten, damit jeder weiß, wovon man spricht. Sie werden sich er-

innern, daß ich das Fühlen als die Funktion des Wertens definiert habe, wobei ich dieser Funktion keine spezielle Bedeutung beilege. Für mich ist Fühlen im differenzierten Zustand eine rationale Funktion. Ist es nicht differenziert, dann geschieht es einfach und weist alle jene archaischen Eigenschaften auf, die man mit dem Wort »unvernünftig« zusammenfassen kann. Aber das bewußte Fühlen ist eine rationale, an Wertkriterien orientierte Funktion.

Wenn man von Emotionen spricht, so hat man eigentlich immer Zustände im Auge, die mit physiologischen Innervationen einhergehen. Daher kann man Emotionen auch bis zu einem gewissen Grad messen — nicht ihren psychischen, aber doch ihren physiologischen Anteil. Sie kennen die JAMES-LANGE-Theorie der Affekte[14]. Für mich sind Emotionen Affekte in dem Sinne, als man durch etwas »affiziert« wird. Etwas tut einem etwas an, es durchkreuzt die eigenen Pläne. In der Emotion werden Sie weggefegt. Sie werden aus sich herausgeworfen; Sie sind außer sich, wie wenn eine Explosion Sie aus sich herausgeschleudert und neben sich gestellt hätte. Der ein solches Erlebnis begleitende physiologische Zustand kann genau beobachtet werden. Der Unterschied wäre also der folgende: Fühlen im oben beschriebenen Sinn läuft ohne körperliche oder faßbar physiologische Manifestationen ab, während die Emotion durch einen veränderten physiologischen Zustand gekennzeichnet ist. Die JAMES-LANGE-Theorie behauptet, wie Sie wissen, daß man erst dann wirklich in eine Emotion gerät, wenn man sich der physiologischen Veränderungen des Gesamtzustandes bewußt wird. Das können wir beobachten, wenn wir uns in einer Situation befinden, in der wir uns erwartungsgemäß ärgern werden. Man weiß, daß man wütend wird, und dann spürt man, wie einem das Blut in den Kopf steigt, und *dann* wird man wirklich wütend, aber nicht vorher. Zuerst weiß man nur, daß man wütend werden wird, aber wenn das Blut zum Kopf steigt, wird man zum Sklaven des eigenen Ärgers, der Körper wird in Mitleidenschaft gezogen, und weil man sich bewußt wird, daß man sich aufregt, ärgert man sich doppelt so stark, als notwendig wäre. Dann befindet man sich wirklich in einer Emotion. Beim *Fühlen* hingegen funktioniert die Kontrolle. Man beherrscht die Situation und kann sagen: »Ich habe ein gutes oder ein schlechtes Gefühl über dies und jenes.« Alles ist ruhig und es geschieht nichts. Man kann jemandem ganz ruhig und freundlich mitteilen: »Ich hasse Dich.« Nur wenn man es trotzig herausschreit, ist man in einer Emotion. Wenn man es ruhig sagt,

[14] [Die Theorie wurde unabhängig voneinander von WILLIAM JAMES und dem dänischen Physiologen C. G. LANGE vorgelegt und wird allgemein unter beider Namen aufgeführt.]

wird keine Emotion verursacht, weder bei einem selbst noch beim andern. Emotionen sind sehr ansteckend, sie sind die eigentlichen psychischen Bazillenträger. Man spürt das zum Beispiel, wenn man sich in einer emotional erregten Menschenmenge befindet: Ob man es will oder nicht, wird man von dieser Emotion mitgerissen. Die Gefühle anderer Menschen hingegen berühren uns überhaupt nicht. Aus diesem Grund wirkt der differenzierte Fühltyp eher abkühlend auf seine Umgebung, während der emotionale Typ einen aufheizt, da er dauernd Feuerstrahlen aussendet. Die Flamme der Emotion steht ihm im Gesicht geschrieben. Sie dringt in einen ein und stört das eigene sympathische Nervensystem, so daß man nach einer gewissen Zeit die gleichen Symptome aufweist wie der andere. Bei den Gefühlen ist das nicht so. Habe ich mich verständlich ausgedrückt?

Dr. Henry V. Dicks:
Darf ich, in Weiterführung dieses Themas, fragen, welche Beziehung zwischen Affekten und Gefühlen besteht?

C. G. Jung:
Es handelt sich hier um einen Gradunterschied. Wird eine Wertvorstellung überwältigend stark, dann wird sie in einem bestimmten Augenblick — das heißt sobald sie physiologische Innervationen verursacht — zur Emotion. Vermutlich sind alle unsere inneren Vorgänge von leichten physiologischen Störungen begleitet, nur sind diese so gering, daß wir sie nicht messen können. Aber es gibt eine ziemlich empfindlich reagierende Methode zur Messung von Emotionen, beziehungsweise von deren physiologischem Aspekt, und das ist das psychogalvanische Experiment[15]. Es beruht auf der Tatsache, daß der elektrische Hautwiderstand unter dem Einfluß von Emotionen abnimmt. Beim Vorhandensein eines Gefühls nimmt er nicht ab.

Ich will Ihnen ein Beispiel geben. Ich habe mit meinem früheren Professor an der Klinik folgendes Experiment gemacht. Er fungierte als meine Versuchsperson im Labor mit dem Apparat zur Demonstrierung des psychogalvanischen Phänomens. Ich sagte ihm, er solle an etwas denken, was ihm außerordentlich unangenehm sei, von dem ich selbst aber nichts wissen könne, also an etwas mir Unbekanntes, aber ihm Bewußtes und woran er nur mit großem Unbehagen denke. Das tat er. Er kannte solche Experimente und war sehr gut im-

[15] [Jung und Peterson, *Psychophysische Untersuchungen mit dem Galvanometer und Pneumographen bei normalen und geisteskranken Individuen.* Ricksher und Jung, *Further Investigations on the Galvanic Phenomenon and Respiration in Normal and Insane Individuals.*] Beide Aufsätze werden in Ges. Werke II aufgenommen.

stande, sich zu konzentrieren. Er konzentrierte sich also auf etwas, und der Hautwiderstand veränderte sich kaum merkbar. Der Strom verstärkte sich überhaupt nicht. Dann glaubte ich eine Ahnung zu haben. Am gleichen Vormittag hatte ich bemerkt, daß irgend etwas vorgegangen sein mußte, was meinem Chef außerordentlich unangenehm war. Daher dachte ich: ›Jetzt versuche ich einmal etwas.‹ Ich sagte einfach zu ihm: »Handelt es sich nicht um den Fall so-und-so?« — und nannte den Namen. Im gleichen Augenblick war eine Flut von Emotionen feststellbar. Das war die *Emotion*; die erste Reaktion war ein Gefühl.

Es ist bemerkenswert, daß hysterische Schmerzen nicht zu einer Kontraktion der Pupillen führen; sie sind von keinen physiologischen Innervationen begleitet, und doch sind es intensive Schmerzen. Aber physischer Schmerz kontrahiert die Pupillen. Man kann intensive Gefühle ohne physiologische Veränderung haben; sobald aber physiologische Veränderungen auftreten, ist man besessen, dissoziiert, aus der inneren Behausung herausgeworfen, die jetzt allen Teufeln offensteht.

Dr. ERIC GRAHAM HOWE:
Könnte man den Gegensatz zwischen Emotion und Gefühl demjenigen zwischen Erkennen und Begehren (cognition and conation) gleichsetzen? Fühlen würde dann dem »Erkennen« entsprechen und Emotion dem »Begehren«.

C. G. JUNG:
Ja, das könnte man in der philosophischen Terminologie so ausdrücken. Ich habe nichts dagegen.

Dr. HOWE:
Darf ich noch etwas vorbringen? Ihre Einteilung in die vier Funktionen — Empfinden, Denken, Fühlen und Intuieren — scheint mir mit der Einteilung in vier Dimensionen übereinzustimmen. Sie haben mit Bezug auf den menschlichen Körper selbst den Ausdruck »dreidimensional« gebraucht, und Sie haben auch gesagt, daß die Intuition sich insofern von den andern drei Funktionen unterscheidet, als sie das Element der Zeit einschließt. Vielleicht könnte sie daher einer vierten Dimension entsprechen? Falls dem so ist, würde »Empfinden« der ersten Dimension, »wahrnehmende Erkenntnis« der zweiten, »begriffliche Erkenntnis« (die vielleicht Ihrem Fühlen entsprechen würde) der dritten und die »Intuition« der vierten Dimension in einem solchen System gleichkommen.

C. G. JUNG:
Man kann es so ausdrücken. Da die Intuition manchmal so zu

funktionieren scheint, als ob es keinen Raum, und manchmal so, als ob es keine Zeit gäbe, könnte man tatsächlich sagen, daß ich hier eine Art vierter Dimension hinzufüge. Man sollte aber mit solchen Vergleichen nicht zu weit gehen. Die Idee der vierten Dimension bringt keine Tatsachen hervor. Die Intuition ist so etwas wie H. G. WELLS' Zeitmaschine. Sie erinnern sich wohl an diesen seltsamen Motor, der, wenn man sich darauf setzt, mit einem in die Zeit anstatt in den Raum fährt. Er besteht aus vier Säulen, von denen drei immer sichtbar sind, während die vierte nur unbestimmt gesehen wird, da sie das Zeitelement darstellt. Es tut mir leid – aber die Intuition ist so etwas wie diese vierte Säule. Es gibt eben so etwas wie unbewußte Wahrnehmung, oder eine Wahrnehmung auf Wegen, die uns nicht bewußt sind. Es gibt empirische Beweise für die Existenz dieser Funktion. Es tut mir leid, daß es solche Dinge gibt. Mein Intellekt wäre froh über ein klar umrissenes Universum ohne dunkle Ecken, aber man kann diese Spinnweben im Kosmos nicht übersehen. Trotzdem kann ich nicht finden, daß es mit der Intuition irgend etwas Mystisches auf sich hat. Kann zum Beispiel jemand mit absoluter Beweiskraft erklären, weshalb gewisse Vögel sich auf enorm lange Flüge begeben, oder weshalb Raupen, Schmetterlinge, Ameisen oder Termiten ihren spezifischen Tätigkeiten nachgehen? Es gibt hier eine Unmenge ungelöster Fragen. Oder nehmen Sie den Umstand, daß Wasser bei vier Grad Celsius seine größte Dichte hat. Woher kommt das? Weshalb ist die Energie quantitativ begrenzt? Nun – sie ist es eben, und das ist unbequem. Es ist wirklich nicht recht, daß es solche Dinge gibt, aber es gibt sie. Es ist genau so wie mit der alten Frage: »Weshalb hat Gott die Fliegen erschaffen?« – Er hat es eben.

Dr. WILFRED R. BION:
Warum haben Sie bei Ihrem Experiment den Professor gebeten, an etwas zu denken, was ihm selbst unangenehm und Ihnen unbekannt war? Glauben Sie, daß es von Bedeutung ist, daß er im zweiten Experiment wußte, daß Ihnen sein unangenehmes Erlebnis bekannt war, und daß das einen Einfluß auf die emotionale Reaktion in den zwei Experimenten hatte?

C. G. JUNG:
Ja, genau. Ich ging davon aus, daß es viel angenehmer ist zu wissen, daß ein anderer von irgend etwas nichts weiß; wenn man weiß, daß der andere auch davon weiß, ist das ganz etwas anderes und sehr unangenehm. Im Leben jedes Arztes gibt es Fälle, von denen es einem sehr peinlich ist, wenn ein Kollege davon weiß, und ich war fast hundertprozentig sicher, daß er explodieren würde wie eine Mine, wenn ich ihm andeutete, ich

wisse, worum es gehe; und so geschah es denn auch. Das war der Grund für mein Vorgehen.

Dr. ERIC B. STRAUSS:
Würden Sie bitte noch näher erklären, weshalb Sie Fühlen eine rationale Funktion nennen? Sodann habe ich noch nicht ganz verstanden, was Sie unter Fühlen verstehen. Die meisten von uns verstehen unter diesem Ausdruck Gegensätze wie Vergnügen, Schmerz, Spannung und Entspannung. Wenn ferner, wie Dr. Jung behauptet, zwischen Gefühl und Emotion nur ein Gradunterschied besteht, warum setzt er sie dann sozusagen auf verschiedene Seiten der Grenze? Weiter: Dr. Jung behauptet, daß ein Kriterium oder sogar das Hauptkriterium darin besteht, daß Emotionen von physiologischen Veränderungen begleitet sind, Gefühle hingegen nicht. Die Experimente von Professor Freudlicher[16] in Berlin haben meines Erachtens jedoch deutlich gezeigt, daß einfache Gefühle wie Vergnügen, Schmerz, Spannung und Entspannung durch physiologische Veränderungen, zum Beispiel solche des Blutdrucks, im Gefolge haben, die heute mit sehr genau arbeitenden Apparaten aufgezeichnet werden können.

C. G. JUNG:
Es ist richtig, daß Gefühle dann, wenn sie emotionalen Charakter aufweisen, physiologische Wirkungen auslösen; aber es gibt ohne Zweifel Gefühle, die den physiologischen Zustand nicht beeinflussen. Solche Gefühle sind in gewissem Sinn geistiger Art (mental), das heißt nicht emotional. Das ist der Unterschied, von dem ich gesprochen habe. Insofern als Fühlen eine Wertungsfunktion ist, werden Sie ohne weiteres einsehen, daß es hier nicht um etwas Physiologisches geht. Fühlen kann so abstrakt sein wie abstraktes Denken. Sie würden doch auch nicht sagen, abstraktes Denken sei etwas Physiologisches. Abstraktes Denken ist genau das, was der Ausdruck bezeichnet. Differenziertes Denken ist rational; und daher kann auch Fühlen rational sein trotz des Umstandes, daß manche Menschen die Terminologie durcheinanderbringen.

Wir brauchen einen Begriff für die Zuweisung von Werten. Wir müssen diese spezifische Funktion in ihrem Unterschied zu andern Funktionen bezeichnen können, und Fühlen scheint dafür ein geeigneter Ausdruck zu sein. Ich habe absolut nichts dagegen, wenn die meisten denkenden Menschen zum Schluß kommen, Fühlen sei ein sehr schlechtes Wort dafür. Wenn Sie sagen: »Ich ziehe ein anderes Wort vor«, dann müs-

[16] [Wahrscheinlich ein stenographischer Verschrieb für JAKOB FREUNDLICH, der Elektrokardiogramm-Experimente durchführte; vgl. seinen Artikel in: *Deutsches Archiv für klinische Medizin*.]

sen Sie für die Funktion der Wertzumessung ein anderes Wort wählen, denn die Werte sind nun einmal da, und wir brauchen einen Begriff dafür. Im allgemeinen wird das Wertgefühl durch »Fühlen« ausgedrückt. Aber ich hänge durchaus nicht an dem Begriff. Ich bin sehr liberal Definitionen gegenüber, und ich lege solche nur deshalb vor, weil mir daran liegt, daß man weiß, was ich meine, wenn ich diesen oder jenen Ausdruck gebrauche. Wenn jemand lieber sagt, Fühlen sei eine Emotion, oder Fühlen sei etwas, das erhöhten Blutdruck hervorbringt, so habe ich nichts dagegen. Ich sage nur, daß ich Fühlen nicht in jedem Sinn verwende. Wenn die Menschen übereinkommen würden, es solle verboten sein, Fühlen in diesem Sinne zu verwenden, so hätte ich dagegen nichts einzuwenden. Im Deutschen gibt es die Begriffe *Empfindung* und *Gefühl.* Wenn Sie Goethe oder Schiller lesen, werden Sie feststellen, daß sogar die Dichter diese zwei Funktionen vermengen. Deutsche Psychologen haben bereits empfohlen, den Ausdruck *Empfindung* nicht mehr auf Fühlen anzuwenden, und vorgeschlagen, den Begriff *Gefühl* (Fühlen) den Wertvorstellungen zuzuweisen, während *Empfindung* den Sinnesempfindungen vorbehalten bleiben sollte. Kein moderner Psychologe würde sagen: »Das Gefühl meiner Augen oder meiner Ohren oder meiner Haut.« In der Umgangssprache sagt man natürlich, man fühle etwas im großen Zehen oder im Ohr, aber in der Wissenschaftssprache sind solche Formulierungen nicht mehr möglich. Würde man diese beiden Begriffe als gleichbedeutend ansehen, so käme es auf das gleiche heraus, wie wenn ein Franzose von »les sensations les plus nobles de l'amour« sprechen würde. Darüber würden die Leute einfach lachen. Es wäre absolut unmöglich – shocking!

Dr. E. A. Bennet:
Sind Sie der Ansicht, daß die Hauptfunktion eines Menschen, der an manisch-depressiver Verstimmung leidet, in der Depressionsphase bewußt bleibt?

C. G. Jung:
Das würde ich nicht sagen. In Fällen manisch-depressiven Irreseins kann man gelegentlich feststellen, daß in der manischen Phase eine Funktion vorherrscht und in der depressiven Phase eine andere. So können Menschen, die in der manischen Phase lebhaft, sanguinisch, nett und freundlich sind und nicht viel denken, in der Depression plötzlich sehr gedankenvoll werden; dann haben sie zwanghafte Gedanken – und umgekehrt. Ich kenne eine Reihe von Intellektuellen mit manisch-depressiver Anlage. In der manischen Phase denken sie frei, sie sind produktiv, sehr klar und sehr abstrakt. In der depres-

siven Phase haben sie zwanghafte Gefühle; sie werden von schrecklichen Stimmungen beherrscht — Stimmungen, nicht Gedanken. Es handelt sich hier natürlich um Fragen der persönlichen Psychologie. Man kann dies am besten bei Menschen um vierzig und darüber feststellen, die eine ganz bestimmte Art Leben gelebt haben, ein intellektuelles oder werthaftes, und bei denen plötzlich dieser Aspekt untergeht und der gegensätzliche auftaucht. Es gibt sehr interessante Fälle dieser Art. Ein berühmtes literarisches Beispiel ist zum Beispiel NIETZSCHE. Er ist ein höchst eindrückliches Beispiel für den Umschlag der psychologischen Einstellung ins Gegenteil in der Lebensmitte. In seinen jüngeren Jahren war er der Aphoristiker im französischen Stil; später, mit 38, als er *Also sprach Zarathustra* schrieb, brach er in eine dionysische Stimmung aus, die in absolutem Gegensatz stand zu allem, was er zuvor geschrieben hatte.

Dr. BENNET:
Ist die Melancholie nicht introvertiert?

C. G. JUNG:
Das kann man nicht sagen, denn das ist eine inkommensurable Gegenüberstellung. Man könnte die Melancholie als einen introvertierten Zustand bezeichnen, aber sie ist keine vorzugsweise Einstellung. Wenn man jemand introvertiert nennt, so meint man damit, daß er introvertierte Verhaltensweisen vorzieht, aber er hat auch seine extravertierte Seite. Wir alle haben beides, sonst könnten wir uns überhaupt nicht anpassen, wir könnten keinen Einfluß ausüben, wir wären außer uns. Depression ist immer ein introvertierter Zustand. In der Melancholie sinkt man in eine Art Embryonalzustand zurück, und daher lassen sich dabei auch so viele seltsame physische Symptome feststellen.

Dr. MARY C. LUFF:
Professor Jung hat die Emotion als etwas Zwanghaftes definiert, von dem das Individuum beherrscht wird. Es ist mir nun nicht ganz klar, welcher Unterschied zwischen »Einbruch« und »Affekt« besteht.

C. G. JUNG:
Man erfährt manchmal selbst so etwas wie »pathologische« Emotionen, und dabei kann man feststellen, daß die seltsamsten Dinge als Emotionen auftreten können: Gedanken, die man nie zuvor gedacht hatte, zuweilen schreckliche Gedanken und Phantasien. So können zum Beispiel Menschen im Zustand eines großen Zorns anstelle der üblichen Gefühle von

Rache usw. die furchtbarsten Phantasien haben, wie zum Beispiel einen Mord zu begehen, dem Feind Arme und Beine abzuschneiden und ähnliches. Hierbei handelt es sich um ins Bewußtsein einbrechende Fragmente des Unbewußten, und im Fall einer voll entwickelten pathologischen Emotion kommt es zu einem eigentlichen Bewußtseinsschwund, in dem die Menschen zeitweise wild dahinrasen und völlig verrückte Dinge tun können. Das ist ein Einbruch. Der soeben beschriebene Zustand wäre als pathologisch zu bezeichnen, aber Phantasien in dieser Richtung können sich auch im Rahmen des Normalen ereignen. Ich habe ganz unschuldige Leute sagen hören: »Ich könnte ihm Glied für Glied abschneiden«, und sie haben tatsächlich solche blutige Phantasien; sie könnte Leuten »den Kopf einschlagen«; sie *tun* in der Phantasie, was sie in ruhigem Zustand lediglich in metaphorischem Sinn *sagen*. Wenn solche Phantasien lebendig werden und die Menschen beginnen, vor sich selbst Angst zu bekommen, dann spricht man von Einbruch.

Dr. LUFF:
Ist das eine Verwirrtheitspsychose?

C. G. JUNG:
Es braucht überhaupt keine Psychose zu sein. Es braucht auch nicht pathologisch zu sein; man kann das bei ganz normalen Menschen beobachten, wenn sie im Bann einer besonderen Emotion sind. Ich habe einmal ein sehr starkes Erdbeben erlebt. Es war das erste Mal in meinem Leben, daß ich ein Erdbeben durchmachte. Ich war völlig überwältigt von der Vorstellung, die Erde sei nicht fest, sondern vielmehr die Haut eines enormen Tieres, das sich geschüttelt habe wie ein Pferd. Ich war eine Zeitlang von dieser Vorstellung völlig gefangen genommen. Dann löste ich mich aus dieser Phantasie und erinnerte mich daran, was die Japaner über das Erdbeben sagen: daß der große Salamander sich umgedreht oder seine Lage verändert hat, der Salamander, der die Erde trägt[17]. Der Gedanke beruhigte mich, daß da eine archaische Vorstellung in mein Bewußtsein eingedrungen war. Ich fand es bemerkenswert; ich nahm nicht an, daß es pathologisch war.

Dr. B. D. HENDY:
Würden Sie sagen, daß der Affekt, wie Sie ihn verstehen, durch einen bestimmten physiologischen Zustand *verursacht*

17 [Nach einer japanischen Sage trägt der namazu, eine Art Wels von enormer Größe, auf seinem Rücken den größten Teil von Japan. Wenn er ärgerlich wird, bewegt er seinen Kopf oder Schwanz und erzeugt dadurch ein Erdbeben. Diese Sage wird in der japanischen Kunst häufig dargestellt.]

wird, oder würden Sie sagen, daß die physiologische Veränderung das *Ergebnis* eines, sagen wir, Einbruchs ist?

C. G. JUNG:
Die Frage nach der Beziehung zwischen Körper und Seele ist äußerst komplex. Sie kennen die JAMES-LANGE-Theorie, die sagt, daß der Affekt eine Folge von physiologischen Veränderungen ist. Die Frage, ob der Körper oder der Geist der vorherrschende Faktor sei, wird immer je nach Charakter und Temperament beantwortet werden. Diejenigen, die zu der Theorie von der Vorherrschaft des Körpers neigen, werden sagen, daß innere Prozesse Epiphänomene der physiologischen Chemie sind. Diejenigen, die mehr an das Geistige glauben, werden das Gegenteil sagen; für sie ist der Körper lediglich der Anhang des Geistes, von dem alles ausgeht. Es handelt sich hier um eine philosophische Frage, und da ich kein Philosoph bin, kann ich hierüber nicht entscheiden. Alles, was wir empirisch aussagen können, ist, daß körperliche und geistig-seelische Vorgänge in einer Art und Weise zusammen geschehen, die ein Geheimnis für uns darstellt. Dank unserem höchst lamentablen Geist können wir uns Körper und Geist nicht als ein und dasselbe vorstellen; wahrscheinlich *sind* sie eins und dasselbe, aber wir können das nicht denken. Die moderne Physik sieht sich vor der gleichen Schwierigkeit: denken Sie an die bedauerlichen Dinge, die mit dem Licht geschehen! Das Licht verhält sich, wie wenn es aus Schwingungen bestünde, es verhält sich aber auch wie Korpuskel. Es brauchte die sehr komplizierte mathematische Formel von DE BROGLIE, um dem menschlichen Geist dazu zu verhelfen, die Möglichkeit zu erfassen, daß Schwingungen und Korpuskel zwei Phänomene der gleichen Wirklichkeit sind, die lediglich unter verschiedenen Bedingungen beobachtet wird[18]. Wir können das nicht *denken,* wir sind aber gezwungen, es als Postulat hinzunehmen.

In der gleichen Weise ist der sogenannte psychophysische Parallelismus ein unlösbares Problem. Nehmen Sie zum Beispiel den Fall eines typhoiden Fiebers mit psychologischen Begleiterscheinungen. Nähme man den psychischen Faktor als Ursache an, käme man zu unmöglichen Schlußfolgerungen. Man kann nur sagen, daß gewisse physiologische Zustände eindeutig durch psychische Störungen verursacht sind und daß andere von solchen Störungen lediglich begleitet werden. Körper und Geist sind zwei Aspekte des Menschen, und das ist alles, was wir wissen. Deshalb sage ich lieber, daß die beiden Dinge in einer geheimnisvollen Weise zusammen geschehen,

[18] [L. V. DE BROGLIE, *Licht und Materie.* Ergebnisse der neueren Physik, 1949.]

und wir lassen es besser dabei, da wir nicht die beiden als eines denken können. Für meine eigenen Zwecke habe ich einen Begriff geprägt, der dieses »Zusammen« illustrieren soll; ich sage, daß in der Welt das seltsame Prinzip der *Synchronizität*[19] wirksam ist, wonach gewisse Dinge irgendwie gleichzeitig geschehen und sich verhalten, wie wenn sie das gleiche wären, wobei sie es für uns doch nicht sind. Vielleicht wird einmal eine neue Art mathematischer Methode entdeckt, durch die man beweisen kann, daß es so sein muß. Aber im jetzigen Zeitpunkt bin ich absolut unfähig, Ihnen zu sagen, ob der Körper oder der Geist das beherrschende Prinzip ist, oder ob beide einfach nebeneinander existieren.

Dr. L. J. Bendit:
Es ist mir noch nicht ganz klar, wann der »Einbruch« pathologisch wird. Am Anfang Ihres Vortrages haben Sie gesagt, der Einbruch werde pathologisch, wenn er habituell wird. Was ist der Unterschied zwischen einem pathologischen Einbruch und einer künstlerischen Inspiration oder einer schöpferischen Idee?

C. G. Jung:
Es gibt überhaupt keinen Unterschied zwischen künstlerischer Inspiration und einem Einbruch. Es ist genau das gleiche, und daher vermeide ich das Wort pathologisch. Ich würde niemals sagen, daß künstlerische Inspiration pathologisch sei, und das gilt auch für Einbrüche, denn für mich ist eine Inspiration eine völlig normale Angelegenheit. Es ist nichts Negatives dabei. Sie fällt in keiner Weise aus dem Rahmen. Glücklicherweise gehört es zum Menschsein, daß Inspirationen gelegentlich auftreten — sehr selten zwar, aber es kommt vor. Nun treten aber auch pathologische Dinge in fast gleicher Weise auf, und daher müssen wir irgendwo eine Grenze ziehen. Wenn Sie alle Irrenärzte wären, und ich Ihnen einen bestimmten Fall vorstelle, dann können Sie von dem Mann sagen, er sei geisteskrank. Ich würde sagen, daß der Mann so lange nicht geisteskrank ist, als er sich mir gegenüber in einer Art erklären kann, daß ich einen Kontakt mit ihm habe. Verrücktheit ist ein sehr relativer Begriff. Wenn sich zum Beispiel ein Neger in einer bestimmten Weise verhält, dann sagen wir: »Er ist eben ein Neger«; wenn sich aber ein Weißer in der gleichen Weise verhält, dann sagen wir: »Der Mann ist verrückt«, weil sich ein Weißer nicht so benehmen kann. Von einem Neger kann man nichts anderes erwarten, aber ein Weißer tut solche Dinge nicht. »Verrückt sein« ist eine soziale Vorstellung; wir

[19] [Vgl. C. G. Jung und W. Pauli, *Naturerklärung und Psyche* (Ges. Werke VIII, 1967).]

benützen soziale Abgrenzungen und Definitionen, um geistig-seelische Störungen zu bezeichnen. Man kann von einem Menschen sagen, er sei seltsam, er benehme sich anders als erwartet und habe merkwürdige Ideen, und wenn er in einer kleinen Stadt in Frankreich oder in der Schweiz lebt, sagt man vielleicht: »Er ist ein Original, einer der originellsten Einwohner dieses kleinen Ortes.« Wenn man den Mann aber mitten in Harley Street hineinstellt, ist er ganz einfach verrückt. Oder einen Maler halten Sie vielleicht für einen sehr originellen Künstler; aber wenn Sie ihn als Kassierer bei einer Großbank einstellen, dann wird die Bank etwas erleben! Die Leute dort werden sicher sagen, der Mann sei verrückt. Aber all dies sind einfach soziale Beurteilungen. Das gleiche kann man in Irrenanstalten beobachten. Wenn diese zu Monsterinstituten anwachsen, so liegt der Grund dafür nicht in einer absoluten Zunahme der Geisteskrankheiten, sondern darin, daß wir abnormale Menschen nicht mehr ertragen, und daher scheint es so, als ob es viel mehr Verrückte gebe als früher. Ich erinnere mich, wie wir in meiner Jugend Leute um uns herum hatten, die ich später als schizophren erkannte und von denen wir dachten: »Ach, Onkel So-und-So ist ein sehr origineller Mensch.« In meinem Heimatort hatten wir Imbezille; aber man sagte nicht: »Er ist ein schrecklicher Dummkopf« oder etwas Ähnliches, sondern: »Er ist sehr nett.« Ebenso nannte man gewisse Idioten »Crétins«, was von dem Ausdruck herkommt: »Er ist ein guter Christ.« Man konnte nicht viel anderes von ihnen sagen, aber auf alle Fälle waren sie »gute Christen«.

Der Vorsitzende:
Meine Damen und Herren, ich glaube, wir müssen Herrn Professor Jung für heute entlassen, und wir danken ihm sehr herzlich.

Zweite Vorlesung

Der Vorsitzende, Dr. J. A. Hatfield:
Meine Damen und Herren, Herr Professor Jung ist Ihnen bereits vorgestellt worden, und zwar in den lobendsten Ausdrücken; ich glaube aber, daß alle, die gestern abend hier waren, mit mir darin einig sind, daß dieses hohe Lob in keiner Weise übertrieben ist. Dr. Jung hat gestern über die Funktionen der menschlichen Psyche gesprochen, wie Fühlen, Denken, Intuieren und Empfinden, und dabei konnte ich mich des Eindrucks nicht erwehren, daß bei ihm jede dieser Funktionen – im Gegensatz zu dem, was er uns vortrug – sehr gut differenziert ist. Es drängte sich mir auch eine Ahnung davon auf, daß diese Funktionen bei ihm durch einen Sinn für Humor miteinander verknüpft sind. Nichts überzeugt mich mehr von der Wahrheit einer Vorstellung, als wenn ihr Schöpfer fähig ist, sie auch humorvoll zu betrachten, und das hat Dr. Jung gestern abend getan. »Tierischer Ernst« in bezug auf irgendeinen Gegenstand läßt sehr oft darauf schließen, daß der Betreffende an der Wahrheit dessen, was er einem mitzuteilen gedenkt, selbst zweifelt.

C. G. Jung:
Meine Damen und Herren, gestern haben wir uns mit den Funktionen des Bewußtseins beschäftigt. Heute möchte ich das Problem der Struktur der Psyche zu Ende führen. Eine Besprechung der menschlichen Psyche wäre nicht vollständig, wenn wir die Existenz der unbewußten Prozesse unberücksichtigt ließen. Lassen Sie mich kurz die Überlegungen von gestern abend wiederholen.

Wir können mit den unbewußten Prozessen nicht direkt umgehen, da sie uns nicht zugänglich sind. Sie werden nicht direkt wahrgenommen, sie erscheinen nur in ihren Erzeugnissen, und wir schließen aus der spezifischen Eigenart dieser Erzeugnisse, daß etwas hinter ihnen liegen müsse, von dem sie ihren Ursprung nehmen. Diesen dunklen Bereich nennen wir die unbewußte Psyche.

Die ektopsychischen Inhalte des Bewußtseins leiten sich in erster Linie von den Umgebungseinflüssen her, von den Gegebenheiten unserer Sinneswahrnehmungen. Dann gibt es aber auch Inhalte, die aus andern Quellen stammen, wie zum

Beispiel Gedächtnis und Urteilsvermögen. Diese gehören zur endopsychischen Sphäre. Eine dritte Quelle für Bewußtseinsinhalte ist die dunkle Welt der Psyche, das Unbewußte. Wir kommen mit ihm über die Besonderheiten der endopsychischen Funktionen in Kontakt, das heißt jener Funktionen, die der Willenskontrolle nicht unterstehen. Sie sind das Medium, durch welches die unbewußten Inhalte die Oberfläche des Bewußtseins erreichen.

Die unbewußten Prozesse sind somit nicht direkt beobachtbar; jene ihrer Produkte aber, die die Bewußtseinsschwelle überschreiten, können wir in zwei Kategorien einteilen. Die erste Kategorie enthält Material, das als eindeutig persönlichen Ursprungs erkennbar ist; diese Inhalte sind persönliche Aneignungen oder Erzeugnisse von Instinktvorgängen, die zur Gesamtpersönlichkeit gehören. Ferner gehören hierzu vergessene oder verdrängte, sowie schöpferische Inhalte. Es ist nichts besonders Merkwürdiges an ihnen. Bei einigen Menschen mögen diese Dinge, die bei andern im Unbewußten liegen, bewußt sein. Manche Menschen sind sich über Dinge bewußt, über die andere es nicht sind. Ich nenne diese Kategorie von Inhalten die unterbewußte Psyche oder das *persönliche Unbewußte*, da es, so weit wir es beurteilen können, ausschließlich aus persönlichen Elementen zusammengesetzt ist, Elementen, welche die menschliche Persönlichkeit als Ganzes ausmachen.

Sodann gibt es Inhalte eindeutig unbekannten Ursprungs, oder mindestens eines Ursprungs, der nicht als persönlich erworben bezeichnet werden kann. Diese Inhalte haben eine hervorstechende Besonderheit: ihren mythologischen Charakter. Sie machen den Eindruck, nicht einer besonderen Person anzugehören, sondern vielmehr der *Menschheit* ganz allgemein. Als ich solchen Inhalten das erstemal begegnete, fragte ich mich, ob sie nicht auf Vererbung beruhten, und ich dachte, sie ließen sich durch nationale oder rassische Vererbung erklären. Um hierüber Klarheit zu erhalten, ging ich nach Amerika und studierte die Träume reinrassiger Neger, wobei ich feststellte, daß die betreffenden Bilder nichts mit sogenannter blutmäßiger oder rassischer Erbmasse zu tun haben, sowenig wie sie vom einzelnen persönlich erworben worden sind. Sie gehören zur gesamten Menschheit, und daher sind sie kollektiver Natur.

Diese kollektiven Grundmuster habe ich die *Archetypen*[1] genannt, in Anlehnung an einen Ausdruck von *Augustin*. Ein Archetyp ist ein *typos* (ein Geprägtes), eine festumgrenzte Anordnung archaischen Charakters, die sowohl der Form als

[1] [Vgl. C. G. JUNG, »Die Archetypen des kollektiven Unbewußten« in: *Wurzeln des Bewußtseins*, S. 4 ff (Ges. Werke IX/I).]

dem Sinn nach *mythologische Motive* enthält. In reiner Form begegnen wir mythologischen Motiven in Märchen, Mythen, Legenden und in der Folklore. Einige der bekanntesten Motive sind: der Held, der Erlöser, der Drache (immer verbunden mit dem ihn überwindenden Helden), der Wal oder das Ungeheuer, das den Helden verschlingt[2]. Eine andere Variante des Helden und des Drachens ist die Katabasis, der Abstieg in die Höhle, die Nekyia. Sie erinnern sich an die Odyssee, wo Odysseus *ad inferos* hinabsteigt, um Teiresias, den Seher, zu befragen. Dieses Motiv der Nekyia findet sich überall in der Antike und praktisch in der ganzen Welt. Es drückt den psychologischen Vorgang der Introversion des Bewußtseins in die tiefen Schichten der unbewußten Psyche aus. Aus diesen Schichten steigen die Inhalte unpersönlichen, mythologischen Charakters auf, mit andern Worten, die Archetypen, und ich nenne sie daher das unpersönliche oder *kollektive Unbewußte.*

Ich bin mir vollständig bewußt, daß ich Ihnen hier nur die äußersten Umrisse dieses speziellen Problems des kollektiven Unbewußten darlegen kann. Ich will Ihnen aber ein Beispiel betreffend seine Symbolik und die Art und Weise, in der ich vorgehe, geben, um es vom persönlichen Unbewußten zu unterscheiden. Als ich nach Amerika ging, um das Unbewußte der Neger zu erforschen, schwebte mir die folgende Frage vor: Sind die kollektiven Grundmuster rassenweise vererbt, oder sind sie »Apriori-Kategorien der Imagination«, wie zwei Franzosen, Hubert und Mauss[3], sie ganz unabhängig von meinen eigenen Forschungen nannten. Ein Neger erzählte mir einen Traum, in dem die Figur eines Mannes vorkam, der auf ein Rad gekreuzigt war[4]. Ich erzähle Ihnen nicht den ganzen Traum, da er hier nicht von Belang ist. Er hatte natürlich sowohl seine persönliche Bedeutung wie auch Anklänge an unpersönliche Vorstellungen, aber ich greife gerade nur dieses eine Motiv heraus. Es war ein sehr ungebildeter Neger aus dem Süden und nicht besonders intelligent. Angesichts des bekannt religiösen Charakters der Neger wäre anzunehmen gewesen, daß er von einem an ein *Kreuz* geschlagenen Menschen geträumt hätte. Das Kreuz wäre eine »persönliche« Erwerbung gewesen. Es war aber keineswegs zu erwarten, daß er von einem auf ein *Rad* gekreuzigten Menschen träumte. Dies ist ein sehr ungewöhnliches Bild. Natürlich kann ich Ihnen nicht beweisen, daß dieser Neger nicht zufällig ein solches Bild gesehen oder von so etwas gehört hatte und dann davon träumte. Falls er aber keinerlei Vorbild für diese Vor-

[2] [C. G. Jung, *Symbole der Wandlung* (Ges. Werke V, Index).]
[3] [H. Hubert et M. Mauss, *Mélanges d'histoire des religions*, S. XXIX.]
[4] [C. G. Jung, *Symbole der Wandlung* (Ges. Werke V).]

stellung hatte, würde es sich um ein *archetypisches Bild* handeln, denn die Kreuzigung auf das Rad ist ein *mythologisches Motiv.* Es ist das alte Sonnenrad, und die Kreuzigung ist das dem Sonnengott dargebrachte Opfer, der dadurch günstig gestimmt werden soll, so wie früher Menschen- und Tieropfer dargebracht wurden, um die Fruchtbarkeit der Erde anzuregen. Das Sonnenrad ist eine außerordentlich archaische Vorstellung, vielleicht die älteste religiöse Vorstellung überhaupt. Auf Grund von Skulpturen in Rhodesien kann man sie bis ins mesolithische und paläolithische Zeitalter zurückverfolgen. Nun gab es aber wirkliche Räder erst im Bronze-Zeitalter; im Paläolithikum war das Rad noch nicht erfunden. Das Rhodesische Sonnenrad scheint aus der gleichen Zeit zu stammen wie gewisse sehr naturalistische Tierbilder, zum Beispiel das berühmte Nashorn mit den Zecken, ein Meisterstück der Beobachtung. Das Rhodesische Sonnenrad ist daher eine ursprüngliche Vision, wahrscheinlich ein archetypisches Sonnenbild[5]. Aber dieses Bild ist nicht naturalistischer Art, denn es ist immer in vier oder acht Segmente unterteilt (Abb. 3). Das

Abb. 3: Sonnenrad

Bild eines unterteilten Kreises ist ein Symbol, das man in der ganzen Geschichte der Menschheit wie auch in Träumen moderner Menschen findet. Es ist durchaus möglich, daß die Erfindung des wirklichen Rades auf diese Vision zurückgeht. Viele unserer Erfindungen entsprangen mythologischen Antizipationen und Ur-Bildern. So ist zum Beispiel die Kunst der Alchemie die Mutter der modernen Chemie. Unser bewußter, wissenschaftlicher Geist hat seinen Ursprung in der Matrix des Unbewußten.

[5] [Vgl. C. G. Jung, *Über die Beziehungen der Analytischen Psychologie zum dichterischen Kunstwerk* (Ges. Werke XV); *Psychologie und Religion* (Ges. Werke XI, 1963, Paragr. 100) und *Bruder Klaus* (ibid. Paragr. 484). Eine Dokumentation über rhodesische Sonnenräder ist nicht erhältlich, obwohl solche in Fels gehauene Formen in Angola und Südafrika festgestellt wurden. Vgl. Willcox, *The Rock Art of South Africa*, Abb. 23 und Tafeln XVII–XX. Ihre Datierung ist unsicher. Das »Nashorn mit den Zecken« stammt aus Transvaal und befindet sich in einem Museum in Pretoria.]

Im Traum unseres Negers ist der Mann auf dem Rad eine Wiederholung des griechisch-mythologischen Motivs von Ixion, der wegen seiner Beleidigung der Götter und Menschen von Zeus auf ein sich dauernd drehendes Rad geflochten wurde. Ich gebe Ihnen dieses Beispiel eines mythologischen Motivs nur, um Ihnen eine Idee vom kollektiven Unbewußten zu vermitteln. Ein einzelnes Beispiel ist natürlich kein absoluter Beweis. Aber man kann doch wohl nicht annehmen, jener Neger hätte griechische Mythologie studiert, und es ist recht unwahrscheinlich, daß er je eine Darstellung griechischer mythologischer Figuren gesehen hatte. Im übrigen sind Darstellungen von Ixion ziemlich selten.

Ich könnte Ihnen eindeutige Beweise ganz besonderer Art über die Existenz dieser mythologischen Grundmuster im Unbewußten geben. Dafür müßte ich aber mindestens 14 Tage lang Vorlesungen halten. Zuerst müßte ich Ihnen den Sinn von Träumen und Traumserien darlegen und Ihnen dann alle historischen Parallelen und ihre Bedeutung aufzeigen; denn die Symbolik dieser Bilder und Vorstellungen wird an Schulen und Universitäten nicht gelehrt, und sogar Spezialisten wissen nur sehr selten davon. Ich mußte sie jahrelang erforschen und das Material selbst auffinden, und ich kann auch von einem sehr gebildeten Publikum nicht erwarten, *au courant* solch abstruser Dinge zu sein. Wenn wir zur Technik der Traum-Analyse kommen, werde ich ohnehin auf solches mythologische Material eingehen müssen, und Sie werden dann eine Ahnung davon erhalten, wie diese Arbeit, Parallelen zu unbewußten Erzeugnissen zu finden, praktisch vor sich geht. Für den Augenblick muß ich mich mit der Feststellung begnügen, daß diese Schicht des Unbewußten mythologische Grundmuster enthält und Inhalte erzeugt, die nicht dem Individuum zugeschrieben werden können, ja, die sogar im Gegensatz zur persönlichen Psychologie des Träumers stehen können. So kann man zum Beispiel höchst überraschenderweise bei einer völlig ungebildeten Person einen Traum finden, der bei ihr wirklich nicht auftreten sollte, da er die erstaunlichsten Dinge enthält. Und Kinderträume können einen unter Umständen derart stark zum Denken anregen, daß man nachher Ferien nehmen muß, um sich von dem Schock zu erholen, da ihre Symbole dermaßen tiefsinnig sind, daß man sich fragt: Wie ist es menschenmöglich, daß ein Kind einen solchen Traum hat?

In Wirklichkeit ist das ganz einfach zu erklären. Unser Geist hat seine Geschichte, so wie unser Körper seine Geschichte hat. Ebenso könnte man sich zum Beispiel darüber wundern, daß der Mensch einen Blinddarm hat. Weiß er, daß er einen haben muß? Er ist einfach damit geboren. Millionen Menschen wissen nicht, daß sie eine Thymusdrüse haben, und sie haben sie doch. Sie wissen nicht, daß sie in gewissen Teilen ihrer Anatomie zur Spezies der Fische gehören, und doch ist es so. Unser Unbewußtes ist wie unser Körper ein Lagerhaus von Relikten und Erinnerungen aus der Vergangenheit. Das Studium der Struktur der unbewußten kollektiven Psyche würde die gleichen Entdeckungen zutage fördern wie die vergleichende Anatomie. Wir brauchen dabei gar nicht an etwas Mystisches zu denken. Aber weil ich von einem kollektiven Unbewußten spreche, bin ich des Obskurantismus angeklagt worden. Es ist absolut nichts Mystisches am kollektiven Unbewußten. Es ist lediglich ein neuer Zweig der Wissenschaft, und es entspricht wirklich nur dem gesunden Menschenverstand, die Existenz unbewußter kollektiver Prozesse zuzugeben. Denn obwohl ein Kind nicht mit einem Bewußtsein geboren wird, ist sein Inneres doch keine *tabula rasa*. Das Kind wird mit einem ganz bestimmten Gehirn geboren, und das Gehirn eines englischen Kindes wird nicht wie dasjenige eines australischen Buschnegers arbeiten, sondern wie jenes eines modernen Engländers. Das Gehirn wird mit einer fertigen Struktur geboren, es arbeitet im Sinne der Gegenwart, aber es hat seine Geschichte. Es hat sich im Lauf von Millionen von Jahren entwickelt und stellt die Geschichte dar, deren Ergebnis es ist. Es ist nur natürlich, daß es genau wie der Körper die Spuren dieser Geschichte in sich trägt, und wenn man sich in die Grundstruktur des inneren Menschen hinein begibt, ist es ganz natürlich, daß man dort Spuren des archaischen Geistes findet.

Die Vorstellung vom kollektiven Unbewußten ist in Wirklichkeit sehr einfach. Wäre es nicht so, dann könnte man von einem Wunder sprechen, und ich bin kein Wundererzähler. Ich halte mich nur an die Erfahrung. Wenn ich Ihnen diese Erfahrungen mitteilen würde, würden Sie daraus genau die gleichen Schlußfolgerungen bezüglich der archaischen Motive ziehen. Ich bin irgendwie zufällig über die Mythologie gestolpert und habe vielleicht mehr Bücher als Sie darüber gelesen. Ich habe mich nicht immer mit Mythologie befaßt. Eines Tages, als ich noch an der Klinik war, sah ich einen schizophrenen Patienten, der eine seltsame Vision hatte, und er erzählte mir davon. Er wollte, daß ich sie auch sehe, aber in meiner Schwerfälligkeit war mir das nicht möglich. Ich dachte: »Dieser Mann ist verrückt, und ich bin normal, und seine Vision sollte mich nicht bekümmern.« Sie tat es aber doch. Ich fragte mich: »Was bedeutet sie?« Die Feststellung, er sei eben verrückt, befriedigte mich nicht. Später stieß ich auf ein Buch, in dem der deutsche Gelehrte A. DIETERICH[6] Teile eines magischen Papyrus veröffentlicht hatte. Ich studierte es mit großem Interesse, und auf

[6] [A. DIETERICH, *Eine Mithrasliturgie*, 1910.]

Seite 7 fand ich die Vision meines Verrückten »Wort für Wort«. Das gab mir einen Schock. Ich fragte mich: »Wie ist es möglich, daß dieser Bursche zu seiner Vision kam?« Es handelte sich nicht nur um ein Bild, sondern um eine ganze Bilderfolge und eine wörtliche Übereinstimmung. Ich will hier nicht in die Details gehen, weil uns das zu weit führen würde. Es ist ein sehr interessanter Fall, den ich im übrigen publiziert habe[7].

Diese erstaunliche Parallele hat vieles in mir angeregt. Sie haben vermutlich das Buch des gelehrten Professor DIETERICH nicht gelesen, aber wenn Sie es gelesen und solche Fälle beobachtet hätten wie ich, dann wären auch Sie auf die Vorstellung vom kollektiven Unbewußten gekommen.

Die tiefste Schicht, die wir in unserer Erforschung des Unbewußten erreichen können, ist diejenige, auf der der Mensch nicht mehr ein abgegrenztes Einzelwesen ist, sondern wo er sich ausweitet und mit dem Wesen der Menschheit verschmilzt — nicht mit ihrem Bewußtsein, sondern mit ihrem Unbewußten, mit dem, was uns allen gemeinsam ist. So wie wir grundsätzlich alle den gleichen Körper haben mit zwei Augen und zwei Ohren, einem Herzen und so weiter, mit nur geringfügigen individuellen Unterschieden, so besteht auch innerlich die gleiche grundsätzliche Übereinstimmung. Auf dieser kollektiven Ebene sind wir nicht mehr individuelle Einzelwesen; wir sind alle eins. Man versteht das noch besser, wenn man die Psychologie der Primitiven heranzieht. Der wichtigste Zug in der primitiven Mentalität ist der Mangel an Unterscheidung zwischen Individuen, die Einheit von Subjekt und Objekt, die *participation mystique,* wie LÉVY-BRUHL sie nennt[8]. In der primitiven Mentalität kommt die Grundstruktur des menschlichen Geistes zum Ausdruck, das heißt jene psychologische Schicht, die für uns das kollektive Unbewußte ist, die Grund-Schicht, die in allen Menschen gleich ist. Und weil diese Grundstruktur in jedermann aktiv ist, können auch wir auf dieser Ebene nicht unterscheiden. Hier wissen wir nicht, ob etwas dir oder mir geschieht. Auf dieser allem Bewußtsein zugrundeliegenden kollektiven Ebene leben wir in einer Ganzheit, die nicht zerstückelt werden kann. Wenn man darüber nachzudenken beginnt, daß die Tatsache der Partizipation bedeutet, daß wir im Grunde mit allem und allen identisch sind, dann kommt man zu seltsamen theoretischen Schlußfolgerungen. Über diese sollten wir nicht hinausgehen, denn dann werden die Dinge gefährlich. Aber einige dieser Schlußfolgerungen

[7] [C. G. JUNG, *Symbole der Wandlung* (Ges. Werke V); *Die Archetypen des kollektiven Unbewußten* (Ges. Werke IX/I); *Die Dynamik des Unbewußten* (Ges. Werke VIII, 1967, Paragr. 228 und 318 f).]
[8] L. LÉVY-BRUHL, *Die geistige Welt der Primitiven*, 1959.

sollten wir doch näher betrachten, denn sie können ein Licht auf manches Merkwürdige werfen, das den Menschen geschieht.

Lassen Sie mich zusammenfassen: Ich habe Ihnen ein Diagramm mitgebracht (Abb. 4). Es sieht etwas kompliziert aus,

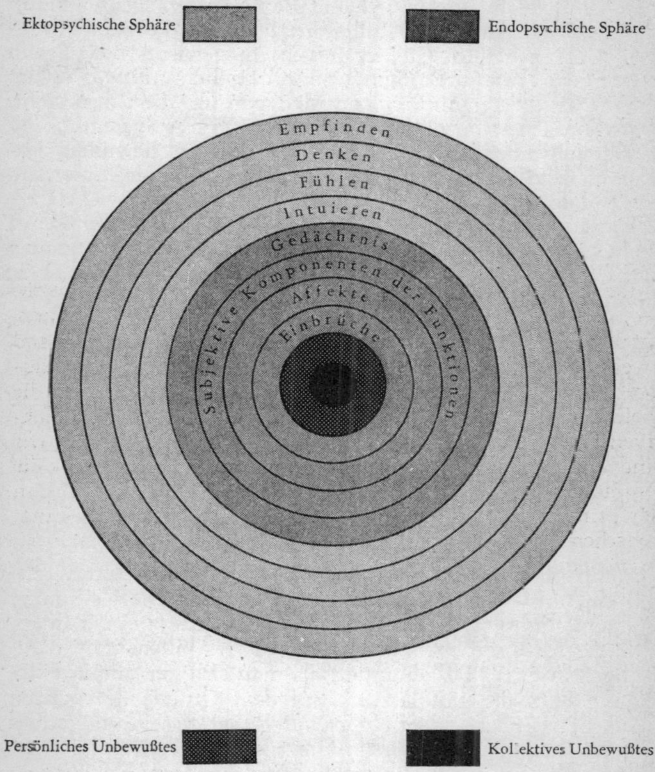

Abb. 4: Diagramm des geistig-seelischen Bereiches

aber in Wirklichkeit ist es ganz einfach. Stellen Sie sich unsere geistig-seelische Welt als eine beleuchtete Kugel vor. Die Oberfläche, von der das Licht ausgeht, ist die Funktion, mittels derer man sich hauptsächlich anpaßt. Bei einem Menschen, der sich hauptsächlich mit dem Denken anpaßt, wird vor allem das Bild des denkenden Menschen sichtbar. Er wird die Dinge auf dem Weg des Denkens angehen, und was er den andern Menschen zeigt, ist sein Denken. Beim Vorherrschen einer andern Funktion gilt entsprechend das gleiche[9].

In dem Diagramm ist die *Empfindung* als die periphere Funktion angegeben. Sie vermittelt Informationen aus der Welt der äußeren Objekte. Im zweiten Kreis, dem *Denken*, nimmt der Mensch auf, was die Sinne ihm vermittelt haben; er gibt den Dingen Namen und Bezeichnung. Dann kommt das *Fühlen* dazu; ein Gefühlswert begleitet die Beobachtungen. Und schließlich entwickelt sich ein gewisses Bewußtsein davon, wo etwas herkommt, wohin es gehen und was es tun mag. Das ist die *Intuition*, mit der man um die Ecken sieht. Diese vier Funktionen bilden das ektopsychische System.

Der folgende Teil des Diagramms stellt den bewußten Ich-Komplex dar, auf den sich die Funktionen beziehen. Innerhalb des endopsychischen Systems finden wir zunächst das *Gedächtnis*, eine Funktion, die noch dem Willen unterworfen ist; es steht unter der Kontrolle des Ich-Komplexes. Sodann kommen wir zu den *subjektiven Komponenten der Funktionen*. Diese können vom Willen zwar nicht direkt gesteuert, aber doch bis zu einem gewissen Grad unterdrückt, ausgeschlossen oder verstärkt werden. Diese Komponenten sind nicht mehr so gut kontrollierbar wie das Gedächtnis, wobei auch schon das Gedächtnis, wie Sie wissen, nicht so ganz »stubenrein« ist. Dann kommen wir zu den *Affekten* und *Einbrüchen*, die nur mittels nackter Gewalt beherrscht werden können. Man kann sie unterdrücken, aber das ist auch alles, was man tun kann. Man muß die Fäuste ballen, um nicht zu explodieren, denn diese Kräfte können sich leicht als stärker erweisen als der Ich-Komplex.

Natürlich kann das psychische System durch ein solches Diagramm nicht vollständig dargestellt werden. Die Zeichnung ist mehr eine Wert-Skala, die zeigt, wie die Energie oder Intensität des Ich-Komplexes, der sich durch die Willenskraft manifestiert, in dem Maß abnimmt, als man sich der dunklen Region nähert, die sich letztlich auf dem Grunde der ganzen Struktur befindet – dem *Unbewußten*. Bei diesem unterscheiden wir zunächst das *persönliche Unbewußte*. Das ist jener Teil der Psyche, der all das enthält, was ebensogut bewußt sein könnte. Bekanntlich werden viele Dinge unbewußt genannt, aber das ist nur relativ. In dieser Sphäre befindet sich nichts, was notwendigerweise in jedermann unbewußt wäre. Es gibt Menschen, die sich über fast alles, was dem Menschen bewußt sein kann, bewußt sind. Natürlich gibt es in unserer Zivilisation außerordentlich viel Unbewußtes, aber wenn man sich zu andern Völkern begibt, nach Indien oder China zum Beispiel, so stellt man fest, daß diese Menschen sich über Dinge bewußt

[9] Zur allgemeinen Beschreibung der Typen und Funktionen vgl. C. G. Jung, *Psychologische Typen* (Ges. Werke VI, 1967, Kp. 10).

sind, die auszugraben unsere Psychoanalytiker Monate brauchen. Sodann können einfache Menschen in natürlicher Umgebung ein erstaunliches Bewußtsein von Dingen haben, die Stadtmenschen ganz unbekannt sind, und von denen sie erst unter dem Einfluß der Analyse zu träumen beginnen. Ich konnte das in der Schule feststellen. Ich bin auf dem Land unter Bauern und Tieren aufgewachsen, und ich war mir einer Menge von Dingen bewußt, von denen andere Knaben keine Ahnung hatten. Ich hatte das Glück, ohne Vorurteile zu sein. Beim Analysieren von Träumen, Symptomen oder Phantasien neurotischer oder normaler Menschen beginnt man ins Unbewußte einzudringen und kann die künstliche Schwelle beseitigen. Das persönliche Unbewußte ist etwas sehr Relatives; sein Bereich kann reduziert und schließlich so gering werden, daß er sich dem Nullpunkt nähert. Es ist durchaus vorstellbar, daß ein Mensch sein Bewußtsein derart entwickelt, daß er sagen darf: *Nihil humanum a me alienum puto*[10].

Schließlich kommen wir zu dem letzten Kern, der überhaupt nicht bewußt gemacht werden kann — zum Bereich des Archetypischen. Das in diesem Bereich vermutlich Enthaltene erscheint in Form von Bildern, die nur durch Vergleich mit historischen Parallelen verstanden werden können. Wenn man gewisse dieser auftauchenden Materialien nicht als historisch erkennt, und wenn man die Parallelen nicht sieht, kann man diese Inhalte nicht ins Bewußtsein integrieren, so daß sie projiziert bleiben. Die Inhalte des *kollektiven Unbewußten* können durch den Willen weder gesteuert noch beherrscht werden. Man hat von ihnen den Eindruck, daß sie gar nicht in einem selbst liegen — man sieht sie beim Nächsten, aber nicht bei sich selbst. Wenn die Inhalte des kollektiven Unbewußten aktiviert werden, werden wir gewisser Dinge bei unsern Mitmenschen gewahr. Wir stellen zum Beispiel fest, daß die bösen Abessinier Italien angreifen. Sie kennen die berühmte Geschichte von Anatole France: Zwei Bauern bekämpften sich dauernd; jemand interessierte sich für die Gründe dafür und fragte den einen: »Warum hassest du deinen Nachbarn und bekämpfst ihn so?« Er antwortete: »Mais il est de l'autre côté de la rivière!« Das ist wie Frankreich und Deutschland. Wir Schweizer hatten während des Weltkrieges glücklicherweise die Möglichkeit, Zeitungen zu lesen und diesen speziellen Mechanismus zu studieren, der einem vorkam wie eine große Kanone, die von der einen Seite des Rheins her feuert und in genau der gleichen Weise von der andern Seite. Es wurde einem dabei sehr deutlich, daß die Menschen in ihren

[10] Vgl. TERENZ, *Heauton Timorumenos* I, 1. 25: »Homo sum; humani nil a me alienum puto« (Ich bin ein Mensch; nichts Menschliches ist mir fremd).

Nachbarn all das sahen, was sie in sich selbst nicht wahrhaben wollten.

Ganz allgemein kann man sagen, daß es zu einem Kollektiv-Wahn führt, zu einer geistig-seelischen Epidemie, die eine Revolution oder Krieg oder sonst etwas dieser Art auslösen kann, wenn das kollektive Unbewußte in größeren sozialen Gruppen konstelliert wird. Solche Bewegungen sind außerordentlich ansteckend – fast überwältigend ansteckend, denn wenn das kollektive Unbewußte aktiviert wird, ist man nicht mehr sich selbst. Man ist nicht nur *in* der Bewegung – man *ist* sie. Wenn man in Deutschland leben oder sich dort auch nur für eine gewisse Zeit aufhalten würde, so würde man sich wohl in den meisten Fällen vergeblich dagegen zu wehren versuchen. Es geht einem unter die Haut. Man ist ja ein Mensch, und wo immer man in der Welt ist, kann man sich nur dadurch behaupten, daß man sein Bewußtsein einschränkt und sich so leer, so seelenlos wie möglich macht. Damit verliert man die Seele, denn man ist dann nur ein Körnchen Bewußtsein, das auf einem Meer von Leben schwimmt, an dem man nicht teilhat. Bleibt man aber sich selbst, dann stellt man fest, daß die kollektive Atmosphäre einem unter die Haut dringt. Man kann nicht in Afrika oder einem andern ähnlichen Land leben, ohne dieses Land unter der Haut zu haben. Wenn man mit gelben Menschen lebt, wird man gelb unter der Haut. Das ist nicht zu vermeiden, denn irgendwo ist man eben auch so wie der Neger oder der Chinese oder wer immer, mit dem man lebt. Man ist wie alle andern – menschlich. Im kollektiven Unbewußten ist man gleich wie Menschen anderer Rassen, man hat die gleichen Archetypen, so wie man wie die andern Augen, Herz, Leber hat und so weiter. Es spielt keine Rolle, daß die Haut des andern schwarz ist. Natürlich spielt es eine Rolle bis zu einem gewissen Grad – der andere hat vermutlich eine historische Schicht weniger als man selbst. Die verschiedenen geistigen Schichten entsprechen der Geschichte der Völkerentwicklung.

Wenn man Rassen und Völker studiert, wie ich es getan habe, dann kann man sehr interessante Dinge entdecken. Beim Studium der Nordamerikaner zum Beispiel kann man feststellen, daß der Amerikaner, da er auf jungfräulichem Boden lebt, den Indianer in sich trägt. Der Indianer – auch wenn er nie einen gesehen haben sollte – und der Neger – auch wenn dieser ausgestoßen ist und die Tramwagen für Weiße reserviert sind – sind in den Amerikaner eingedrungen, und man spürt, daß er zu einer teilweise farbigen Nation gehört[11]. Diese Dinge gehen völlig unbewußt vor sich, und man kann nur zu sehr aufgeklärten Menschen darüber sprechen. Es ist

[11] [C. G. JUNG, *Zivilisation im Übergang* (Ges. Werke X).]

genau so schwierig, wie wenn man zu Deutschen oder Franzosen darüber sprechen soll, weshalb sie sich so sehr befeinden.

Vor kurzem verbrachte ich einen netten Abend in Paris. Ich war bei sehr gebildeten Menschen eingeladen, und wir unterhielten uns gut. Sie fragten mich über meine Meinung bezüglich nationaler Unterschiede, und ich dachte, da könnte ich in Schwierigkeiten geraten; so sagte ich: »Worauf Sie Wert legen, ist *la clarté latine, la clarté de l'esprit latin.* Sie tun das, weil Ihr Denken minderwertig ist. Der lateinische Denker ist im Vergleich zum germanischen minderwertig.« Sie spitzten die Ohren, und ich fuhr fort: »Aber Ihr Fühlen ist unübertrefflich, es ist absolut differenziert.« Sie fragten »Wieso?« und ich antwortete: »Gehen Sie in ein Café oder in ein Cabaret oder irgendwohin, wo Chansons und Sketches dargeboten werden, und Sie werden etwas sehr Merkwürdiges feststellen. Zunächst sieht und hört man eine Menge grotesker und zynischer Dinge, und dann kommt plötzlich etwas Sentimentales. Eine Mutter verliert ihr Kind, eine Liebe endet unglücklich, etwas wunderbar Patriotisches taucht auf, und man weint. Für Sie müssen Salz und Zucker gemischt sein. Ein Deutscher hingegen kann einen ganzen Abend aus lauter Zucker aushalten. Der Franzose braucht etwas Salz darin. Wenn Sie jemand begegnen, sagen Sie: *Enchanté de faire votre connaissance.* Sie sind gar nicht *enchanté de faire sa connaissance*; in Wirklichkeit denken Sie: »Ach, gehen Sie zum Teufel!« Das macht Ihnen aber nichts aus, und dem andern auch nicht. Sagen Sie aber ja nie zu einem Deutschen: *Enchanté de faire votre connaissance,* denn er wird es glauben. Wenn ein Deutscher Ihnen ein Paar Sockenhalter verkauft, erwartet er nicht nur — was natürlich ist —, dafür bezahlt zu werden, sondern er erwartet auch, daß Sie ihn dafür lieben.

Die deutsche Nation kann dadurch charakterisiert werden, daß ihre Fühlfunktion minderwertig, das heißt undifferenziert ist. Wenn man das aber einem Deutschen sagt, ist er beleidigt. Ich müßte auch beleidigt sein. Es liegt ihm viel an dem, was er Gemütlichkeit nennt. Ein rauchgeschwängertes Zimmer, in dem jeder jeden liebt — das ist gemütlich und darf nicht gestört werden. Es muß absolut eindeutig sein, es gibt nur eine Note und nichts anderes. Das ist *la clarté germanique du sentiment,* und die ist minderwertig. Auf der andern Seite beleidigt man einen Franzosen sehr, wenn man etwas Paradoxes zu ihm sagt, denn es ist nicht klar. Ein englischer Philosoph hat gesagt: »Ein überlegener Geist ist nie ganz klar«. Das ist richtig, und ebenso ist ein überlegenes Gefühl nie ganz klar. Man genießt ein echtes Gefühl nur, wenn es ein wenig zweifelhaft ist, und ein Gedanke, der nicht einen leisen Widerspruch enthält, ist nicht überzeugend.

Unser Hauptthema von jetzt an wird die Frage sein: Wie können wir den dunklen Bereich des Menschen angehen? Ich habe schon erwähnt, daß es dafür drei analytische Methoden gibt: das Assoziations-Experiment, die Traum-Analyse und die aktive Imagination. Zunächst möchte ich Ihnen etwas über *Assoziationsexperimente*[12] erzählen. Vielen von Ihnen mögen diese altmodisch erscheinen, aber da sie immer noch gemacht werden, muß ich sie erwähnen. Ich selbst verwende sie nicht mehr bei Patienten, dafür aber in Kriminalfällen.

Für das Experiment benützt man – ich wiederhole Ihnen durchaus Bekanntes – eine Liste von sagen wir hundert Wörtern. Man sagt der Versuchsperson, sie solle so rasch wie möglich das erste Wort sagen, das ihr in den Sinn kommt, nachdem sie das Reizwort gehört und verstanden hat. Ist man sicher, daß die Versuchsperson genau verstanden hat, was von ihr erwartet wird, kann man beginnen. Man notiert die Reaktionszeiten mit einer Stoppuhr. Nachdem man mit den hundert Wörtern fertig ist, kommt der nächste Schritt. Man wiederholt die Reizwörter, und die Versuchsperson muß ihre zuvor gegebenen Antworten wiederholen. Manchmal versagt das Gedächtnis, und die Wiederholung wird unsicher oder falsch. Solche Fehler sind wichtig.

Ursprünglich sollte das Experiment für ganz andere Zwecke eingesetzt werden; es sollten damit Denk-Assoziationen studiert werden. Das war natürlich völlig utopisch. Mit derart primitiven Mitteln kann man so etwas nicht erforschen. Man kann aber etwas anderes damit studieren, und zwar gerade dann, wenn das Experiment »versagt«, das heißt wenn die Leute Fehler machen. So fragt man zum Beispiel ein einfaches Wort, das jedes Kind beantworten kann, aber eine hochintelligente Person findet keine Antwort. Warum? Dieses Wort hat etwas berührt, das ich einen Komplex nenne, eine Zusammenballung psychischer Inhalte, die mit einem merkwürdigen oder vielleicht peinlichen Gefühlswert geladen sind, mit etwas, das normalerweise der Sicht entzogen ist. Es ist, wie wenn ein Projektil die dichte Schicht der *Persona*[13] bis auf die dunkle Schicht durchstoßen hätte. So wird zum Beispiel jemand mit einem Geldkomplex bei den Wörtern: »Kaufen«, »zahlen« oder »Geld«, berührt. Hier wird die Reaktion gestört.

Es gibt ungefähr zwölf oder mehr Arten solcher Störungen, und ich werde Ihnen einige davon mitteilen, damit Sie sich ein Bild von ihrer praktischen Bedeutung machen können. Zunächst ist die Verlängerung der Reaktionszeit von größter praktischer Bedeutung. Um festzustellen, welche Zeit zu lang

[12] [Vgl. C. G. Jung, *Experimentelle Untersuchungen* (Ges. Werke II).]
[13] [C. G. Jung, *Zwei Schriften über Analytische Psychologie* (Ges. Werke VII, 1964, Paragr. 245 f, 304 f).]

ist, errechnet man die durchschnittliche Reaktionszeit der Versuchsperson. Andere charakteristische Störungen sind: Reaktionen mit (entgegen der Instruktion) mehr als nur einem Wort; Fehler bei der Wiederholung der Antworten; Reaktionen durch veränderten Gesichtsausdruck, Lachen, Bewegungen der Hände, Füße oder des Körpers, Husten, Stammeln und ähnliches; ungenügende Reaktionen wie »ja« oder »nein«; Reaktionen, die den wirklichen Sinn des Reizwortes verfehlen; wiederholtes Verwenden der gleichen Antwort; Gebrauch fremder Sprachen — was allerdings in England keine große Gefahr darstellt, aber bei uns kann das sehr unangenehm sein; fehlerhafte Wiederholung, wenn das Gedächtnis versagt; völliges Fehlen einer Reaktion.

Alle diese Reaktionen sind dem Willen entzogen. Wenn man sich dem Experiment unterzieht, ist man ihm ausgeliefert, und wenn man sich ihm nicht unterzieht, ist man es gleichfalls, weil der andere dann weiß, warum man nicht dazu bereit ist. Ein Verbrecher kann das Experiment ablehnen, und das ist schlimm, weil man weiß, weshalb er es ablehnt. Wenn er nachgibt, hängt er sich selbst auf. In Zürich werde ich vom Gericht bei schwierigen Fällen beigezogen; ich bin dann der letzte Strohhalm.

Die Ergebnisse des Assoziationsexperiments können durch ein einfaches Diagramm dargestellt werden (Abb. 5). Die Höhe der Säulen stellt die effektive Reaktionszeit der Versuchsperson dar. Die gestrichelte Horizontale gibt die durchschnittliche Reaktionszeit wieder. Die unschattierten Säulen sind jene, die keine Störungszeichen aufweisen. Die schattierten Säulen zeigen gestörte Reaktionen. Bei den Reaktionen 7, 8, 9, 10, sieht man zum Beispiel eine ganze Serie von Störungen: das Reizwort 7 war kritisch, und ohne daß die Versuchsperson es merkte, waren alle drei folgenden Reaktionszeiten verlängert, weil die Reaktion auf das Reizwort perseverierte. Die Versuchsperson war sich überhaupt nicht bewußt, daß sie hier eine Emotion hatte. Reaktion 13 zeigt eine isolierte Störung, und bei 16—20 tritt wieder eine ganze Störungsserie auf. Die stärksten Störungen liegen bei 18 und 19. In diesem speziellen Fall haben wir es mit einer sogenannten Intensivierung der Sensibilität zu tun, das heißt mit dem Ergebnis der sensibilisierenden Wirkung einer unbewußten Emotion: wenn ein kritisches Reizwort eine perseverierende emotionale Reaktion hervorgerufen hat, und wenn das nächste kritische Reizwort zufällig in den Bereich dieser Perseveration fällt, dann wird es voraussichtlich eine stärkere Wirkung haben, als wenn es in einer Serie gefühlsunbetonter Assoziationen aufgetreten wäre. Das nennt man die sensibilisierende Wirkung einer perseverierenden Emotion.

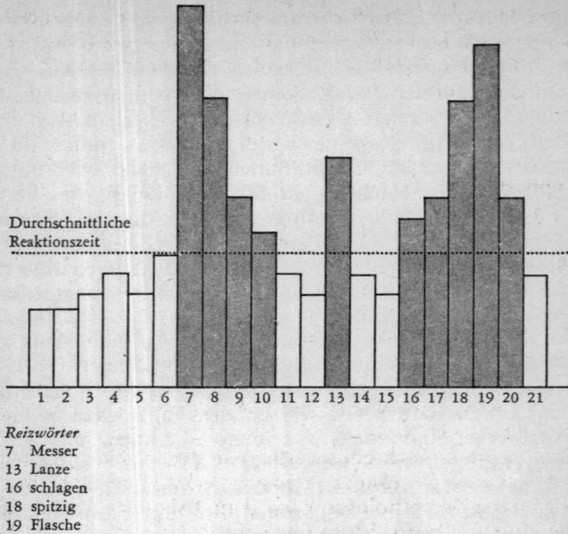

Abb. 5: Assoziationsexperiment

Bei Kriminalfällen kann man die sensibilisierende Wirkung bewußt anwenden. Man ordnet die kritischen Reizworte so an, daß sie mehr oder weniger in den vermutlichen Perseverationsbereich fallen. Man versucht damit, die Wirkung der kritischen Reizwörter zu verstärken. Bei einem mutmaßlich Schuldigen sind die kritischen Reizwörter solche, die in direktem Zusammenhang mit dem Verbrechen stehen.

Die Versuchsperson von Abb. 5 war ein Mann von ungefähr 35 Jahren, ein anständiger Mensch, eine meiner normalen Versuchspersonen. Ich mußte natürlich mit einer großen Anzahl von normalen Leuten experimentieren, bevor ich Schlüsse aus pathologischem Material ziehen konnte. Wenn Sie wissen wollen, was diesen Menschen beunruhigt hat, so brauchen Sie nur die Wörter zu lesen, welche die Störungen verursachten, und sie zusammenzustellen. Dann erhalten Sie die ganze Geschichte. Ich will sie Ihnen erzählen.

Zuerst war es das Wort *Messer*, das vier gestörte Reaktionen zur Folge hatte. Dann kam eine Störung bei *Lanze*, eine bei *schlagen*, eine bei *spitzig* und eine bei *Flasche*. Sie traten alle in einer kurzen Serie von fünfzig Reizwörtern auf, was mir genügte, um dem Mann gerade heraus zu sagen, was los war. Ich sagte also: »Ich wußte nicht, daß Sie ein derart unangenehmes Erlebnis hatten.« Er starrte mich an und antwortete: »Ich weiß nicht, wovon Sie reden.« Ich sagte: »Sie waren betrunken und haben jemandem das Messer in den Leib gestoßen.« Er fragte: »Woher wissen Sie das?« und dann beichtete er die ganze Geschichte. Er kam aus einer geachteten Familie; es waren einfache, aber nette Leute. Er ging ins Ausland und geriet eines Tages in betrunkenem Zustand in einen Streit, in dem er das Messer zog und jemanden damit verletzte. Er bekam ein Jahr Gefängnis dafür. Das ist ein großes Geheimnis, von dem er nie spricht, da es einen Schatten auf sein Leben werfen würde. Niemand in seiner Stadt oder der Umgebung weiß etwas davon, und ich bin der einzige, der zufällig darüber stolperte. In meinem Seminar in Zürich mache ich diese Experimente auch. Diejenigen, die »beichten« wollen, können das natürlich tun. Ich bitte aber immer darum, daß man mir Material von Leuten bringt, die meine Studenten kennen, die ich aber nicht kenne, und ich zeige ihnen, wie man die Geschichte dieses Menschen lesen kann. Es ist eine recht interessante Arbeit. Manchmal macht man erstaunliche Entdeckungen dabei.

Ich will Ihnen noch einige Beispiele geben. Vor vielen Jahren, als ich noch ein junger Arzt war, erkundigte sich ein alter Professor der Kriminologie nach dem Experiment und sagte, er glaube nicht daran. Ich sagte: »Nicht, Herr Professor? Wollen Sie es nicht einmal versuchen?« Er lud mich in sein Haus ein, und ich begann. Nach zehn Worten wurde er müde und sagte: »Was können Sie damit anfangen? Es kommt nichts dabei heraus.« Ich sagte, daß er mit zehn oder zwölf Wörtern nichts erwarten könne; es müßten hundert sein, und dann würde man schon etwas sehen. Er fragte: »Können Sie nicht schon mit diesen Wörtern etwas anfangen?« Ich sagte: »Recht wenig. Aber ich kann Ihnen immerhin etwas sagen. Kürzlich hatten Sie Sorgen, weil Sie nicht genug Geld haben. Sodann fürchten Sie, an einer Herzkrankheit zu sterben. Sie haben vermutlich in Frankreich studiert und hatten dort eine Liebesaffäre; diese kommt Ihnen jetzt wieder in den Sinn, da häufig, wenn man ans Sterben denkt, alte liebe Erinnerungen aus dem Schoß der Vergangenheit auftauchen.« Er fragte: »Woher wissen Sie das?« Jedes Kind hätte es sehen können! Er war 72 Jahre alt und hatte bei *Herz* die Assoziation *Schmerz*: die Angst, er würde bei einem Herzanfall sterben. Zu *Tod* assoziierte er *sterben* – eine natürliche Reaktion – und zu *Geld* assoziierte er *zu wenig*, eine sehr ungewöhnliche Reaktion. Dann wurde es merkwürdig. Zu *zahlen* sagte er nach einer langen Reaktionszeit: *La Semeuse*, obwohl wir uns auf deutsch unterhielten. Das ist die berühmte Figur auf den französischen Münzen. Aber warum in aller Welt sollte dieser alte Mann *La Semeuse* sagen? Beim Wort *küssen* hatte er eine lange Reaktionszeit, dann trat ein Licht in seine Augen, und er sagte:

schön. Da hatte ich natürlich die Geschichte. Er wäre nie in die französische Sprache verfallen, wenn sie nicht mit einem besonderen Gefühl verbunden gewesen wäre, und so galt es zu überlegen, weshalb er sie gebrauchte. Hatte er Verluste mit dem französischen Franc? Aber zu jener Zeit sprach man nicht von Inflation oder Deflation. Darum konnte es sich nicht handeln. Ich war nicht sicher, ob es sich um Geld oder Liebe handelte, aber als er zu *küssen schön* sagte, wußte ich, daß es die Liebe war. Er war nicht ein Mensch, der in vorgerückten Jahren nach Paris geht, aber er hatte in Paris Jus studiert, vermutlich an der Sorbonne. Es war ziemlich einfach, die ganze Geschichte zusammenzufügen.

Manchmal stößt man auch auf eigentliche Tragödien. Abb. 6 zeigt den Fall einer Frau von ungefähr dreißig Jahren. Sie war in der Klinik, und die Diagnose lautete auf depressive Schizophrenie. Die Prognose war entsprechend schlecht. Die Frau war auf meiner Abteilung, und ich hatte ein merkwürdiges Gefühl. Ich konnte die schlechte Prognose nicht ohne weiteres akzeptieren, denn schon die Schizophrenie war für mich etwas Relatives. Ich sagte mir, wir seien alle relativ verrückt, aber diese Frau war es in besonderer Art, und ich konnte die Diagnose nicht als letztes Wort annehmen. Zu jener Zeit wußte man noch außerordentlich wenig. Ich nahm natürlich die Anamnese auf, aber daraus ging nichts hervor, was ihre Krankheit hätte erklären können. Daher ließ ich sie das Assoziationsexperiment machen, und dabei kam etwas Merkwürdiges zum Vorschein. Die erste Störung trat beim Wort *Engel* auf, und beim Wort *trotzig* hatte sie überhaupt keine Reaktion. Weitere Störungen lagen bei *böse, reich, Geld, dumm, lieb* und *heiraten.* Nun, diese Frau war die Gattin eines wohlhabenden Mannes in sehr guter Position, der offenbar mit seinem Leben zufrieden war. Ich befragte ihren Mann, aber er konnte auch nur, wie sie selbst, sagen, daß die Depression ungefähr zwei Monate nach dem Tod ihres ältesten Kindes aufgetreten sei — eines vierjährigen Mädchens. Sonst konnte über den Ursprung der Krankheit nichts herausgefunden werden. Das Assoziationsexperiment zeigte eine höchst verwirrende Serie von Reaktionen, die ich nicht zusammenfügen konnte. In dieser Lage befindet man sich oft, vor allem, wenn man noch keine Übung hat. In solchen Fällen fragt man die Versuchsperson am besten zuerst nach den Reaktionen, die nicht direkt auf den Kern abzielen. Wenn man sie gleich nach den stärksten Störungen fragt, bekommt man falsche Antworten; daher beginnt man mit relativ harmlosen Wörtern und erhält dann eher eine ehrliche Antwort. So fragte ich: »Was ist mit *Engel?* Bedeutet das Wort etwas für Sie?« Sie antwortete: »Natürlich, das ist mein Kind, das ich verloren habe.« Und dann kam eine

Flut von Tränen. Als der Sturm vorbei war, fragte ich: »Was bedeutet *trotzig* für Sie?« Sie sagte: »Es sagt mir nichts.« Ich fuhr fort: »Es trat eine starke Störung auf bei dem Wort, und das bedeutet, daß etwas damit verbunden ist.« Ich drang nicht

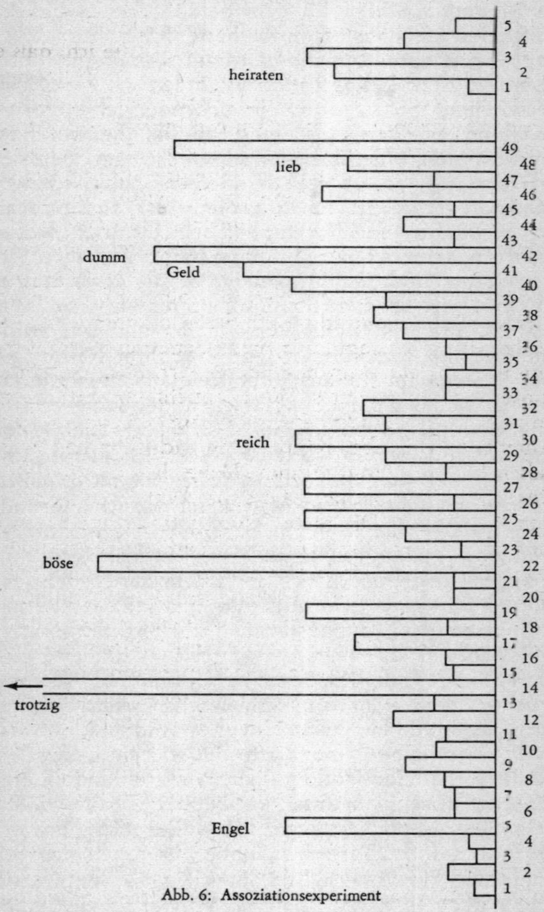

Abb. 6: Assoziationsexperiment

durch. Dann kam ich zum Wort *böse* und konnte nichts aus ihr herausbringen. Sie hatte eine stark negative Reaktion, die zeigte, daß sie nicht antworten wollte. Ich ging weiter zu *blau*, und sie sagte: »Das sind die Augen meines verstorbenen Kindes.« Ich sagte: »Machten Sie Ihnen einen bestimmten Eindruck?« Sie antwortete: »Ja, natürlich. Sie waren so wundervoll blau, als das Kind geboren wurde.« Ich bemerkte den Ausdruck in ihrem Gesicht und fragte: »Warum sind Sie aufgeregt?« und sie entgegnete: »Nun, es hatte nicht die Augen meines Mannes.« Schließlich kam heraus, daß es die Augen eines früheren Liebhabers von ihr hatte. Ich fragte: »Was beunruhigt Sie in bezug auf diesen Mann?« und schließlich gelang es mir, ihr die Geschichte zu entwinden.

In der kleinen Stadt, in der sie aufwuchs, lebte ein reicher junger Mann. Sie kam aus einer Familie, die wohlhabend, aber nichts Außerordentliches war. Der Mann gehörte zur Geldaristokratie, war der Held der kleinen Stadt, und alle jungen Mädchen träumten von ihm. Sie selbst war hübsch und glaubte, vielleicht eine Chance zu haben. Dann entdeckte sie, daß sie doch keine Chance bei ihm hatte, und ihre Familie sagte: »Warum noch an ihn denken? Er ist reich und denkt nicht an dich. Hier ist Herr Soundso, ein netter Mann. Warum heiratest du nicht ihn?« Sie heiratete ihn und war vollkommen glücklich bis zum fünften Jahr nach ihrer Heirat, als ein früherer Freund von ihr aus ihrer Heimatstadt sie besuchte. Als ihr Mann das Zimmer verlassen hatte, sagte er zu ihr: »Sie haben es einem gewissen Herrn (er meinte den »Helden«) schwer gemacht.« Sie antwortete: »Was? Ich machte es ihm schwer?« Der Freund fuhr fort: »Wußten Sie nicht, daß er in Sie verliebt und sehr enttäuscht war, als Sie jemand anderen heirateten?« Jetzt war Feuer im Dach, aber sie verdrängte es. Vierzehn Tage später badete sie ihren zweijährigen Knaben und das vierjährige Mädchen. Das Wasser der Stadt – es war nicht in der Schweiz – war nicht über jeden Zweifel erhaben, das heißt, es war mit Typhusbazillen infiziert. Sie stellte fest, daß das Mädchen an einem Schwamm sog, hinderte es aber nicht daran, und als der Knabe sagte: »Ich möchte Wasser trinken«, gab sie auch ihm von dem möglicherweise infizierten Wasser. Das Mädchen bekam Typhus und starb, während der Knabe davonkam. Damit hatte sie, was sie wollte – oder was der Teufel in ihr wollte –: die Verleugnung ihrer Ehe, um den andern Mann heiraten zu können. Zu diesem Zweck hatte sie einen Mord begangen. Sie wußte nichts davon: sie erzählte mir nur die Tatsachen, ohne aus ihnen den Schluß zu ziehen, daß sie für den Tod ihres Kindes verantwortlich war, da sie ja gewußt hatte, daß das Wasser infiziert und gefährlich war. Ich sah mich vor die Frage gestellt, ob ich ihr sagen sollte, daß sie gemordet hatte, oder ob ich besser den Mund hielte. (Es handelte sich nur darum, es *ihr* zu sagen, es ging nicht um einen Gerichtsfall.) Natürlich mußte ich mit einer starken Verschlimmerung ihres Zustandes rechnen, wenn ich es ihr sagen würde. Aber die Prognose war ja ohnehin schlecht, und auf der andern Seite bestand immerhin die grundsätzliche Möglichkeit, daß sie sich auf Grund einer echten Einsicht in ihre Tat damit auseinandersetzen und dadurch erholen könnte. So entschloß ich mich denn, ihr ins Gesicht zu sagen: »Sie haben Ihr Kind getötet.« Zunächst kam sie in eine furchtbare Aufregung, aber dann kehrte sie zu den Tatsachen zurück. Nach drei Wochen konnten wir sie entlassen, und sie kam nie mehr zurück. Ich verfolgte ihre Entwicklung noch fünfzehn Jahre lang, und es kam zu keinem Rückfall. Jene Depression hatte psychologisch ihrer Situation entsprochen: Sie war eine Mörderin, und unter andern Umständen hätte sie die Todesstrafe verdient. Anstatt ins Zuchthaus kam sie in die Irrenanstalt. Ich rettete sie vor der Strafe der Geisteskrankheit, indem ich ihrem Gewissen eine enorme Bürde auflud. Wenn man nämlich seine Sünden auf sich zu nehmen vermag, kann man mit ihnen leben. Können wir sie nicht annehmen, müssen wir die unvermeidlichen Konsequenzen tragen.

DISKUSSION

Frage:
Ich möchte auf gestern abend zurückkommen. Gegen das Ende der Vorlesung sprachen Sie von höheren und niedrigeren Funktionen und sagten, der Denktyp verwende seine Fühlfunktion in archaischer Weise. Ich würde nun gern wissen: Trifft das Gegenteil ebenfalls zu? Denkt der Fühltyp, wenn er zu denken versucht, archaisch? Mit andern Worten, müssen Denken und Intuieren grundsätzlich als höhere Funktionen angesehen werden als Fühlen und Empfinden? Ich frage dies, weil ... ich andern Vorlesungen entnommen habe, daß die Empfindung die niedrigste bewußte Funktion sei und Denken eine höhere. Sicher scheint im täglichen Leben das Denken das non plus ultra zu sein. Der Professor – nicht *dieser* Professor – der denkend in seinem Studierzimmer sitzt, betrachtet sich selbst als den höchstentwickelten Typ und wird auch von andern so eingeschätzt, das heißt höher als der Bauer, der sagt: »Manchmal sitze ich und denke, und manchmal sitze ich nur.«

C. G. Jung:
Ich hoffe, Ihnen nicht den Eindruck vermittelt zu haben, daß ich einer der Funktionen den Vorzug gebe. Der Hauptfunktion bei einem bestimmten Menschen ist immer die differenzierteste, und das kann *irgendeine* Funktion sein. Es gibt absolut

kein Kriterium, auf Grund dessen man sagen könnte, diese oder jene Funktion sei in sich selbst die beste. Man kann nur sagen, daß die in einem Menschen am meisten differenzierte Funktion die beste für seine Anpassung ist, und daß diejenige Funktion, die durch die Hauptfunktion am stärksten ausgeschlossen wird, minderwertig ist, weil sie vernachlässigt wurde. Heutzutage hält man gern die Intuition für die höchste Funktion. Langweilige Leute haben eine Vorliebe für die Intuition, sie ist vornehm! Der Empfindungstyp denkt immer, andere Leute seien minderwertig, weil sie nicht so realistisch seien wie er. Er ist richtig, und alle andern sind phantastisch und unreal. Jeder hält seine Hauptfunktion für das Höchste auf der Welt. In dieser Hinsicht laufen wir alle Gefahr, die größten Fehler zu machen. Um die wirkliche Anordnung der Funktionen in unserem Bewußtsein zu erkennen, braucht es strenge psychologische Kritik. Es gibt Leute, die glauben, die Weltprobleme könnten auf dem Wege des Denkens gelöst werden. Aber keine Wahrheit kann ohne die Hilfe aller vier Funktionen gefunden werden. Wenn man sich die Welt zurechtgedacht hat, hat man nur ein Viertel geleistet; die übrigen drei Viertel sprechen vielleicht gegen einen.

Dr. ERIC B. STRAUSS:
Sie haben gesagt, daß man mit dem Assoziationsexperiment die Inhalte des persönlichen Unbewußten erforschen könne. In den Beispielen, die Sie uns gaben, handelte es sich bei den enthüllenden Dingen aber um Inhalte des Bewußtseins und nicht des Unbewußten der Patienten. Wenn man wirklich unbewußtes Material herausfinden wollte, müßte man wohl einen Schritt weiter gehen und den Patienten über die gestörten Reaktionen frei assoziieren lassen. Ich denke an die Assoziation zum Wort »Messer«, aus der Professor Jung in so ausgezeichneter Weise die Geschichte des unglücklichen Erlebnisses hervorholte. Das befand sich aber im Bewußtsein des Patienten, während wir, falls das Wort »Messer« wirklich unbewußte Assoziationen haben sollte, und falls wir freudianisch denken, annehmen könnten, es sei mit einem unbewußten Kastrationskomplex oder etwas Ähnlichem assoziiert. Ich sage nicht, es sei so, ich verstehe nur nicht, was Professor Jung meint, wenn er sagt, das Assoziationsexperiment erreiche das Unbewußte der Patienten. In dem uns heute vorgelegten Beispiel handelt es sich sicherlich um das Bewußtsein oder höchstens um das, was Freud das Vorbewußte nennt.

C. G. JUNG:
Ich wäre sehr froh, wenn Sie etwas aufmerksamer auf das hören würden, was ich sage. Ich habe gesagt, daß die unbewußten

Dinge sehr *relativ* sind. Wenn ich mir einer bestimmten Sache unbewußt bin, bin ich ihrer nur relativ unbewußt, in anderer Hinsicht mag ich ihrer bewußt sein. Die Inhalte des persönlichen Unbewußten sind in gewissen Aspekten durchaus bewußt, aber *unter bestimmten Aspekten* oder zu einer *bestimmten Zeit* sind sie nicht bewußt.

Wie kann man feststellen, ob etwas bewußt oder unbewußt ist? Man muß die Leute einfach fragen. Ein anderes Kriterium zur Feststellung, ob etwas bewußt oder unbewußt ist, gibt es nicht. Man fragt: »Wissen Sie, ob Sie hier gezögert haben?« Sie sagen: »Nein, ich habe nicht gezögert, meines Erachtens hatte ich die gleiche Reaktionszeit.« »Sind Sie sich bewußt, daß Sie etwas gestört hat?« »Nein.« »Erinnern Sie sich nicht daran, was Sie auf das Wort ›Messer‹ geantwortet haben?« »Überhaupt nicht.« Dieses Nicht-Wahrnehmen von Tatsachen ist etwas sehr Verbreitetes. Wenn man mich fragt, ob ich den oder jenen kenne, sage ich vielleicht nein, weil ich mich nicht an ihn erinnere und deshalb nicht weiß, daß ich ihn kenne; wenn man mir dann aber sagt, daß ich ihn vor zwei Jahren getroffen habe, daß es der Herr Soundso sei, der das und jenes getan habe, werde ich antworten: »Natürlich kenne ich ihn.« Ich kenne ihn und kenne ihn nicht. Alle Inhalte des persönlichen Unbewußten sind *relativ* unbewußt, auch der Kastrations- und der Inzestkomplex. Man kennt sie sehr gut unter gewissen Aspekten, aber unter andern sind sie völlig unbewußt. Diese Relativität des Bewußtseins von etwas wird sehr deutlich bei Fällen von Hysterie. Man kann da oft feststellen, daß Dinge, die unbewußt zu sein scheinen, nur gegenüber dem Arzt unbewußt sind, nicht aber gegenüber der Pflegerin oder den Verwandten.

Ich mußte einmal in einer berühmten Klinik in Berlin einen interessanten Fall besichtigen. Es war ein Fall von multipler Sarkomatose der Wirbelsäule, und weil der Arzt, der die Diagnose gestellt hatte, ein berühmter Neurologe war, wurde mir fast ein wenig bang; aber ich fragte nach der Anamnese und bekam eine sehr hübsche vorgelegt. Als ich fragte, wann die Symptome begonnen hätten, zeigte es sich, daß es am Abend des Tages war, als der einzige Sohn jener Frau ausgezogen war und geheiratet hatte. Sie war verwitwet, offensichtlich verliebt in ihren Sohn, und ich sagte: »Dies ist keine Sarkomatose, sondern eine gewöhnliche Hysterie, und das werden wir gleich beweisen.« Der Professor war entsetzt über meinen Mangel an Intelligenz oder Takt oder ich weiß nicht was, und ich mußte gehen. Aber jemand lief mir auf die Straße nach. Es war die Pflegerin, die sagte: »Herr Doktor, ich möchte Ihnen danken, daß Sie gesagt haben, es *sei* Hysterie; ich habe das schon immer gedacht.«

Dr. Eric Graham Howe:
Darf ich auf das zurückkommen, was Dr. Strauß sagte? Gestern abend hat mir Professor Jung vorgeworfen, es gehe mir nur um Wörter, aber ich glaube doch, daß es wichtig ist, die Bedeutung der Wörter klarzulegen. Haben Sie jemals versucht, im Assoziationsexperiment die Wörter »mystisch« oder »vierte Dimension« einzusetzen? Sie würden wahrscheinlich bei jeder Erwähnung solcher Ausdrücke eine ganze Serie starker Verzögerungen und konzentrierter Wutreaktionen bekommen. Ich möchte hier auf die vierte Dimension zurückkommen, da ich sie für ein verbindendes Glied halte, das wir dringend brauchen, um zu einem Verständnis zu gelangen. Dr. Strauß gebrauchte das Wort »unbewußt«, aber jetzt höre ich von Professor Jung, daß es so etwas nicht gibt, daß es nur ein relatives Unbewußtes gibt, das von einem relativen Grad des Bewußtseins abhängt. Nach der Ansicht der Freudianer gibt es einen Ort, ein Ding, eine Einheit, die man das Unbewußte nennt. Nach Professor Jung, wenn ich ihn recht verstehe, gibt es nichts Derartiges. Er bewegt sich in einem fließenden Medium von Beziehungen und Freud in einem statischen Medium unbezogener Einheiten. Um es ganz klar zu sagen: Freud ist *dreidimensional,* und Jung ist in seiner ganzen Psychologie *vierdimensional.* Aus diesem Grund erlaube ich mir, das ganze diagrammatische System Jungs zu kritisieren, weil er uns damit eine dreidimensionale Darstellung eines vierdimensionalen Systems gibt, eine statische Darstellung von etwas, das funktionell in Bewegung ist, und das man, wenn es nicht erklärt wird, mit der Freudschen Terminologie durcheinanderbringt und nicht versteht. Ich muß darauf bestehen, daß die Ausdrücke geklärt werden.

C. G. Jung:
Ich würde wünschen, Dr. Graham Howe wäre nicht so indiskret. Sie haben recht, aber Sie sollten solche Dinge nicht sagen. Wie ich Ihnen erklärt habe, versuchte ich, mit ganz »sanften« Vorschlägen zu beginnen. Aber Sie legen nun den Finger darauf und sprechen von vier Dimensionen und vom Wort »mystisch«, und Sie sagen mir, daß wir alle eine lange Reaktionszeit hätten bei solchen Reizwörtern. Sie haben ganz recht, jedermann wäre betroffen, weil wir erst Anfänger auf unserm Gebiet sind. Ich bin ganz mit Ihnen einverstanden, daß es sehr schwierig ist, die Psychologie lebendig zu lassen und sie nicht in statische Einheiten aufzulösen. Natürlich muß man sich in Begriffen der vierten Dimension ausdrücken, wenn man den Zeitfaktor in ein dreidimensionales System einführen will. Wenn wir von Dynamismen und Prozessen sprechen, brauchen wir den Zeitfaktor, und dann haben wir alle Vorurteile der

Welt gegen uns, weil wir das Wort »vierdimensional« gebraucht haben. Es ist ein Tabu-Wort, das vermieden werden sollte. Es hat eine Geschichte, und wir sollten außerordentlich vorsichtig sein mit solchen Wörtern. Je weiter man im Verständnis der Psyche vordringt, um so vorsichtiger wird man in bezug auf die Terminologie, weil diese historisch geprägt und mit Vorurteilen beladen ist. Je tiefer man in die Grundprobleme der Psychologie eindringt, um so mehr kommt man in die Nähe von Vorstellungen, die philosophisch, religiös und moralisch präjudiziert sind. Deshalb sollten gewisse Dinge nur äußerst vorsichtig behandelt werden.

Dr. Howe:
Ihre Zuhörer wünschten, Sie wären etwas angriffiger. Ich sage jetzt etwas ganz Unüberlegtes. Sie und ich sehen das Ich nicht als gerade Linie. Wir wären bereit, die Kugel als die wirkliche Form des Selbst in vier Dimensionen anzusehen, wovon eine der dreidimensionale Umriß wäre. Wenn das so ist, bitte ich Sie um die Beantwortung einer Frage: »Welches ist der umfang jenes Selbst, das in vier Dimensionen eine bewegliche Kugel ist?« Ich nehme an, die Antwort lautet wie folgt: »Das Universum selbst, das Ihre Vorstellung vom kollektiven Unbewußten einschließt.«

C. G. Jung:
Ich wäre Ihnen sehr dankbar, wenn Sie Ihre Frage wiederholen würden.

Dr. Howe:
Wie groß ist die Kugel des vierdimensionalen Selbst? Ich konnte nicht umhin, die Antwort selbst zu geben und zu sagen, daß sie so groß ist wie das All.

C. G. Jung:
Das ist eine philosophische Frage, und um sie zu beantworten, braucht es sehr viel Erkenntnistheorie. Die Welt ist unser Bild. Nur kindische Leute stellen sich vor, die Welt sei so, wie wir meinen, daß sie sei. Das Bild der Welt ist eine Projektion der Welt durch das Selbst, so wie letzteres eine Introjektion der Welt ist. Aber nur der besondere Geist eines Philosophen geht über das übliche Bild der Welt hinaus, in der es statische und isolierte Dinge gibt. Wenn wir darüber hinausgehen wollten, würden wir ein Erdbeben im Geist des Durchschnittsmenschen hervorrufen, der ganze Kosmos würde erschüttert, die heiligsten Überzeugungen und Hoffnungen würden aus den Angeln gehoben, und ich sehe nicht ein, weshalb man eine solche Unruhe anstreben sollte. Es wäre weder für die Pa-

tienten noch für die Ärzte gut; vielleicht ist es gut für die Philosophen.

Dr. Jan Suttie:
Ich möchte auf die Frage von Dr. Strauss zurückkommen. Ich kann verstehen, was er meint, und ich glaube, ich kann auch verstehen, was Professor Jung meint. Soviel ich sehen kann, stellt Professor Jung zwischen seinen eigenen Behauptungen und denen von Dr. Strauss keine Beziehung her. Er wollte wissen, wie das Assoziationsexperiment das Unbewußte im Freudschen Sinn erhellen kann, jenes Material, das tatsächlich aus dem Bewußtsein verdrängt worden ist. Soweit ich Professor Jung verstehe, hat er das im Auge, was Freud das »Es« nennt. Ich finde, man sollte seine Vorstellungen und Begriffe so definieren, daß man sie vergleichen kann, und sie nicht einfach, jeder nach seiner eigenen Schule, kommentarlos verwenden.

C. G. Jung:
Ich muß wiederholen, daß meine Methoden nicht *Theorien* entdecken, sondern *Tatsachen,* und was ich Ihnen hier erzähle, sind Tatsachen, die ich mit diesen Methoden entdeckt habe. Ich kann nicht einen Kastrationskomplex entdecken oder einen verdrängten Inzest oder etwas dergleichen – ich finde nur psychologische Tatsachen, nicht Theorien. Ich fürchte, Sie vermengen zuviel Theorie mit den Tatsachen, und Sie sind vielleicht enttäuscht, daß die Experimente keinen Kastrationskomplex oder so etwas enthüllen; aber ein Kastrationskomplex ist eine *Theorie.* Was man mit der Assoziationsmethode herausfindet, sind genau umschriebene Tatsachen, die man vorher nicht kannte und welche die Versuchsperson unter diesem speziellen Gesichtswinkel ebenfalls nicht kannte. Ich sage nicht, sie kannte sie unter gar keinem Gesichtswinkel. Man weiß manches, wenn man sich im Geschäft befindet, was man zu Hause nicht weiß, und zu Hause weiß man manches, was man in seiner offiziellen Position nicht weiß. Man kennt Dinge an einem Ort, die man an einem andern nicht kennt. Das ist, was wir unbewußt nennen. Ich muß wiederholen, daß wir das Unbewußte nicht *empirisch* erforschen können, um dann zum Beispiel die Freudsche *Theorie* des Kastrationskomplexes zu entdecken. Der Kastrationskomplex ist eine mythologische Vorstellung, kann aber nicht als solcher festgestellt werden. Was wir effektiv finden, sind gewisse Tatsachen, die in einer spezifischen Art angeordnet sind, und wir benennen sie auf Grund mythologischer oder historischer Parallelen. Man kann nicht ein mythologisches Motiv entdecken, man kann nur ein persönliches Motiv entdecken, und das er-

scheint nie in Form einer Theorie, sondern als lebendige Gegebenheit eines menschlichen Lebens. Man kann daraus eine Theorie ableiten, eine Freudianische oder Adlerische oder sonst eine. Sie können sich über die Gegebenheiten der Welt ausdenken, was Ihnen beliebt, und schließlich wird es so viele Theorien geben als Köpfe, die darüber nachdenken.

Dr. SUTTIE:
Ich protestiere! Ich bin nicht an dieser oder jener Theorie interessiert oder daran, welche Tatsachen gefunden werden, sondern ich interessiere mich für ein Mittel der Verständigung, das uns befähigt zu sehen, was der andere meint, und deshalb bin ich der Meinung, daß unsere Begriffe definiert werden müssen. Wir müssen wissen, was der andere unter etwas versteht, wie zum Beispiel das Unbewußte bei FREUD. Was das Wort »unbewußt« anbetrifft, so ist es nachgerade mehr oder weniger jedem bekannt. Es hat daher einen gewissen sozialen oder illustrativen Wert, aber Jung anerkennt das Wort »unbewußt« nicht in dem ihm von FREUD gegebenen Sinn und gebraucht »unbewußt« in einem Sinn, von dem wir den Eindruck haben, er decke sich mit dem, was FREUD das »Es« nennt.

C. G. JUNG:
Das Wort »unbewußt« ist nicht FREUDS Erfindung. Es war in der deutschen Philosophie lange zuvor bekannt, bei KANT und LEIBNIZ und andern, und jeder von ihnen hat eine bestimmte Definition davon gegeben. Ich weiß sehr gut, daß es viele verschiedene Begriffe des Unbewußten gibt, und was ich zu tun versuchte, war, in aller Bescheidenheit darzulegen, was *ich* darunter verstehe. Ich unterschätze bestimmt nicht die Verdienste von LEIBNIZ, KANT, VON HARTMANN oder irgendeines andern großen Mannes einschließlich FREUD, ADLER und so weiter. Ich habe nur erklärt, was ich selbst unter dem Unbewußten verstehe, und ich nehme an, daß Sie alle wissen, was FREUD darunter versteht. Ich glaubte nicht, die Dinge so erklären zu müssen, daß jemand, der von FREUDS Theorie überzeugt ist und dessen Standpunkt zu seinem eigenen gemacht hat, in seinem Glauben erschüttert wird. Ich habe keinerlei Absicht, Ihre Überzeugungen oder Standpunkte zu zerstören. Ich lege Ihnen lediglich meinen eigenen Standpunkt dar, und wenn irgend jemand versucht sein sollte anzunehmen, auch dieser könnte vernünftig sein, so will ich gar nicht mehr. Es ist mir ganz gleichgültig, was man über das Unbewußte im allgemeinen denkt, sonst müßte ich mit langen Ausführungen über den Begriff des Unbewußten bei LEIBNIZ, KANT und VON HARTMANN beginnen.

Dr. Suttie:
Dr. Strauß erkundigte sich nach der Beziehung zwischen dem Unbewußten in Ihrem und in Freuds Sinn. Ist es möglich, die beiden in eine genau definierte Beziehung zu bringen?

C. G. Jung:
Dr. Graham Howe hat die Antwort bereits gegeben. Freud sieht den psychischen Prozeß statisch, während ich dynamische Ausdrücke und solche der Beziehung gebrauche. Für mich ist alles relativ. Es gibt nichts eindeutig Unbewußtes; die Dinge sind dem Bewußtsein nur unter einem bestimmten Gesichtswinkel nicht gegenwärtig. Man kann darüber spekulieren, warum etwas unter einem Aspekt bewußt und unter einem andern unbewußt ist. Die einzige Ausnahme, die ich mache, ist das mythologische Grundmuster, das zutiefst unbewußt ist, was ich durch Fakten belegen kann.

Dr. Strauss:
Es besteht doch sicher ein Unterschied zwischen der Verwendung Ihres Assoziationsexperiments als Verbrechens-Detektor und als, sagen wir, Mittel zur Aufdeckung unbewußter Schuldgefühle. Ihr Verbrecher ist sich sowohl seiner Schuld als auch seiner Furcht vor Entdeckung bewußt. Ihre neurotische Patientin ist sich weder ihrer Schuld noch ihrer Angst vor der Schuld bewußt. Kann für diese sehr verschiedenen Fälle die gleiche Technik angewandt werden?

Der Vorsitzende:
Jene Frau war sich ihrer Schuld nicht bewußt, obwohl sie dem Kind erlaubt hatte, am Schwamm zu saugen.

C. G. Jung:
Ich werde Ihnen den Unterschied im Experiment zeigen. In Abb. 7 haben Sie eine kleine Übersicht über die Atmung während des Assoziationsexperimentes. Sie sehen vier Serien von sieben Atmungen, die nach den Reizwörtern aufgezeichnet wurden. Die Diagramme sind Zusammenfassungen von Atmungen nach indifferenten und kritischen Reizwörtern bei einer größeren Anzahl von Versuchspersonen.

»A« zeigt Atmungen nach indifferenten Reizwörtern. Die ersten Atmungen nach den Reizwörtern sind verkürzt, während die folgenden normales Ausmaß haben.

In »B«, das sich auf kritische Reizwörter bezieht, ist das Atemvolumen deutlich eingeschränkt, manchmal bis zur Hälfte des normalen Ausmaßes. In »C« haben wir das Atemverhalten nach einem Reizwort, das sich auf einen Komplex bezieht, welche der Versuchsperson bewußt war. Die erste

Atmung ist fast normal, und erst später ist eine gewisse Einschränkung festzustellen.

In »D« ist die Atmung nach einem Reizwort festgehalten, das sich auf einen Komplex bezieht, der der Versuchsperson nicht bewußt war. In diesem Fall ist die erste Atmung auffallend gering, und die folgenden liegen eher unter dem Normalmaß.

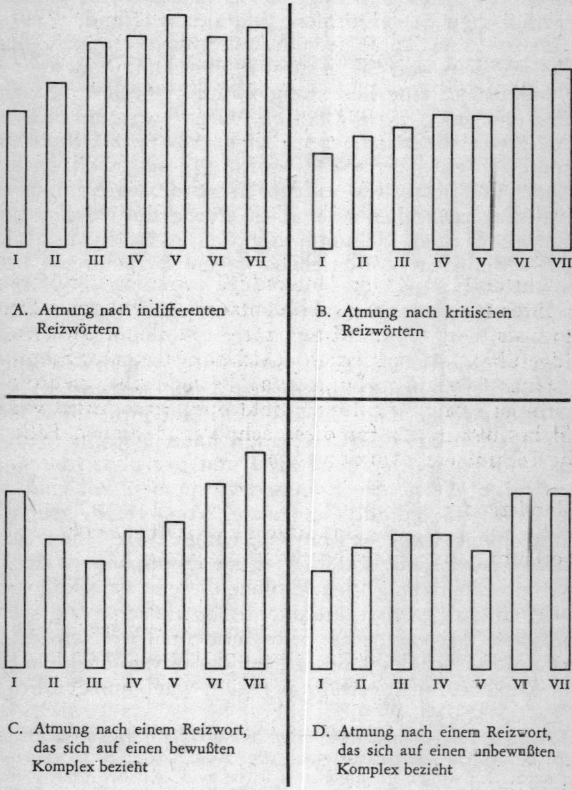

Abb. 7: Assoziationsexperiment: Atmung

Diese Diagramme zeigen sehr deutlich den Reaktionsunterschied bei bewußten und unbewußten Komplexen. In »C« zum Beispiel ist der Komplex bewußt. Das Reizwort trifft die Versuchsperson, und sie atmet tief ein. Wenn das Reizwort aber einen unbewußten Komplex berührt, wird das Atemvolumen eingeengt, wie »D« zeigt. Es gibt einen Krampf im Thorax, so daß fast nicht mehr geatmet wird. Auf diese Weise erhält man einen empirischen Beweis des psychologischen Unterschiedes zwischen bewußten und unbewußten Reaktionen[14].

Dr. Wilfred R. Bion:
Sie haben von Analogien zwischen archaischen Körperformen und archaischen Seelenformen gesprochen. Handelt es sich hier nur um eine Analogie, oder besteht eine engere Beziehung? Nach dem, was Sie gestern sagten, könnte man annehmen, daß Sie an eine Beziehung zwischen Seele und Gehirn denken, und im *British Medical Journal* war kürzlich eine Diagnose von Ihnen zu lesen, bei der Sie auf Grund eines Traumes auf eine physische Störung geschlossen hatten[15]. Falls jener Fall richtig wiedergegeben wurde, wäre daraus sehr Wesentliches zu schließen, und es würde mich daher interessieren, ob Sie der Meinung sind, daß zwischen den beiden Formen archaischen Weiterlebens engere Beziehungen bestehen.

C. G. Jung:
Sie berühren hier wieder das umstrittene Problem des psychophysischen Parallelismus, auf das ich keine Antwort weiß, da es die Möglichkeit der menschlichen Erkenntnis übersteigt. Wie ich gestern zu erklären versucht habe, begegnen sich die beiden Faktoren — der psychische und der physische — auf merkwürdige Weise. Sie kommen zusammen vor und sind meines Erachtens lediglich in unserer Vorstellung, aber nicht in Wirklichkeit, zwei verschiedene Dinge. Wir sehen sie als zwei, weil unser Geist unfähig ist, sie zusammen zu denken. Auf Grund dieser möglichen Einheit dieser zwei Dinge steht zu erwarten, daß gewisse Träume mehr auf die physiologische als auf die psychologische Seite hindeuten, so wie andere mehr auf der psychologischen als auf der physiologischen Seite liegen. Der von Ihnen erwähnte Traum war ganz deutlich ein

[14] Vgl S. 34, Anm. 15.
[15] [Vgl. T. M. Davie, *Comments upon a Case of »Periventricular Epilepsy«*. In: *British Medical Journal no. 3893* (17. Aug. 1935), S. 293—297. Der Traum wurde von einem Patienten von Davie wie folgt berichtet: »Jemand neben mir sagte dauernd etwas über das Ölen einer Maschine. Als bestes Schmiermittel wurde Milch vorgeschlagen. Offenbar dachte ich, daß feuchter Schlamm besser sei. Dann wurde ein Teich entwässert, und im Schlamm befanden sich zwei ausgestorbene Tiere. Das eine war ein winziges Mastodon. Was das andere war, weiß ich nicht mehr.«

Davies Kommentar: »Ich hielt es für interessant, diesen Traum Jung vorzulegen und ihn nach seiner Deutung zu fragen. Ohne Zögern sagte er, er deute auf eine organische Störung hin, und die Krankheit sei, trotz der zahlreichen psychologischen Begleiterscheinungen im Traum, nicht in erster Linie psychologisch. Die Entwässerung des Teiches interpretierte er als die Zurückdämmung der cerebrospinalen Flüssigkeit.]

Ausdruck einer organischen Störung. Solche »organischen Darstellungen« sind aus der antiken Literatur bekannt. Die Ärzte der Antike und des Mittelalters zogen Träume zu diagnostischen Zwecken bei. Ich habe den betreffenden Patienten nicht organisch untersucht. Ich kannte nur seine Geschichte und bekam den Traum erzählt, und ich gab meine Meinung darüber ab. Ich hatte andere Fälle, zum Beispiel einen sehr zweifelhaften Fall einer progressiven Muskelatrophie bei einem jungen Mädchen. Ich fragte nach Träumen, und sie hatte zwei sehr farbige Träume. Ein Kollege, der etwas von Psychologie verstand, meinte, es könnte ein Fall von Hysterie sein. Es waren tatsächlich hysterische Symptome vorhanden, und es war immer noch fraglich, ob es wirklich eine progressive Muskelatrophie war oder nicht; auf Grund des Traumes kam ich aber zum Schluß, es müsse eine organische Krankheit sein, und schließlich wurde meine Diagnose bestätigt. Es war eine organische Störung, und die Träume hatten eindeutig auf den organischen Zustand hingewiesen[16]. Nach meiner Vorstellung vom Zusammenhang zwischen der Psyche und dem lebendigen Körper sollte das so sein, und es wäre sehr erstaunlich, wenn es nicht so wäre.

Dr. BION:
Werden Sie hierüber später noch sprechen, wenn Sie zu den Träumen kommen?

C. G. JUNG:
Ich fürchte, auf solche Einzelheiten nicht eingehen zu können, sie sind zu speziell. Es geht hier wirklich um besondere Erfahrungen, und sie wären sehr schwierig darzustellen. Ich könnte Ihnen nicht in ein paar Worten erläutern, auf Grund welcher Kriterien ich solche Träume beurteile. In dem erwähnten Traum ging es um ein kleines Mastodon. Wenn ich Ihnen sagen würde, was dieses Mastodon in organischer Hinsicht bedeutet, und weshalb man den Traum als organisches Symptom ansehen muß, würde das einen großen Aufruhr hervorrufen, und Sie würden mich des schlimmsten Obskurantismus bezichtigen. Diese Dinge sind wirklich obskur. Ich mußte mich in Formulierungen der seelisch-geistigen Grundverfassung ausdrücken, die in archetypischen Grundmustern denkt. Wenn ich von archetypischen Grundmustern spreche, so werden mich diejenigen, die wissen, worum es geht, verstehen, und diejenigen, denen das alles ganz fremd ist, werden denken: »Der Mann ist vollständig verrückt; er spricht von Mastodonten und von ihrem Unterschied zu Schlangen und Pferden.« Ich

[16] [C. G. JUNG, *Praxis der Psychotherapie* (Ges. Werke XVI, 1958, Paragr. 344 f).]

müßte Ihnen zuerst eine Vorlesung von vielleicht vier Semestern über Symbolik halten, damit Sie sich ein Bild davon machen könnten, um was es hier geht.

Das ist eben die große Schwierigkeit: Es klafft eine solche Lücke zwischen dem, was allgemein bekannt ist, und den Dingen, an denen ich so lange Jahre gearbeitet habe. Wenn ich zum Beispiel vor einem medizinischen Publikum sprechen würde, müßte ich über die Besonderheiten des *niveau mental* sprechen, um JANET zu zitieren, und ich könnte dabei geradesogut chinesisch reden. Ich würde zum Beispiel sagen, daß sich in einem bestimmten Fall das *abaissement du niveau mental* bis auf die Ebene des *manipura chakra*[17], das heißt auf die Ebene des Nabels erstreckte. Wir Europäer sind nicht die einzigen Menschen auf der Erde. Wir sind nur eine Halbinsel von Asien, und auf jedem Kontinent gibt es alte Kulturen, in denen die Menschen während Tausenden von Jahren ihren Geist in introspektiver Psychologie übten, während wir mit unserer Psychologie nicht einmal gestern, sondern erst heute morgen begonnen haben. Diese Völker haben eine Innenschau, die einfach phantastisch ist, und ich mußte östliche Dinge studieren, um gewisse Fakten des Unbewußten zu verstehen. Ich mußte mich um das Verständnis orientalischer Symbolik bemühen. Demnächst werde ich ein kleines Buch über ein einziges symbolisches Motiv veröffentlichen[18], und Sie werden es haarsträubend finden. Ich mußte nicht nur chinesische und hinduistische, sondern auch Sanskrit-Literatur studieren sowie mittelalterliche lateinische Manuskripte, die nicht einmal Spezialisten bekannt sind und für die man ins Britische Museum gehen muß. Erst wenn man einen solchen Apparat von Parallelismen besitzt, kann man beginnen, Diagnosen zu stellen und zu sagen, dieser Traum ist organisch und jener ist es nicht. Solange die Menschen dieses Wissen nicht haben, bin ich für sie einfach ein Magier. Man sagt, es handle sich einfach um *un tour de passe-passe*. Das sagte man auch im Mittelalter. Man fragte: »Wie können Sie sehen, daß Jupiter Satelliten hat?« Wenn man ihnen antwortete, man habe ein Teleskop – was ist ein Teleskop für ein mittelalterliches Publikum?

Ich will mich dieser Dinge keineswegs rühmen. Es verwirrt mich immer, wenn meine Kollegen mich fragen: »Wie kommen Sie zu einer solchen Diagnose oder zu solchen Schlußfolgerungen?« und ich sage ihnen dann: »Ich will es Ihnen er-

17 [Siehe S. 19, Anm. 4.]

18 [Das Mandala-Motiv. JUNG hatte hierüber einige Wochen zuvor an der Eranos-Tagung eine Vorlesung gehalten, die im *Eranos-Jahrbuch* III, 1935, veröffentlicht wurde, sowie in: C. G. JUNG, *Psychologie und Alchemie* (Ges. Werke XII). Siehe auch S. 183.]

klären, wenn Sie mir erlauben darzulegen, was Sie wissen müßten, um verstehen zu können.« Ich habe dies selbst erfahren, als der berühmte EINSTEIN Professor in Zürich war. Ich sah ihn oft zu der Zeit, als er an seiner Relativitätstheorie zu arbeiten begann. Er war oft bei mir zu Hause, und ich versuchte immer, ihn über die Relativitätstheorie auszuquetschen. Ich bin mathematisch nicht begabt, und Sie hätten sehen sollen, welche Mühe es dem armen Manne machte, mir die Relativität zu erklären. Er wußte einfach nicht, wie das anstellen. Ich versank klaftertief im Boden und fühlte mich sehr klein, als ich sah, wie er sich abmühte. Aber eines Tages fragte er mich etwas über Psychologie. Da hatte ich meine Revanche!

Besonderes Wissen ist ein schrecklicher Nachteil. Es führt einen in gewissem Sinn zu weit, so daß man nichts mehr erklären kann. Sie müssen mir erlauben, über scheinbar elementare Dinge zu Ihnen zu sprechen, aber wenn Sie sie annehmen können, werden Sie vermutlich verstehen, weshalb ich zu dieser oder jener Schlußfolgerung komme. Es tut mir leid, daß wir nicht mehr Zeit haben und ich Ihnen nicht alles mitteilen kann. Wenn ich über Träume spreche, liefere ich mich Ihnen aus und riskiere, daß Sie mich für übergeschnappt ansehen, da ich Ihnen unmöglich alle historischen Belege unterbreiten kann, die mich zu meinen Schlußfolgerungen führten. Ich müßte Ihnen Stück um Stück chinesischer und hinduistischer Literatur unterbreiten, mittelalterliche Texte und viele andere Dinge, die Sie nicht kennen. Wie könnten Sie auch? Ich arbeite mit Spezialisten aus andern Wissensgebieten zusammen, und diese können mir helfen. Zum Beispiel mein verstorbener Freund, der Sinologe Professor WILHELM; mit ihm habe ich zusammengearbeitet. Er hatte einen taoistischen Text übersetzt und bat mich, ihn zu kommentieren, was ich von der psychologischen Seite aus tat[19]. Ich bin etwas schrecklich Ungewöhnliches für einen Sinologen, aber was er uns zu sagen hat, ist höchst ungewöhnlich für *uns*. Die chinesischen Philosophen waren keine Toren. Wir stellen uns die alten Völker als töricht vor, aber sie waren so intelligent wie wir. Sie waren sogar unglaublich intelligent, und die Psychologie wird mit dem, was sie von alten Kulturvölkern lernen kann, vor allem von Indien und China, nie zu Ende kommen. Ein früherer Präsident der *British Anthropological Society* fragte mich einmal: »Können Sie verstehen, daß ein so hochintelligentes Volk wie die Chinesen keine Naturwissenschaft kennt?« Ich antwortete ihm: »Sie haben eine Naturwissenschaft, nur verstehen Sie sie nicht. Sie beruht nicht auf dem Kausalitätsprinzip.

[19] *Das Geheimnis der Goldenen Blüte.* [Ein chinesisches Lebensbuch. Übersetzt und erläutert von RICHARD WILHELM. Mit einem europäischen Kommentar von C. G. JUNG (Ges. Werke XIII).]

Das Kausalitätsprinzip ist nicht das einzige Prinzip, es ist nur relativ.«

Man erwidert mir vielleicht: Wie töricht, zu sagen, Kausalität sei nur relativ! Aber sehen Sie sich die moderne Physik an! Der Osten basiert sein Denken und seine Bewertung der Tatsachen auf einem andern Prinzip. Wir kennen nicht einmal ein Wort für dieses Prinzip. Der Osten hat natürlich ein Wort dafür, aber wir verstehen es nicht. Das östliche Wort ist *Tao.* Mein Freund McDOUGALL[20] hat einen chinesischen Studenten, und den fragte er einmal: »Was genau verstehen Sie unter Tao?« Typisch westlich! Der Chinese erklärte, was Tao ist, und er antwortete: »Ich verstehe immer noch nicht.« Da ging der Chinese auf den Balkon und sagte: »Was sehen Sie?« »Ich sehe eine Straße und Häuser und spazierengehende Leute und vorüberfahrende Trams. »Was noch?« »Dort ist ein Hügel.« »Was noch?« »Bäume.« »Was noch?« »Der Wind weht.« Der Chinese warf seine Arme hoch und sagte: »Das ist Tao.«

Da haben Sie es. Tao kann alles sein. Ich verwende ein anderes Wort, um es zu bezeichnen, und es ist armselig genug. Ich nenne es *Synchronizität.* Wenn der östliche Geist zusammen vorkommende Fakten betrachtet, nimmt er dieses »Zusammen« an, wie es ist, aber der westliche Geist zerteilt es in Einzeldinge, in kleine Quanten. Wenn zum Beispiel jemand die hier anwesende Versammlung sieht, würde er fragen: »Wo kommen diese Leute her? Warum sind sie zusammengekommen?« Das interessiert den östlichen Geist überhaupt nicht. Er fragt vielmehr: »Was *bedeutet* es, daß diese Leute hier zusammen sind?« Das wiederum ist kein Problem für den westlichen Geist. Sie interessieren sich für das, wofür Sie gekommen sind und was Sie hier tun. Nicht so der östliche Mensch; ihm ist das Zusammensein als solches wichtig.

Ich kann es vielleicht so sagen: Sie stehen an der Meeresküste, und die Wellen spülen einen alten Hut, eine alte Schachtel, einen Schuh, einen toten Fisch ans Ufer, und das liegt nun alles zusammen am Strand. Sie werden sagen: »Zufall, Unsinn!« Der chinesische Geist fragt: »Was bedeutet es, daß diese Dinge zusammen da sind?« Der chinesische Geist experimentiert mit diesem *Zusammensein* und *im richtigen Augenblick Zusammenkommen,* und er besitzt eine experimentelle Methode, die im Westen unbekannt ist, die aber in der östlichen Philosophie eine große Rolle spielt. Es ist eine Methode, um mögliche Entwicklungen vorauszusagen, und sie

[20] WILLIAM McDOUGALL (1871–1938), amerikanischer Psychiater. Vgl. C. G. JUNG, *Über die Psychogenese der Schizophrenie* (Ges. Werke III, 1968, Paragr. 504) und *Der therapeutische Wert des Abreagierens* (Ges. Werke XVI, 1958, Paragr. 255).]

wird heute noch von der japanischen Regierung bei der Beurteilung politischer Situationen verwendet; sie wurde zum Beispiel im Weltkrieg benutzt. Die Methode ist im Jahr 1143 v. Chr. formuliert worden[21].

[21] [Vgl. *I Ging, Das Buch der Wandlungen.*]

Dritte Vorlesung

Der Vorsitzende, Dr. MAURICE B. WRIGHT:
Meine Damen und Herren, ich habe die Ehre, an der heutigen Abendvorlesung von Professor Jung den Vorsitz zu führen. Vor einundzwanzig Jahren ist es mir vergönnt gewesen, Professor Jung kennenzulernen, als er für eine Vorlesungsreihe[1] nach London kam. Damals gab es erst eine sehr kleine Gruppe von psychologisch interessierten Ärzten. Ich erinnere mich gut, wie wir jeweils nach den Zusammenkünften in ein kleines Restaurant in Soho gingen und dort diskutierten, bis wir hinausgeworfen wurden. Natürlich versuchten wir, Professor Jung so intensiv wie möglich auszuquetschen. Als ich mich von ihm verabschiedete, sagte er zu mir – er sagte es nicht sehr ernsthaft–: »Ich glaube, Sie sind ein Extravertierter, der zum Introvertierten geworden ist.« Ehrlich gesagt, das ist mir seit damals dauernd im Kopf herumgegangen!

Nun, meine Damen und Herren, noch ein Wort über gestern abend. Ich glaube, Professor Jung hat uns ein sehr gutes Bild seiner Ansichten und seiner Arbeit gegeben, als er über den Wert des Teleskops sprach. Wenn jemand ein Teleskop besitzt, sieht er natürlich viel mehr als ein anderer von bloßem Auge. Professor Jung befindet sich genau in dieser Lage. Mit seiner speziellen Brille, seiner sehr spezialisierten Forschung, hat er sich ein Wissen erworben, eine Schau in die Tiefen der menschlichen Seele, die für viele von uns sehr schwer zu erfassen ist. Es ist natürlich unmöglich für ihn, uns im Rahmen einiger weniger Vorlesungen mehr als einen sehr kurzen Überblick über die von ihm erlangte Schau zu geben. Ich glaube daher, daß alles, was darin unklar oder dunkel erscheinen mag, nichts von Obskurantismus an sich hat, sondern eine Frage der Brillengläser ist. Meine eigene Schwierigkeit liegt darin, daß sich meine Akkomodationsmuskeln bereits im Zustand der Verhärtung befinden und es mir daher vielleicht sogar dann unmöglich wäre, jene Schau klar zu erfassen, wenn Professor Jung mir vorübergehend seine eigene Brille leihen würde. Wie dem aber auch sei: ich weiß, daß wir alle von dem, was er uns erzählt, sehr beeindruckt sind, und daß das alles

[1] [Vgl. C. G. JUNG, *Über die Bedeutung des Unbewußten in der Psychopathologie* und *Über das psychologische Verständnis pathologischer Vorgänge* (Ges. Werke III, 1968).]

für unser eigenes Denken sehr anregend ist, besonders auf einem Gebiet, wo die Spekulation so leicht und der Beweis so schwierig ist.

C. G. JUNG:
Meine Damen und Herren, ich hätte gestern mit meiner Vorlesung über das Assoziationsexperiment fertig werden sollen, aber damit hätte ich die vorgesehene Zeit überschritten. Ich bitte Sie daher zu entschuldigen, daß ich nochmals auf das gleiche Thema zurückkomme. Nicht daß ich in dieses Experiment besonders verliebt wäre! Ich verwende es nur im Notfall, aber es bildet doch die Grundlage für gewisse Vorstellungen. Ich habe Ihnen gestern etwas über die charakteristischen Störungen erzählt, und ich dachte mir, es könnte vielleicht nichts schaden, noch einmal kurz all das zusammenzufassen, was über die Ergebnisse des Experimentes zu sagen ist, nämlich über die Komplexe.

Ein Komplex ist eine Agglomeration von Assoziationen – eine Art Bild mehr oder weniger komplizierter psychologischer Natur – manchmal traumatischen, manchmal nur schmerzhaften und hochgespannten Charakters. Mit allem, was unter Hochspannung steht, ist sehr schwer umzugehen. Wenn zum Beispiel etwas sehr wichtig für mich ist, beginne ich zu zögern, wenn ich daran herangehe. Sie haben sicher bemerkt, daß ich, wenn Sie mir schwierige Fragen stellen, diese nicht sofort beantworten kann; das kommt daher, daß das Thema mir wichtig ist, und ich eine lange Reaktionszeit habe. Ich fange an zu stottern, und mein Gedächtnis liefert mir nicht gleich das notwendige Material. Solche Störungen sind Komplexstörungen – auch wenn das, was ich sage, nicht auf einem persönlichen Komplex von mir beruht. Es ist einfach etwas Wichtiges, und mit allem, was einen intensiven Gefühlswert besitzt, ist schwierig umzugehen, weil solche Inhalte irgendwie mit physiologischen Reaktionen verbunden sind, wie zum Beispiel dem Herzschlag, dem Tonus der Blutgefäße, den Vorgängen in den Eingeweiden, dem Atem und der Innervation der Haut. Wo und wann immer eine Hochspannung vorliegt, ist es, wie wenn dieser besondere Komplex einen eigenen Körper hätte, wie wenn er sich in gewissem Sinn in meinem Körper befinden würde, und das macht ihn so störend; denn was meinen Körper irritiert, kann nicht so leicht weggeschoben werden. Es hat seine Wurzeln in meinem Körper und reißt an meinen Nerven. Dinge mit wenig Spannung und wenig Gefühlswert können leicht weggewischt werden, da sie keine Wurzeln haben. Sie hängen nicht an und kleben nicht.

Meine Damen und Herren, dies führt uns zu etwas sehr Wesentlichem – zur Tatsache nämlich, daß ein Komplex mit seiner gegebenen Spannung oder Energieladung die Tendenz hat, eine kleine eigene Persönlichkeit zu werden. Er besitzt eine Art Körper, eine gewisse eigene Physiologie. Er kann den Magen durcheinanderbringen. Er stört die Atmung, das Herz — kurz, er benimmt sich wie eine Teilpersönlichkeit. Wenn Sie zum Beispiel etwas sagen wollen und unglücklicherweise ein Komplex mit dieser Absicht zusammenstößt, dann sagen Sie etwas ganz anderes, als Sie im Sinn hatten. Man wird einfach unterbrochen, und die beste Absicht wird durch den Komplex zunichte gemacht, genauso wie wenn man durch ein menschliches Wesen oder äußere Umstände gestört worden wäre. Aus diesen Gründen können wir nicht anders, als von den Komplex-Tendenzen so zu sprechen, als seien sie mit einem gewissen eigenen Willen ausgestattet. Wenn man vom Willen spricht, fragt man natürlich nach dem Ich. Wo aber ist das Ich, das zum Willen des Komplexes gehört? Wir kennen unsern eigenen Ich-Komplex, von dem wir annehmen, der Körper sei ihm völlig untertan. Das ist zwar ein Irrtum; nehmen wir aber doch einmal an, er sei ein Zentrum, dem der Körper völlig untertan ist, und es gebe einen Brennpunkt, den wir das Ich nennen, und dieses Ich habe seinen Willen und könne mit seinen Komponenten etwas anfangen. Das Ich ist auch eine Zusammenballung von hochgespannten Inhalten, so daß im Prinzip kein Unterschied besteht zwischen dem Ich-Komplex und irgendeinem andern Komplex.

Da die Komplexe eine gewisse Willenskraft besitzen, eine Art Ich, kann es in schizophrenen Zuständen geschehen, daß sie sich von der bewußten Kontrolle derart unabhängig machen, daß sie sichtbar und hörbar werden. Sie erscheinen als Visionen, sie sprechen in Stimmen, die sich wie die Stimmen bestimmter Personen anhören. Diese Personifizierung der Komplexe ist in sich selbst noch nicht notwendigerweise pathologisch. In den Träumen zum Beispiel erscheinen unsere Komplexe oft in personifizierter Form. Und man kann sich derart trainieren, daß sie auch im Wachen sichtbar oder hörbar werden. Es gehört zu einer gewissen Art von Yoga-Übung, das Bewußtsein in seine Komponenten aufzuspalten, von denen jede als eigene Persönlichkeit erscheint. In der Psychologie unseres Unbewußten gibt es typische Figuren, die ein ganz bestimmtes eigenes Leben besitzen[2].

All dies erklärt sich aus dem Umstand, daß die sogenannte Einheit des Bewußtseins eine Illusion ist. Sie ist effektiv ein Wunschtraum. Es tut uns wohl zu denken, wir seien einheitlich; das sind wir aber ganz entschieden nicht. Wir sind tat-

[2] Z. B. die Figuren von Animus und Anima. [Vgl. C. G. JUNG, *Zwei Schriften über Analytische Psychologie* (Ges. Werke VII, 1964, Paragr. 296 ff).]

sächlich nicht Herren im eigenen Haus. Es befriedigt uns, an unsern Willen, unsere Energie und an all das zu glauben, was wir vollbringen können; wenn es aber wirklich einmal darauf ankommt, stellen wir fest, daß uns das, was wir wollen, nur zu einem kleinen Teil gelingt, da wir durch jene kleinen Teufel, die Komplexe, daran gehindert werden. Komplexe sind autonome Assoziationsgruppen mit der Tendenz, sich selbständig zu bewegen, ihr eigenes Leben unabhängig von unsern Absichten zu leben. Nach meiner Auffassung besteht sowohl unser persönliches Unbewußtes wie auch das kollektive Unbewußte aus einer unbestimmten, da unbekannten, Anzahl von Komplexen oder Teilpersönlichkeiten.

Diese Vorstellung erklärt vieles. Sie erklärt zum Beispiel die einfache Tatsache, daß ein Dichter die Fähigkeit besitzt, seine inneren Inhalte zu dramatisieren und zu personifizieren. Wenn er für die Bühne, in einem Gedicht, einem Drama oder in einem Roman eine Figur erschafft, so glaubt er vielleicht, sie sei lediglich ein Erzeugnis seiner Phantasie; aber diese Figur hat sich in gewissem Sinn selbst erschaffen. Jeder Schriftsteller oder Dramatiker wird bestreiten, daß seine Figuren eine psychologische Bedeutung haben, aber in Wirklichkeit wissen wir alle, daß dem so ist. Aus diesem Grund kann man beim Studium der vom Dichter geschaffenen Figuren in dessen eigener Seele lesen.

Die Komplexe sind also Teilpersönlichkeiten. Wenn wir vom Ich-Komplex sprechen, so nehmen wir als selbstverständlich an, daß er ein Bewußtsein besitzt, da die Beziehung der verschiedenen Inhalte zum Zentrum, mit andern Worten zum Ich, Bewußtsein genannt wird. Es gibt aber auch in andern Komplexen eine Gruppierung von Inhalten um ein Zentrum, eine Art nucleus herum. So können wir also fragen: Haben Komplexe ein eigenes Bewußtsein? Wenn man spiritistische Phänomene studiert, so muß man zugeben, daß die sogenannten Geister, die sich in automatischem Schreiben oder durch die Stimme eines Mediums manifestieren, tatsächlich eine Art eigenen Bewußtseins besitzen. Daher sind unvoreingenommene Leute geneigt anzunehmen, daß die Geister jene einer verstorbenen Tante oder des Großvaters oder von sonst jemand sind, eben wegen der mehr oder weniger bestimmten Persönlichkeit, die in diesen Manifestationen zum Ausdruck zu kommen scheint. Im Falle einer Geisteskrankheit sind wir natürlich weniger geneigt anzunehmen, wir hätten es mit Geistern zu tun. Wir nennen die Erscheinungen dann pathologisch.

So viel über die Komplexe. Ich lege nur deshalb so großen Wert auf diesen speziellen Punkt des Bewußtseins innerhalb der Komplexe, weil letztere in der Traumanalyse eine große

Rolle spielen. Sie erinnern sich an das Diagramm (Abb. 4) mit den verschiedenen psychischen Kreisen und dem dunklen Zentrum des Unbewußten in der Mitte. Je näher man dem Zentrum kommt, um so mehr erlebt man das, was Janet das *abaissement du niveau mental* nennt: die Autonomie des Bewußtseins nimmt ab, und man gelangt mehr und mehr unter die Faszination unbewußter Inhalte. Die Autonomie des Bewußtseins verliert an Spannung und Energie, und diese Energie taucht in der erhöhten Aktivität der unbewußten Inhalte wieder auf. In extremer Form kann man diesen Prozeß beobachten, wenn man einen Fall von Geisteskrankheit sorgfältig studiert. Die Faszination unbewußter Inhalte nimmt ständig zu, und entsprechend nimmt die bewußte Kontrolle ab, bis der Patient schließlich vollständig ins Unbewußte versinkt und ganz in dessen Macht fällt. Er wird das Opfer einer neuen autonomen Aktivität, die nicht von seinem Ich, sondern von der dunklen Sphäre ausgeht.

Der Vollständigkeit halber muß ich mit Bezug auf das Assoziationsexperiment noch einen ganz andern Aspekt davon erwähnen. Sie werden entschuldigen, daß ich aus Zeitgründen

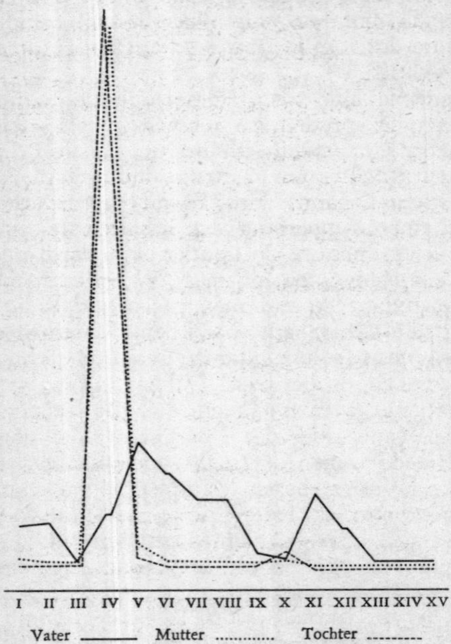

Abb. 8: Assoziationsexperiment mit einer Familie

nicht über die Forschungen im einzelnen berichte und Ihnen nur die Diagramme zeige (Abb. 8, 9, 10, 11), die die Ergebnisse sehr umfangreicher Familienforschungen darstellen. Sie bringen die *Qualität* von Assoziationen zum Ausdruck[3]. So ist zum Beispiel der kleine Gipfel in Abb. 8, als XI bezeichnet, eine besondere Klasse oder Kategorie von Assoziationen. Die Klassifizierungsprinzipien sind logischer und sprachlicher Art. Ich kann hierauf nicht eingehen, und Sie müssen einfach einmal die Tatsache hinnehmen, daß ich fünfzehn Klassen aufgestellt habe, in die ich die Assoziationen einteile. Wir haben mit einer großen Anzahl von Familien Versuche gemacht — aus bestimmten Gründen waren alles ungebildete Leute —, und wir stellten fest, daß der Assoziations- und Reaktionstyp bei gewissen Familienmitgliedern erstaunlich parallel verläuft; zum Beispiel sind Vater und Mutter oder zwei Brüder oder Mutter und Kind fast identische Reaktionstypen.

Dies hier war eine sehr unglückliche Ehe. Der Vater war ein Alkoholiker und die Mutter sehr merkwürdig. Sie sehen, daß die Tochter dem Typ ihrer Mutter genau folgt. Ganze dreißig Prozent aller Assoziationen sind identische Wörter. Dies ist ein sehr eindrücklicher Fall von Partizipation, von geistiger Ansteckung. Wenn Sie über diesen Fall nachdenken, können Sie einige Schlüsse daraus ziehen. Die Mutter war fünfundvierzig Jahre alt und mit einem Alkoholiker verheiratet. Ihr Leben war daher ein Fehlschlag. Nun hat die Tochter genau die gleichen Reaktionen wie die Mutter. Man kann sich vorstellen, was die Tochter erleben wird, wenn sie so in die Welt hinaus geht, als ob sie fünfundvierzig Jahre alt und mit einem Alkoholiker verheiratet wäre! Diese Partizipation ist der Grund dafür, daß die Tochter eines Alkoholikers, die eine fürchterliche Jugend hatte, einen Alkoholiker heiraten wird; und wenn der Mann, den sie heiratet, zufällig kein Alkoholiker sein sollte, so wird sie ihn zu einem machen, eben wegen dieser seltsamen Identität mit einem Familienmitglied.

Abb. 9 ist ebenfalls ein sehr eindrücklicher Fall. Der Vater, ein Witwer, hatte zwei Töchter, die mit ihm in völliger Identität lebten. Das ist natürlich ebenfalls höchst unnatürlich, denn entweder reagiert er wie ein Mädchen, oder die zwei Mädchen reagieren wie er, sogar in der Art des Sprechens. Die ganze innere Aufmachung wird durch ein fremdes Element vergiftet, denn eine junge Tochter ist in Wirklichkeit eben nicht ihr Vater.

Abb. 10 betrifft den Fall eines Ehepaares. Dieses Diagramm

[3] [*Associations d'idées familiales.* In: Archs. Psychol. VII, 1904, S. 160 bis 168 (Ges. Werke II). Ferner: *Die Bedeutung des Vaters für das Schicksal des Einzelnen* (Ges. Werke IV, 1969).]

bringt einen optimistischen Ton in meine eher pessimistischen Darstellungen. Hier herrscht völlige Harmonie; fallen Sie aber nicht in den Fehler anzunehmen, eine solche Harmonie sei das Paradies; denn diese Leute werden nach einer gewissen Zeit

Abb. 9–11:
Assoziationsexeriment
mit verschiedenen
Familien

Abb. 9

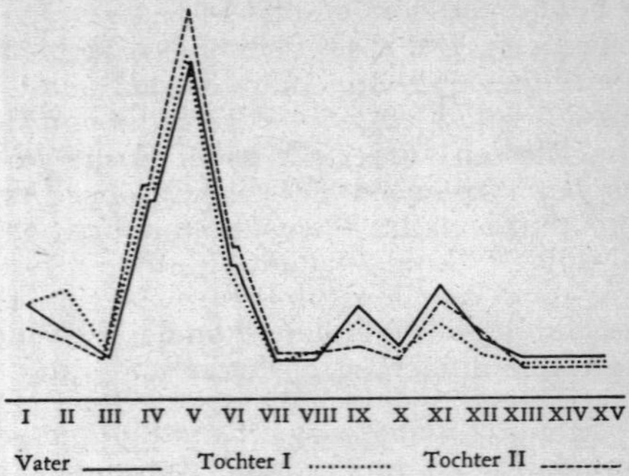

Abb. 10

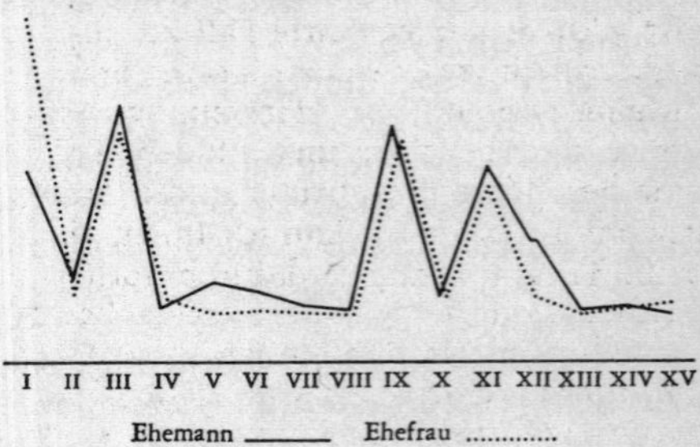

Abb. 11

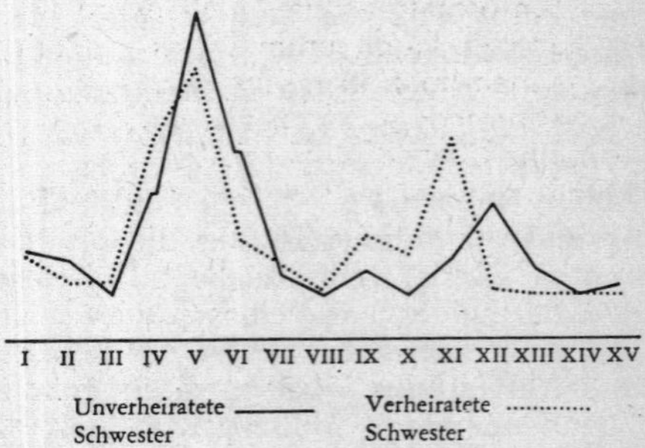

miteinander in Streit geraten, da sie einfach zu harmonisch sind. Eine sehr gute Familienharmonie, die auf Partizipation beruht, wird bald zu heftigsten Versuchen von seiten der Gatten führen, sich zu befreien und voneinander zu lösen; und dann erfinden sie aufreizende Diskussionsthemen, nur um einen Grund zu haben, sich mißverstanden zu fühlen. Wenn Sie die durchschnittliche Ehe-Psychologie studieren, so werden Sie finden, daß die meisten Schwierigkeiten in dieser geschickten Erfindung aufreizender Gesprächsthemen liegen, für die absolut kein Grund vorliegt.

Abb. 11 ist ebenfalls interessant. Diese zwei Frauen sind zusammenlebende Schwestern; die eine ist ledig, die andere verheiratet. Ihr gemeinsamer Gipfel liegt bei V. Die Ehefrau in Abb. 10 ist die eine der Schwestern von Abb. 11, und während sehr wahrscheinlich ursprünglich beide vom gleichen Typ waren, heiratete sie einen Mann eines andern Typs. Der gemeinsame Gipfel des Ehepaares liegt bei III in Abb. 10. Der Zustand von Identität oder Partizipation kann durch ganz andere Methoden, wie zum Beispiel die Graphologie, bestätigt werden. Die Handschriften mancher Ehefrauen, vor allem junger, ähneln oft derjenigen des Gatten. Ich weiß nicht, ob das heute noch so ist, aber ich nehme an, daß die menschliche Natur sich im großen und ganzen gleich bleibt. Manchmal trifft auch der umgekehrte Fall zu, da das sogenannte schwache Geschlecht zuweilen auch seine Stärke hat.

Meine Damen und Herren, wir überschreiten jetzt die Grenze und begeben uns zu den Träumen. Ich will Ihnen keine besondere Einführung in die Traum-Analyse geben[4]. Es ist wohl am besten, wenn ich Ihnen einfach zeige, wie ich bei einem Traum vorgehe; dafür braucht es keine großen theoretischen Erklärungen, da Sie ja sehen können, von welchen Vorstellungen ich mich leiten lasse. Natürlich mache ich von Träumen in einem großen Ausmaß Gebrauch, denn in der psychotherapeutischen Behandlung sind die Träume eine objektive Informationsquelle. Wenn ein Arzt einen Fall vor sich hat, kann er kaum umhin, sich ein Bild davon zu machen. Aber je mehr man über einen Fall weiß, desto heroischer sollte man versuchen, nicht zu wissen, um dadurch dem Patienten selbst eine Chance zu geben. Ich versuche immer, nicht zu wissen und nicht zu sehen. Es ist viel besser vorzugeben, man sei dumm, oder eine scheinbar dumme Rolle zu spielen, weil man damit dem Patienten die Möglichkeit gibt, mit seinem eigenen Material herauszukommen. Das heißt natürlich nicht, daß man sich vollständig verbergen soll.

Ich zeige Ihnen jetzt den Fall eines Mannes von vierzig Jahren, verheiratet und nie zuvor krank gewesen. Er scheint ganz in Ordnung zu sein, ist Direktor einer großen öffentlichen Schule, sehr intelligent, und hat eine altmodische Art von

[4] C. G. Jung, *Die praktische Verwendbarkeit der Traumanalyse* [(Ges. Werke XVI). Ferner *Allgemeine Gesichtspunkte zur Psychologie des Traumes* und *Vom Wesen der Träume* (Ges. Werke VIII, 1967).]

Psychologie studiert — WUNDT[5] —, die nichts mit den Gegebenheiten des menschlichen Lebens zu tun hat, sondern sich in der Stratosphäre abstrakter Ideen bewegt. Seit einiger Zeit wurde er von starken neurotischen Symptomen geplagt. Er litt an einer seltsamen Art Schwindel, der ihn von Zeit zu Zeit erfaßte, mit Herzklopfen, Übelkeit, merkwürdigen Schwächeanfällen und einer Art Erschöpfung. Dieses Syndrom gehört zu einer Krankheit, die in der Schweiz sehr bekannt ist. Es ist die Bergkrankheit, der Menschen, die nicht an große Höhen gewohnt sind, beim Bergsteigen leicht verfallen. Daher fragte ich ihn: »Leiden Sie nicht an Bergkrankheit?« Er antwortete: »Ja, es ist genau der gleiche Zustand wie bei der Bergkrankheit.« Ich fragte ihn nach Träumen, und er sagte, daß er kürzlich drei Träume gehabt habe.

Ich deute nicht gern einen Traum allein, denn ein einzelner Traum kann willkürlich interpretiert werden. Über einen einzelnen Traum kann man alle möglichen Spekulationen anstellen; aber wenn man eine Serie von vielleicht zwanzig oder hundert Träumen vergleicht, dann kann man interessante Dinge beobachten. Man sieht den Prozeß, der im Unbewußten Nacht für Nacht vor sich geht, sowie die Kontinuität der unbewußten Psyche, die sich über Tag und Nacht durchhält. Wahrscheinlich träumen wir überhaupt immer und merken dies bei Tag nur deshalb nicht; weil das Bewußtsein viel zu klar ist. Aber nachts, im Zustand des *abaissement du niveau mental*, kann der Traum durchbrechen und sichtbar werden.

Im ersten Traum befindet sich der Patient in einem kleinen Dorf in der Schweiz. Er tritt als sehr feierliche schwarze Figur in einem langen Mantel auf und trägt eine Reihe dicker Bücher unter dem Arm. Da ist auch eine Gruppe junger Burschen, die er als seine ehemaligen Klassenkameraden erkennt. Sie schauen zu ihm hin und sagen: »Der erscheint hier nicht gerade oft.«

Um diesen Traum zu verstehen, muß man sich daran erinnern, daß der Patient eine sehr gute Stellung und eine sehr gute wissenschaftliche Erziehung hatte. Er begann wirklich von Grund auf und war ein Self-made-man. Seine Eltern waren sehr arme Bauern, und er hatte sich bis zu seiner jetzigen Position hinaufgearbeitet. Er ist sehr ehrgeizig und von der Hoffnung erfüllt, noch höher zu steigen. Er ist wie ein Mann, der in einem Tag von der Meereshöhe bis auf 2000 m aufgestiegen ist, und nun Gipfel vor sich sieht, die bis zu 4000 m über ihm emporragen. Er befindet sich an dem Ort, von dem aus man diese höheren Berge erklimmt; deshalb vergißt er völlig, daß er bereits die 2000 m erstiegen hat und beginnt un-

[5] [Wilhelm WUNDT (1832—1920), der Schöpfer der voluntaristischen Psychologie.]

mittelbar, die höheren Gipfel in Angriff zu nehmen. Ohne sich dessen bewußt zu sein, ist er aber von seinen bisherigen Anstrengungen schon sehr ermüdet und absolut unfähig, in diesem Augenblick noch weiter zu gehen. Dieser Mangel an Einsicht ist der Grund für seine Symptome von Bergkrankheit. Der Traum zeigt ihm die wirkliche psychologische Situation. Der Gegensatz zwischen ihm selbst als der feierlichen Figur im langen schwarzen Mantel mit dicken Büchern unter dem Arm, der in seinem heimatlichen Dorf auftaucht, und den Dorfburschen, die bemerken, daß er nicht oft dort erscheint, bringt zum Ausdruck, daß er nicht oft daran denkt, wo er herkommt. Im Gegenteil, er denkt nur an seine künftige Karriere und hofft, einen Lehrstuhl als Professor zu erhalten. Daher versetzt ihn der Traum in seine frühere Umgebung zurück. Er sollte einsehen, wieviel er angesichts seiner Ausgangslage schon erreicht hat, und daß es natürliche Grenzen menschlicher Anstrengung gibt.

Der Beginn des zweiten Traumes ist ein typisches Beispiel eines Traumes, der dann auftritt, wenn die Bewußtseinslage so ist wie bei unserem Patienten: Er weiß, daß er zu einer wichtigen Konferenz gehen sollte, und nimmt seine Mappe mit. Da stellt er fest, daß es schon ziemlich spät ist und der Zug bald abfahren wird, und daher gerät er in den bekannten Zustand von Hast und in die Angst, zu spät zu kommen. Er versucht seine Kleidung in Ordnung zu bringen, sein Hut ist nicht zu finden, der Mantel ist verlegt; er rennt herum, sucht seine Sachen und ruft im ganzen Haus herum: »Wo sind meine Sachen?« Schließlich hat er alles beisammen und rennt aus dem Haus, nur um festzustellen, daß er seine Mappe vergessen hat. Er eilt zurück, um sie zu holen, und als er auf die Uhr schaut, merkt er, wie spät es schon ist; dann eilt er zum Bahnhof, aber der Weg ist aufgeweicht, so daß er wie in einem Morast läuft und seine Füße sich fast nicht mehr bewegen können. Keuchend erreicht er den Bahnhof, aus dem der Zug gerade ausfährt. Da wird seine Aufmerksamkeit auf das Bahngeleise gelenkt, das folgendermaßen aussieht:

Er befindet sich bei A, das Zugende ist bereits bei B und die Lokomotive bei C. Er beobachtet den Zug, der sehr lang ist und sich um die Kurve windet. Da denkt er: ›Wenn nur der Lokomotivführer klug genug ist, um nicht mit Volldampf weiterzufahren, wenn er Punkt D erreicht hat; denn wenn er das tut, wird der lange Zug hinter ihm, der sich noch in der Kurve befindet, aus den Schienen springen.‹ Jetzt erreicht der Lokomotivführer Punkt D; er öffnet das Dampfventil, die Maschine beginnt anzuziehen, und der Zug bewegt sich mit großer Geschwindigkeit vorwärts. Der Träumer sieht die Katastrophe kommen, der Zug springt aus denen Schienen, er schreit — und dann erwacht er mit der typischen Angst eines Albtraumes.

Wenn immer man Träume hat vom Zuspätkommen, von hundert Hindernissen, die sich einem in den Weg legen, dann ist das genau so, wie wenn man sich in Wirklichkeit in einer solchen Situation befindet, das heißt, wenn einen etwas nervös macht und innerlich umtreibt. Man wird nervös, weil ein unbewußter Widerstand sich der bewußten Absicht entgegenstellt. Das Aufreizendste daran ist, daß man bewußt etwas sehr stark will, während ein unsichtbarer Teufel dauernd dagegen arbeitet; natürlich ist dieser Teufel ebenfalls man selbst. Man stellt sich diesem Teufel entgegen und tut das auf nervöse Weise und in nervöser Hast. Im Fall unseres Träumers steht also seinem Eilen und Hasten ein Gegen-Wille entgegen. Er will sein Zuhause verlassen und will es doch nicht, und all die Widerstände und Schwierigkeiten auf seinem Weg stam-

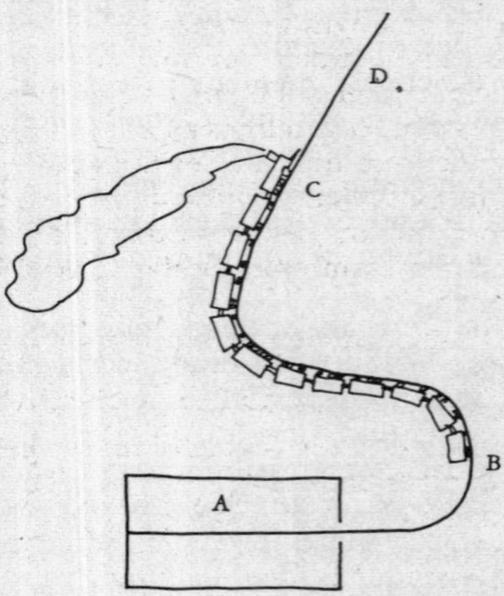

Abb. 12

men von ihm selbst. Er ist der Lokomotivführer, der denkt: ›Jetzt sind wir aus den Schwierigkeiten heraus; wir haben eine freie Strecke vor uns und können frisch drauflosfahren.‹ Die freie, gerade Strecke jenseits der Kurve entspricht den 4000 m hohen Gipfeln, von denen er glaubt, sie seien für ihn erreichbar.

Natürlich würde niemand, der eine solche Chance vor sich sieht, sie nicht so gut wie möglich auszunützen versuchen, und so sagt sein Verstand zu ihm: ›Warum nicht weitergehen, du hast alle Chancen der Welt.‹ Er sieht nicht ein, weshalb etwas in ihm dagegen sein sollte. Aber der Traum warnt ihn, er solle nicht so töricht sein wie der Lokomotivführer, der mit Volldampf weiterfährt, obwohl das Ende des Zuges noch in der Kurve ist. Das ist es ja, was wir immer vergessen: wir vergessen, daß unser Bewußtsein nur eine Oberfläche ist, die Vorhut unserer psychologischen Existenz. Unser Kopf ist nur das eine Ende, aber hinter unserem Bewußtsein liegt ein langer historischer »Schwanz« von Zögern und Schwäche und Komplexen und Vorurteilen und Erbanlagen, und wir machen unsere Rechnung immer ohne sie. Wir glauben immer, wir könnten trotz unserer schwerwiegenden Mängel geradeaus gehen, und daher springen wir oft aus den Schienen, bevor wir unser Ziel erreicht haben – eben weil wir unsere »Schwanzenden« nicht berücksichtigen.

Ich weise immer darauf hin, daß unsere Psychologie einen langen Saurierschwanz besitzt, der aus der ganzen Geschichte unserer Familie, unseres Volkes, von Europa und der ganzen Welt besteht. Wir sind immer und überall Menschen, und wir sollten nie vergessen, daß wir die ganze Last des Nur-Mensch-Seins mit uns tragen. Würden wir nur aus Kopf bestehen, wären wir wie kleine Engel mit Kopf und Flügeln, die natürlich tun können, was ihnen gefällt, da sie durch keinen Körper behindert werden, der sich nur auf der Erde bewegen kann. – Wichtig ist noch festzustellen – nicht unbedingt dem Patienten gegenüber, aber für uns selbst –, daß die Zugbewegung auf der Zeichnung die Form einer Schlange hat. Wir werden gleich sehen warum.

Der folgende Traum ist der entscheidende, und ich muß Ihnen dazu einige Erklärungen geben. In diesem Traum kommt ein merkwürdiges Tier vor, halb Echse, halb Krebs. Bevor wir aber auf die Details des Traumes eingehen, möchte ich Ihnen etwas darüber sagen, wie wir den Traumsinn herausarbeiten können. Sie wissen, daß es viele Ansichten und viele Mißverständnisse gibt hinsichtlich der Art und Weise, wie man an Träume herangehen kann.

Sie wissen zum Beispiel, was man unter freier Assoziation versteht. Nach meiner eigenen Erfahrung ist dies eine recht zweifelhafte Methode. Frei assoziieren heißt, daß man sich jeder Art und Menge von Assoziationen völlig öffnet, und es ist klar, daß man dadurch zu den Komplexen geführt wird. Aber nun muß ich Ihnen sagen, daß mich die Komplexe meiner Patienten gar nicht interessieren. Ich möchte wissen, was die *Träume* zu den Komplexen sagen, nicht was die Komplexe sind. Ich möchte wissen, was das Unbewußte eines Menschen *mit* seinen Komplexen macht, ich möchte wissen, woraufhin er unterwegs ist. *Das* ist es, was ich den Träumen entnehme. Wenn ich die Methode der freien Assoziation anwenden würde, brauchte ich keine Träume. Ich könnte eine Tafel aufhängen: »Fußweg nach so-und-so« und die Leute einfach darüber meditieren und frei assoziieren lassen, und dann würden sie unweigerlich auf ihre Komplexe stoßen. Auch wenn Sie in einem ungarischen oder russischen Zug sitzen und auf die fremden Tafeln in fremder Sprache blicken, können Sie alle Ihre Komplexe dazu assoziieren. Sie brauchen sich nur gehen zu lassen, dann treiben Sie ganz natürlich in Ihre Komplexe hinein.

Ich mache keinen Gebrauch von der Methode der freien Assoziation, weil ich nicht darauf aus bin, die Komplexe kennen zu lernen; ich will wissen, was der Traum ist. Ich gehe daher mit dem Traum um, wie wenn er ein Text wäre, den ich nicht richtig verstehe, wie zum Beispiel ein lateinischer, ein griechischer oder ein Sanskrit-Text, in dem gewisse Worte mir unbekannt sind oder der nur fragmentarisch ist, und dann wende ich die übliche Methode an, die jeder Philologe beim Lesen eines solchen Textes anwenden würde. Ich glaube nicht, daß der Traum etwas verbirgt; wir verstehen nur seine Sprache nicht. Wenn ich Ihnen einen lateinischen oder griechischen Text vorlege, so werden ihn einige von Ihnen nicht verstehen; aber nicht, weil der Text etwas verschleiert oder verbirgt, sondern weil Sie nicht Griechisch oder Latein können. So heißt es auch nicht unbedingt, daß ein Patient verwirrt ist, wenn er verwirrt erscheint; es heißt einfach, daß der Arzt sein Material nicht versteht. Die Annahme, der Traum wolle etwas verbergen, ist eine rein anthropomorphe Idee. Kein Philologe würde je annehmen, eine schwierige Sanskrit- oder Keilschrift-Inschrift verberge etwas. Es gibt einen sehr weisen Ausspruch im Talmud, wonach der Traum sich selbst interpretiert. Der Traum ist das Ganze, und wenn man meint, er verberge etwas, so heißt das ganz einfach, daß man ihn nicht versteht.

Das erste, das man sich bei der Begegnung mit einem Traum sagen muß, ist daher: »Ich verstehe kein Wort davon.« Ich bin immer froh über ein solches Gefühl der Unzulänglichkeit, denn dann weiß ich, daß ich mich im Versuch, den Traum zu verstehen, sehr anstrengen werde. Ich gehe also folgendermaßen vor: Ich verwende die Methode des Philologen, die von der freien Assoziation weit entfernt ist, und wende ein logisches Prinzip an, das man *Amplifikation* nennt. Es geht dabei lediglich darum, Parallelen zu suchen. Wenn man zum Beispiel einen Text vor sich hat, in dem ein sehr seltenes Wort vorkommt, das einem bisher nie begegnet ist, dann versucht man ähnliche Textabschnitte zu finden, vielleicht auch ähnliche Zusammenhänge, in denen das gleiche Wort vorkommt, und dann versucht man, die Formulierung, die man aus der Kenntnis der andern Texte erarbeitet hat, auf den neuen Text anzuwenden. Wenn daraufhin der neue Text ein lesbares Ganzes ergibt, sagt man sich: »Jetzt kann ich ihn lesen.« Auf diese Art ist man dazu gelangt, Hieroglyphen und Keilschriften zu entziffern, und auf diese Art können wir Träume lesen.

Wie aber finden wir nun den Kontext? Hier folge ich einfach dem Prinzip des Assoziationsexperimentes. Nehmen wir an, ein Mann träume von einem einfachen Bauernhaus. Weiß ich, was ein einfaches Bauernhaus diesem Menschen übermitteln will? Natürlich nicht, wie könnte ich auch. Weiß ich, was ein einfaches Bauernhaus ganz allgemein für ihn bedeutet? Natürlich nicht. Daher frage ich ihn einfach: »Wie kommt Ihnen das vor?« mit andern Worten, welches ist der Kontext, das innere Gewebe, in das der Ausdruck »einfaches Bauernhaus« eingebettet ist. Er sagt vielleicht etwas sehr Überraschendes. Jemand sagt zum Beispiel »Wasser«. Weiß ich, was er mit »Wasser« meint? Absolut nicht. Wenn ich dieses oder ein ähnliches Reizwort jemand anderem unterbreite, sagt er vielleicht »grün«. Ein anderer sagt »H_2O«, was etwas ganz Verschiedenes ist. Wieder ein anderer sagt »Quecksilber« oder »Selbstmord«. In jedem Fall werde ich wissen, in welches Gewebe dieses Wort oder Bild eingebettet ist. Das bedeutet *Amplifikation.* Es ist ein bekanntes logisches Vorgehen, das wir hier anwenden, und das die Methode, den Kontext zu finden, genau umschreibt.

Natürlich müßte ich hier auf die Verdienste von FREUD eingehen, der die ganze Frage der Träume aufbrachte und uns überhaupt in die Lage versetzte, das Traumproblem anzugehen. Sie wissen, daß nach seiner Auffassung der Traum eine verzerrte Darstellung eines geheimen inkompatiblen Wunsches ist, der mit der bewußten Einstellung nicht vereinbar ist und daher zensuriert, das heißt verzerrt wird, um auf diese Weise dem Bewußtsein verborgen zu bleiben, und trotzdem die Möglichkeit hat, sich irgendwie auszudrücken und zu leben. FREUD folgert dann logischerweise: Wir wollen nun die ganze Verzerrung rückgängig machen: Seien Sie natürlich, geben Sie Ihre verzerrenden Tendenzen auf, und lassen Sie Ihre Assoziationen frei fließen; auf diesem Weg kommen wir zu Ihrer natürlichen Situation, nämlich zu Ihren Komplexen. Dieser Gesichtspunkt ist von dem meinigen völlig verschieden. FREUD sucht Komplexe, ich nicht. Das ist der ganze Unterschied. Ich suche danach, was *das Unbewußte* mit den Komplexen *tut,* denn das interessiert mich viel mehr als die Tatsache, daß die Menschen Komplexe haben. Wir alle haben Komplexe; das ist etwas höchst Banales und ganz uninteressant. Sogar der Inzestkomplex, den man überall finden kann, wenn man nach ihm sucht, ist furchtbar banal und daher uninteressant. Interessant ist nur, was die Menschen mit ihren Komplexen tun; das ist die praktische Frage, auf die es ankommt. FREUD wendet die Methode der freien Assoziation an und ein von dem meinigen völlig verschiedenes logisches Prinzip, ein Prinzip, das man in der Logik die *reductio in primam figuram* nennt, die Rückführung auf das ursprüngliche Bild. Die *reductio in primam figuram* ist ein sogenannter Syllogismus, eine komplizierte Folge logischer Ableitungen, die darin besteht, daß man von einer durchaus vernünftigen Feststellung ausgeht und dann auf dem Weg verwickelter Behauptungen und Annahmen die Vernünftigkeit des ersten oder ursprünglichen Bildes schrittweise immer mehr verändert, bis man eine völlige Verzerrung erreicht, die absolut unvernünftig ist. Diese völlige Verzerrung kennzeichnet nach FREUDS Vorstellung den Traum; nach ihm ist der Traum eine intelligente Verzerrung, die das ursprüngliche Bild im Sinne einer Verkleidung verhüllt, so daß man nur das Gewebe entflechten muß, um zur ursprünglichen, vernünftigen Feststellung zu gelangen, die zum Beispiel heißt: »Ich möchte dies oder das tun; ich habe diesen oder jenen mit meinem Bewußtsein unvereinbaren Wunsch.« Man beginnt zum Beispiel mit einer durchaus vernünftigen Behauptung, wie zum Beispiel: »Kein unvernünftiges Wesen ist frei« – das heißt, besitzt den freien Willen. Dieses Beispiel wird in der Logik verwendet. Es ist eine ganz vernünftige Feststellung. Nun kommen wir schon zum ersten Fehlschluß: »Daher ist kein freies Wesen unvernünftig.« Dem kann man schon nicht mehr zustimmen, weil bereits eine Täuschung vorliegt. Dann wird fortgefahren: »Alle Menschen sind frei« – sie alle haben einen freien Willen. Und triumphierend stellt man schließlich fest: »Deshalb ist kein Mensch unvernünftig.« Und das ist völlig unsinnig.

Nehmen wir einmal an, der Traum sei wirklich eine solche unsinnige Behauptung. Diese Annahme ist durchaus einleuchtend, denn der Traum erscheint uns ja tatsächlich wie etwas Unsinniges; wäre es anders, dann könnte man ihn verstehen. Im allgemeinen versteht man ihn nicht; ganz selten begegnet man Träumen, die von Anfang bis Ende ganz klar sind. Gewöhnlich scheint der Traum absolut unsinnig zu sein, und daher wird er abgewertet. Sogar die Primitiven, die aus den Träumen ein großes Wesen machen, sind der Meinung, daß gewöhnliche Träume nichts bedeuten. Es gibt aber »große« Träume, die ihrer Meinung nach von Medizinmännern und Häuptlingen geträumt werden; gewöhnliche Leute haben keine Träume. Sie reden also genau so wie die Europäer. Nun ist man also mit diesem Traum-Unsinn konfrontiert und sagt: »Dieser Unsinn muß eine Verzerrung oder trügerische Ableitung sein, die von einer ursprünglich vernünftigen Feststellung ausgegangen ist.« Man nimmt das Ganze auseinander, wendet die *reductio in primam figuram* an und gelangt zu der ursprünglichen, unverzerrten Feststellung. Man sieht also, FREUDS Vorgehen in der Traum-Interpretation ist absolut logisch, wenn man von der Voraussetzung ausgeht, daß die Traumaussagen tatsächlich unsinnig sind.

Wenn man von etwas behauptet, es sei unvernünftig, so darf man nicht vergessen, daß man es vielleicht nur deshalb nicht versteht, weil man nicht Gott ist; man ist ja im Gegenteil ein fehlbarer Mensch mit einem sehr begrenzten Geist. Wenn mir ein geisteskranker Patient etwas erzählt, denke ich vielleicht: »Der erzählt ja lauter Unsinn.« Stelle ich mich wissenschaftlich ein, sage ich: »Ich verstehe ihn nicht«, bin ich aber ganz unwissenschaftlich, stelle ich fest: »Der ist verrückt, und ich bin normal.« Diese Argumentation veranlaßt übrigens häufig Leute mit unausgeglichener Seelenlage dazu, Irrenärzte zu werden. Das ist menschlich verständlich, denn wenn man sich selbst nicht ganz sicher fühlt, gibt es einem eine ungeheure Befriedigung, sagen zu können: »Ach, die andern sind noch viel schlimmer dran als ich.«

Aber die Frage bleibt bestehen: Können wir mit Sicherheit behaupten, daß der Traum Unsinn ist? Sind wir ganz sicher, das zu wissen? Sind wir sicher, daß der Traum die Dinge verzerrt? Können wir bei der Begegnung mit etwas, das jeder Erwartung widerspricht, ganz gewiß sein, daß es lediglich eine Verzerrung ist? Die Natur irrt nicht. Richtig und falsch sind menschliche Kategorien. Der Naturvorgang ist einfach das, was er ist, und sonst nichts — er ist weder unsinnig noch unvernünftig. Da ich nicht Gott bin, sondern ein Mensch mit sehr begrenzten geistigen Fähigkeiten, würde es mir eher anstehen anzunehmen, daß ich die Träume nicht verstehe. Mit dieser Annahme und Feststellung weise ich die vorgefaßte Meinung, der Traum sei eine Verzerrung, zurück und behaupte, daß mein eigener Geist verzerrt ist und mir die richtige Schau verwehrt, wenn ich einen Traum nicht verstehe.

So übernahm ich also die Methode, die von Philologen beim Vorliegen schwieriger Texte angewandt wird, und ich gehe an Träume in der gleichen Weise heran wie sie. Natürlich ist dieses Vorgehen schwieriger und komplizierter; ich kann Ihnen aber versichern, daß weit interessantere Dinge herauskommen, wenn man zu allgemein-menschlichen Problemen gelangt, als wenn man eine so fürchterlich monotone Interpretation anwendet. Ich hasse es, mich zu langweilen. Vor allem aber sollten wir im Umgang mit derart geheimnisvollen Dingen wie den Träumen von allen Spekulationen und Theorien absehen. Wir dürfen nicht vergessen, daß im Lauf der Jahrtausende sehr intelligente Menschen mit großem Wissen und reicher Erfahrung auf dem Gebiet des Traums ganz andere

Vorstellungen darüber hatten. Erst vor ganz kurzer Zeit haben wir die Theorie erfunden, ein Traum sei nichts. Alle andern Kulturen hatten darüber ganz andere Auffassungen.

Und jetzt will ich Ihnen den großen Traum meines Patienten erzählen: »Ich bin auf dem Land, in einem einfachen Bauernhaus, zusammen mit einer älteren, mütterlichen Bauersfrau. Ich erzähle ihr von einer großen Reise, die ich vorhabe: ich werde zu Fuß von der Schweiz nach Leipzig gehen. Sie ist außerordentlich beeindruckt, was mich sehr freut. In diesem Augenblick sehe ich durch das Fenster auf eine Wiese, wo Bauern Heu zusammenrechen. Dann ändert sich die Szene. Im Hintergrund taucht eine ungeheuer große Krebs-Echse auf. Das Tier bewegt sich zuerst nach links und dann nach rechts, so daß ich im Winkel stehe, wie in einer offenen Schere. Dann habe ich einen kleinen Stab in der Hand, berühre leicht den Kopf des Monstrums und töte es. Daraufhin stehe ich lange da und betrachte das Ungeheuer.«

Bevor ich an einen solchen Traum herangehe, versuche ich immer, eine Sequenz herzustellen, denn dieser Traum hat eine Vorgeschichte und wird eine Nachgeschichte haben. Er ist ein Teil des psychischen Gewebes, das kontinuierlichen Charakter hat; wir haben keinen Grund anzunehmen, die psychischen Abläufe hätten keine Kontinuität, sowenig wir Grund zur Annahme einer Lücke im Naturablauf haben. Die Natur ist ein Kontinuum, und daher ist sehr wahrscheinlich auch unsere Psyche ein Kontinuum. Der in Frage stehende Traum ist ein Aufblitzen der psychischen Kontinuität, die für einen Augenblick sichtbar geworden ist. Als kontinuierliches Phänomen ist er mit den vorhergegangenen Träumen verbunden. Im letzten Traum hatten wir bereits jene seltsame, schlangenähnliche Bewegung des Eisenbahnzuges gesehen. Dieser Vergleich ist nur eine Hypothese, aber ich muß solche Zusammenhänge aufweisen.

Nach dem Zugtraum ist der Träumer wieder in der Umgebung seiner frühen Kindheit; er ist mit einer mütterlichen Bauersfrau zusammen – ein leichter Hinweis auf die Mutter, wie Sie feststellen werden. Im allerersten Traum beeindruckt er die Dorfknaben durch seine wunderbare Erscheinung im langen Mantel des Herrn Professor. In diesem Traum beeindruckt er die harmlose Frau ebenfalls durch seine Größe und die Größe seines ehrgeizigen Planes, zu Fuß nach Leipzig zu gehen – ein Hinweis auf seine Hoffnung, dort einen Lehrstuhl zu bekommen. Das Monstrum Krebs-Echse liegt jenseits der persönlichen Erfahrung; es ist offensichtlich vom Unbewußten erschaffen worden. Soviel können wir ohne besondere Anstrengung feststellen.

Nun kommen wir zum eigentlichen Kontext. Ich frage ihn:

»Welches sind Ihre Assoziationen zu ›einfaches Bauernhaus‹?« Und zu meinem riesengroßen Erstaunen sagt er: »Es ist das Aussätzigen-Haus St. Jakob bei Basel.« Dieses Haus war eine alte Lepra-Station, und das Gebäude steht noch. Der Ort ist auch berühmt wegen der dort im Jahr 1444 stattgefundenen Schlacht der Schweizer gegen die Truppen des Herzogs von Burgund. Dessen Armee hatte versucht, in die Schweiz einzubrechen, wurde aber von der Vorhut der Schweizer Armee zurückgeschlagen, einem Verband von 1300 Soldaten, die gegen die 30 000 Mann der Burgunder-Armee beim Aussätzigen-Haus von St. Jakob kämpften. Die 1300 Schweizer fielen bis zum letzten Mann, aber durch ihr Opfer verhinderten sie das weitere Vordringen des Feindes. Der heldenhafte Tod dieser 1300 Männer spielt in der Schweizergeschichte eine große Rolle, und kein Schweizer kann darüber ohne patriotische Gefühle sprechen.

Wenn einem ein Träumer eine solche Assoziation liefert, muß man sie in den Kontext des Traumes einsetzen. In diesem Fall heißt das, daß sich der Träumer in einer Lepra-Station befindet. Das Aussätzigen-Haus heißt auf deutsch »Siechenhaus«, wobei die Siechen die Lepra-Kranken sind. So leidet der Träumer also sozusagen an einer abstoßenden, ansteckenden Krankheit; er ist aus der menschlichen Gemeinschaft ausgestoßen, er ist im Siechenhaus. Letzteres ist darüber hinaus durch den verzweifelten Kampf gekennzeichnet, der eine Katastrophe für die 1300 Männer und im übrigen dadurch zustandegekommen war, daß sie die erhaltenen Befehle nicht befolgt hatten. Die Vorhut hatte strenge Anweisung, nicht anzugreifen, sondern zu warten, bis das Gros der Schweizer Armee sie erreicht haben würde. Sobald sie den Feind aber zu Gesicht bekamen, konnten sie sich nicht zurückhalten, stürmten vorwärts, griffen an und wurden natürlich getötet. Hier haben wir wieder das Bild des Vorwärtsstürmens, ohne auf den Zusammenhang mit dem massigen Schwanzende zu achten, und wieder endet die Tat in einer Katastrophe. Das gab mir ein etwas unangenehmes Gefühl, und ich dachte: »Auf was ist dieser Mann aus, welcher Gefahr läuft er in die Arme?« Die Gefahr ist nicht nur der Ehrgeiz oder der Wunsch, mit der Mutter zusammenzusein und einen Inzest zu begehen oder etwas dergleichen. Sie erinnern sich, daß auch der Lokomotivführer sich töricht verhält; er treibt den Zug an trotz der Tatsache, daß das Schwanzende des Zuges noch nicht aus der Kurve ist; er wartet nicht, sondern stürmt nach vorne, ohne an das Ganze zu denken. Das bedeutet, daß der Träumer die Tendenz hat, vorwärtszustürmen, ohne an sein Schwanzende zu denken: er benimmt sich, wie wenn er nur Kopf wäre, so wie sich die Vorhut benahm, als ob sie die ganze Armee wäre, und vergaß, daß sie hätte warten sollen; und weil sie nicht gewartet hatte, wurden alle getötet. Diese Haltung des Patienten ist der Grund für seine Symptome, die jenen der Bergkrankheit gleichen. Er stieg zu hoch, er ist nicht bereit für die Höhe, er vergißt, von wo er ausgegangen ist.

Sie kennen vielleicht den Roman von PAUL BOURGET, *L'Etape*. Es geht darin um das Problem, daß der niedrige Ursprung eines Mannes ihm immer anhängt und daher die Möglichkeiten des sozialen Aufstiegs für ihn sehr begrenzt sind. Das versucht der Traum dem Patienten ins Gedächtnis zu rufen. Jenes Haus und die ältere Bauersfrau führen ihn in seine Kindheit zurück. Es sieht so aus, als würde die Frau sich auf die Mutter beziehen. Man muß mit Annahmen aber vorsichtig sein. Seine Antwort auf meine Frage nach der Frau war: »Das ist meine Vermieterin.« Diese ist eine ältere Witwe, ungebildet und altmodisch, die natürlich in einem einfacheren Milieu lebt als er. Er befindet sich zu hoch oben, und er vergißt, daß der nächstfolgende Teil seines unsichtbaren Selbst die Familie in ihm ist. Da er ein sehr intellektueller Mensch ist, ist Fühlen seine minderwertige Funktion. Sein Fühlen ist völlig undifferenziert und befindet sich daher noch auf der Stufe der Vermieterin. Im Bestreben, der Vermieterin zu imponieren, versuchte er, mit seinem Riesenplan des Fußmarsches nach Leipzig sich selbst zu imponieren.

Was sagte er nun zu der Reise nach Leipzig? »Oh«, sagt er, »das ist mein Ehrgeiz, ich will es weit bringen, ich will einen Lehrstuhl bekommen.« Hier haben Sie das Vorwärtsstürmen, den törichten Versuch, die Bergkrankheit; er will einfach zu hoch steigen. Dieser Traum stammt aus der Zeit vor dem Krieg, und zu jener Zeit war ein Lehrstuhl in Leipzig etwas Wunderbares. Die Fühlfunktion des Träumers war stark verdrängt; daher setzt sie die Werte nicht richtig und ist viel zu naiv. Sie ist noch die Bauersfrau; sein Fühlen ist noch identisch mit seiner Mutter. Es gibt viele fähige und intelligente Männer ohne differenziertes Fühlen, und deshalb ist ihr Fühlen immer mit der Mutter kontaminiert, immer noch in der Mutter, identisch mit der Mutter, und deshalb haben sie mütterliche Gefühle; sie haben wundervolle Gefühle für Babies, für Inneneinrichtungen und ein sehr ordentliches Heim. Es kommt vor, daß solche Männer, wenn sie die Vierzig überschritten haben, männliche Gefühle entdecken, und dann wird es problematisch.

Die Gefühle eines Mannes sind sozusagen diejenigen einer Frau und erscheinen in den Träumen als solche, das heißt als weibliches Wesen. Ich bezeichne diese Figur mit dem Ausdruck *Anima*, weil sie die Personifizierung der minderwertigen Funktion ist, die für den Mann die Verbindung mit dem kol-

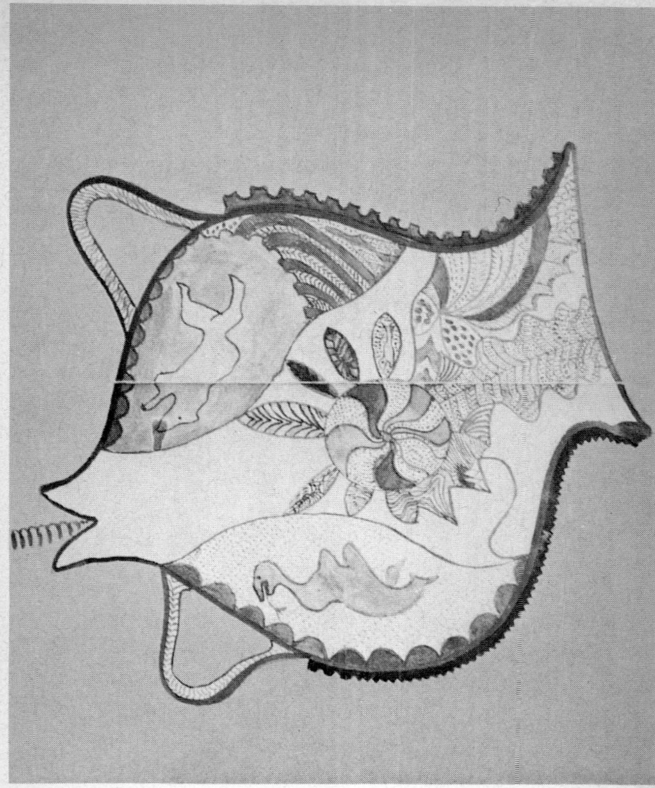

Abb. 14: Bild, von einem Patienten gemalt

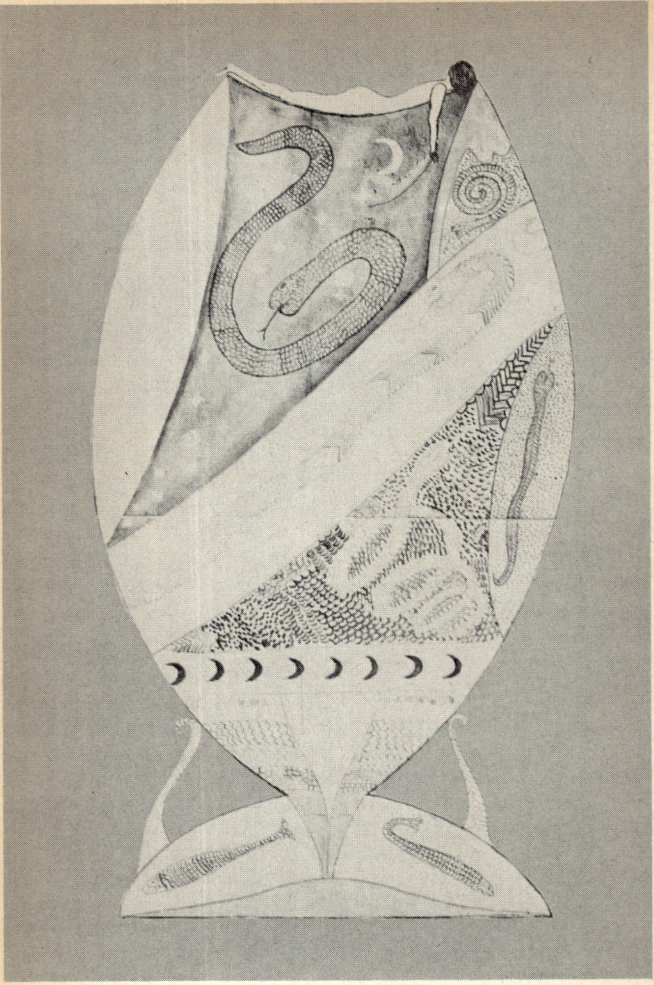

Abb. 15: Bild, von einem Patienten gemalt

lektiven Unbewußten herstellt. Das kollektive Unbewußte stellt sich dem Mann auch als Ganzes in weiblicher Form dar. Der Frau erscheint es in männlicher Form, und dort nenne ich es den *Animus*. Ich wählte den Ausdruck Anima, weil dieser schon immer für den in Frage stehenden psychologischen Vorgang gebraucht worden ist. Die Anima als Personifizierung des kollektiven Unbewußten tritt in den Träumen immer und immer wieder auf[6]. Ich habe ausführliche Statistiken über die Anima-Figur in Träumen gemacht. Auf diese Art gibt man den Figuren empirische Substanz.

Als ich meinen Träumer fragte, was er damit meinte, daß die Bauersfrau von seinem Plan beeindruckt war, sagte er: »Das bezieht sich auf meine Prahlerei. Ich prahle gern vor einer niedriger stehenden Person, um ihr zu zeigen, wer ich bin; wenn ich mit Ungebildeten spreche, stelle ich mich gern stark in den Vordergrund. Leider muß ich immer in einem niedrigeren Milieu leben.« Wenn jemand unter der Minderwertigkeit seines Milieus leidet und den Eindruck hat, er sei zu gut für seine Umgebung, dann liegt der Grund dafür darin, daß er das minderwertige Milieu *in sich selbst* auf das äußere Milieu projiziert und daher an jenen Dingen Anstoß nimmt, an denen er in sich selbst Anstoß nehmen sollte. Anstatt zu sagen: »Ich hasse mein minderwertiges Milieu«, würde er besser sagen: »Ich hasse den Umstand, daß mein eigenes inneres Milieu minderwertig ist.« Er besitzt keine echten Werte, sein Gefühl ist minderwertig. Das ist sein Problem.

In diesem Augenblick schaut er aus dem Fenster und sieht die das Heu zusammenrechenden Bauern. Dieses Bild gibt natürlich auch etwas wieder, was er selbst früher getan hat. Es erinnert ihn an ähnliche Bilder und Situationen: es war Sommer, und es war ziemlich hart, frühmorgens aufzustehen, um während des Tages das Heu zu wenden und abends zusammenzurechen. Natürlich geht es dabei um das ehrliche, einfache Tagewerk solcher Leute. Er vergißt eben, daß nur anständige, einfache Arbeit und nicht die Großmäuligkeit ihn ans Ziel bringen kann. Ich muß noch hinzufügen, daß er bemerkte, er habe in seinem gegenwärtigen Heim ein Bild von Heu rechenden Bauern hängen, und sagte: »Ach, daher kommt das Bild in meinem Traum.« So, als wollte er sagen: »Der Traum ist nichts als ein Bild an der Wand, er ist ohne Bedeutung, ich brauche ihm keine Aufmerksamkeit zu schenken.« In diesem Augenblick verändert sich die Szene. Immer wenn ein solcher Szenenwechsel eintritt, kann man mit ziemlicher Sicherheit annehmen, daß die Darstellung eines unbewußten Gedankens

[6] C. G. JUNG, *Psychologische Typen* (Ges. Werke VI, 1967, Definitionen, Paragr. 887 f). [Vgl. auch *Zwei Schriften über Analytische Psychologie* (Ges. Werke VII, 1964, Paragr. 296 f) sowie *Aion* (Ges. Werke IX/II).]

zu einem Höhepunkt gelangt ist, von dem aus das Motiv nicht weiter entwickelt werden kann.

Im folgenden Teil des Traumes wird es dunkel; die Krebs-Echse tritt auf, offenbar etwas Enormes. Ich fragte ihn: »Wieso der Krebs, wie in aller Welt kommen Sie darauf?« Er sagte: »Das ist ein mythologisches Monstrum, das rückwärts läuft. Der Krebs läuft rückwärts. Ich verstehe nicht, wie ich darauf kam — wahrscheinlich durch ein Märchen oder so etwas.« Alles, was er bis anhin erwähnt hatte, waren Dinge, denen man im realen Leben begegnen kann, Dinge, die wirklich existieren. Aber der Krebs ist keine persönliche Erfahrung, er ist ein Archetyp. Wenn ein Analytiker mit einem Archetyp konfrontiert wird, darf er anfangen zu denken. Im Umgang mit dem *persönlichen* Unbewußten darf man nicht zu viel denken und den Assoziationen des Patienten nichts hinzufügen. Kann man der Persönlichkeit eines Menschen etwas hinzufügen? Man ist selbst eine Persönlichkeit. Insoweit der andere eine Person ist, hat er sein eigenes Leben und sein eigenes Innenleben. Insoweit er aber keine Einzelperson (sondern kollektiv) ist, insoweit er also auch mich ist, hat er die gleiche seelisch-geistige Grundstruktur wie ich, und auf dieser Ebene kann ich als Analytiker zu denken beginnen, kann ich für ihn assoziieren. Ich kann ihm sogar den notwendigen Kontext liefern, da er ihn selbst nicht kennt; er weiß nicht, wo die Krebs-Echse herkommt und hat keine Ahnung, was sie bedeutet. Ich aber weiß es und kann ihm das Material zur Verfügung stellen.

Ich legte ihm dar, daß sich durch alle seine Träume das Heldenmotiv zieht. Er hat auch eine Heldenphantasie über sich selbst, die im letzten Traum an die Oberfläche kommt. Er ist der Held in Gestalt des großen Mannes mit dem langen Mantel und dem großen Plan; er ist der Held, der auf dem Feld der Ehre bei St. Jakob fällt; er wird der Welt zeigen, wer er ist; und er ist ganz offensichtlich der Held, der das Ungeheuer überwältigt. Das Heldenmotiv erscheint ohne Ausnahme zusammen mit dem Drachenmotiv; der Drache und der ihn bekämpfende Held sind zwei Figuren des gleichen Mythus.

Der Drache erscheint in diesem Traum als die Krebs-Echse. Dies erklärt natürlich noch nicht, was der Drache als Ausdruck seiner psychologischen Situation darstellt. Daher richten sich die folgenden Assoziationen auf das Monstrum. Bei dessen Bewegung zuerst nach links und dann nach rechts hat der Träumer den Eindruck, in einem Winkel zu stehen, der sich wie eine offene Schere um ihn schließen könnte. Das wäre tödlich. Er hat FREUD gelesen und deutet die Situation entsprechend als Inzestwunsch, wobei das Monstrum die Mutter wäre, der Winkel der offenen Schere die Beine der Mutter, und er stände dazwischen, entweder als Neugeborener oder im Begriff, in die Mutter zurückzukehren.

Seltsamerweise *ist* in der Mythologie der Drache die Mutter. Man begegnet dem Motiv auf der ganzen Welt, und das Monstrum wird der Mutterdrache genannt[7]. Der Mutterdrache verschlingt das Kind wieder, saugt es nach der Geburt wieder in sich hinein. Die »furchtbare Mutter«, wie sie auch genannt wird, wartet mit weitgeöffnetem Mund im westlichen Meer, und wenn ein Mensch sich nähert, schließt sich der Mund über ihm, und er ist erledigt. Diese monströse Figur ist die Sarcophaga-Mutter, die Fleisch-Fresserin; sie ist, in anderer Form, die Matuta, die Mutter der Toten. Sie ist die Göttin des Todes.

Aber diese Parallelen erklären noch nicht, weshalb der Traum dieses spezielle Bild des Krebses wählte. Ich bin der Auffassung – und wenn ich sage, ich bin der Auffassung, dann habe ich bestimmte Gründe dafür –, daß Darstellungen psychischer Zustände in Bildern wie der Schlange oder der Echse oder des Krebses oder des Mastodons oder ähnlichen Tieren auch organische Tatsachen zum Ausdruck bringen. So stellt zum Beispiel die Schlange sehr oft das cerebro-spinale System dar, insbesondere die niedrigeren Hirnzentren, und ganz besonders die medulla oblongata und die Wirbelsäule. Der Krebs anderseits, der nur ein sympathisches Nervensystem besitzt, verkörpert hauptsächlich den Sympathicus und Parasympathicus des Unterleibs; er hat mit dem Bauch oder Unterleib zu tun. Der Traumtext würde also in der Übersetzung lauten: »Wenn Sie so weitermachen, wird Ihnen Ihr cerebro-spinales und Ihr sympathisches Nervensystem zusetzen und über Ihnen zuschnappen.« Und das ist auch, was in Wirklichkeit geschah. Die Symptome seiner Neurose sind der Ausdruck der Rebellion seines sympathischen und cerebrospinalen Systems gegen die Einstellung seines Bewußtseins.

Die Krebs-Echse stellt die archetypische Vorstellung von Held und Drachen als Todfeinde heraus. In gewissen Mythen stößt man aber auch auf die interessante Version, daß der Held mit dem Drachen nicht nur als Feind verbunden ist. Es gibt im Gegenteil Hinweise darauf, daß der Held selbst der Drache ist. In der skandinavischen Mythologie wird der Held daran erkannt, daß er Schlangenaugen besitzt. Er hat Schlangenaugen, weil er eine Schlange ist. Viele andere Mythen und Legenden enthalten den gleichen Gedanken. Kekrops, der Gründer Athens, war oben ein Mensch und unten eine Schlange. Die Seelen der Helden erscheinen nach dem Tod oft in Schlangenform.

In unserem Traum nun bewegt sich die riesige Krebs-Echse zuerst nach links, und ich fragte den Träumer nach dieser linken Seite. Er sagte: »Der Krebs kennt offenbar den Weg nicht.

[7] [Vgl. C. G. JUNG, *Symbole der Wandlung* (Ges. Werke V/II).]

Links ist die ungünstige Seite. Links ist sinister.« Sinister bedeutet in der Tat links und ungünstig. Aber die rechte Seite ist für das Ungetüm auch nicht günstig, denn in seiner Bewegung nach rechts wird es vom Stab berührt und getötet. Nun kommen wir zum Standort des Träumers im Winkel zwischen den Bewegungen des Monstrums, eine Situation, die er auf Anhieb als Inzest interpretierte. Er sagte: »Tatsächlich fühlte ich mich von beiden Seiten umzingelt wie ein Held, der sich in einen Drachenkampf begibt.« So war er sich also selbst des Heldenmotivs bewußt.

Aber im Gegensatz zum mythischen Helden bekämpft er den Drachen nicht mit einer Waffe, sondern mit einem Zauberstab. Er sagte: »Wegen seiner Wirkung auf das Ungeheuer scheint es ein Zauberstab zu sein.« Zweifellos entledigt er sich des Krebses auf magische Weise. Der Stab ist wiederum ein mythologisches Symbol. Es enthält häufig sexuelle Hinweise, und sexuelle Magie ist ein Schutzmittel gegen Gefahr. Sie werden sich auch erinnern, wie während des Erdbebens von Messina[8] die Natur gegenüber der überwältigenden Zerstörung gewisse Instinktreaktionen hervorbrachte.

Der Stab ist ein Werkzeug, und Werkzeuge im Traum bedeuten das, was sie tatsächlich sind: Werkzeuge des Menschen, um seinen Willen in die Tat umzusetzen. Das Messer zum Beispiel ist mein Wille zu schneiden; durch die Benutzung eines Speeres verlängere ich meinen Arm, mit einem Gewehr kann ich meinen Wirkungsbereich und meinen Einfluß auf eine große Entfernung ausdehnen; mit einem Teleskop tue ich das gleiche hinsichtlich meiner Augen. Ein Instrument ist ein Mechanismus, der meinen Willen, meine Intelligenz, meine Fähigkeiten und meine Geschicklichkeit darstellt. Werkzeuge im Traum symbolisieren einen entsprechenden psychologischen Mechanismus. Nun ist aber das Werkzeug des Träumers ein Zauberstab. Er benutzt ein wunderbares Etwas, um das Monstrum, das heißt, sein niedriges Nervensystem, hinwegzuzaubern. Er kann mit solchem Unsinn in kürzester Zeit und ohne jegliche Anstrengung fertigwerden.

Was heißt dies konkret? Es heißt, daß er einfach meint, die Gefahr bestehe gar nicht. So macht man es ja gewöhnlich. Man denkt einfach, etwas ist nicht, und dann ist es nicht mehr da. So verhalten sich Leute, die nur aus Kopf bestehen. Sie benützen ihren Intellekt, um die Dinge wegzudenken; sie argumentieren sie weg. Sie sagen: »Das ist Unsinn, daher kann es nicht sein, und daher ist es nicht.« Das tut der Träumer ebenfalls. Er argumentiert das Ungeheuer hinweg. Er sagt: »So

[8] Der Hinweis bezieht sich auf die Erdbeben-Katastrophe von 1908, bei der diese sizilianische Stadt zu 90 % zerstört wurde und 60 000 Menschen umkamen.

etwas wie eine Krebs-Echse gibt es nicht, es gibt keinen mir entgegenstehenden Willen; ich werde das alles los, ich denke es einfach weg. Ich denke, es sei die Mutter, mit der ich einen Inzest begehen will, und damit ist die Sache erledigt, denn so etwas tue ich nicht.« Ich sagte: »Sie haben das Tier getötet – warum, glauben Sie, haben Sie es nachher so lange betrachtet?« Er antwortete: »O ja, natürlich ist es wunderbar, mit einem solchen Geschöpf so leicht fertig zu werden.« Ich sagte: »Ja, das ist allerdings wunderbar!«

Dann sagte ich ihm, was ich von der Situation hielt. Ich sagte: »Sehen Sie, die beste Art, mit einem Traum umzugehen, ist, sich selbst als unwissendes Kind oder als Jüngling vorzustellen, der zu einem zwei Millionen Jahre alten Mann oder zur Urmutter gelangt und fragt: ›Was hältst du von mir?‹ Sie würde zu Ihnen sagen: ›Sie haben einen ehrgeizigen Plan, und das ist sehr töricht, denn Ihre eigenen Instinkte stehen Ihnen entgegen. Ihre eigenen begrenzten Fähigkeiten blockieren Ihnen den Weg. Sie wollen das Hindernis durch die Magie Ihres Denkens beseitigen. Sie glauben, Sie können es durch die Kunststücke Ihres Intellektes hinwegzaubern, aber glauben Sie mir, Sie werden noch daran denken.‹« Dann sagte ich ihm noch das folgende: »Ihr Traum enthält eine Warnung. Sie benehmen sich genau wie der Lokomotivführer oder wie die Schweizer, die tollköpfig genug waren, um ohne Unterstützung durch die Nachhut gegen den Feind anzurennen, und wenn Sie so weitermachen, kommt es zur Katastrophe.«

Er war überzeugt, daß ein solcher Standpunkt die Dinge viel zu ernst nahm. Es schien ihm viel wahrscheinlicher, daß Träume aus unvereinbaren Wünschen entstehen und daß er wirklich einen unbewußten Inzestwunsch hatte, der dem Traum zugrunde lag; er glaubte, daß er sich diesen Inzestwunsch nun bewußt gemacht hatte, davon befreit war und nach Leipzig gehen konnte. Ich sagte: »Also denn, bon voyage.« Er kam nicht wieder, verfolgte seine Pläne weiter, und es dauerte ungefähr drei Monate, bis er seine Stellung verlor und vor die Hunde ging. Es war mit ihm zu Ende. Er rannte gegen die tödliche Gefahr jener Krebs-Echse an und wollte die Warnung nicht verstehen. Ich will Sie aber nicht zu pessimistisch machen. Es gibt auch Leute, die ihre Träume wirklich verstehen und Schlußfolgerungen daraus ziehen, die zu einer besseren Lösung ihrer Probleme führen.

Dr. Charles Brunton:
Ich weiß nicht, ob es fair ist, über Träume von jemandem zu sprechen, der nicht hier ist, aber ich habe eine kleine Tochter von fünfundeinhalb Jahren, die kürzlich zwei Träume hatte, aus denen sie in der Nacht aufwachte. Der erste Traum trat Mitte August auf, und sie erzählte ihn so: »Ich sehe ein Rad, das den Weg herunterrollt und mich brennt.« Das war alles, was ich aus ihr herausbringen konnte. Am nächsten Tag schlug ich ihr vor, ein Bild davon zu zeichnen, aber sie wollte nichts mehr damit zu tun haben, und daher insistierte ich nicht. Den anderen Traum hatte sie vor ungefähr einer Woche, und diesmal war es »ein Käfer, der mich zwickte«. Mehr konnte ich nicht erfahren. Ich weiß nicht, ob Sie sich dazu äußern wollen. Das einzige, was ich noch beifügen möchte, ist, daß sie den Unterschied zwischen einem Käfer und einem Krebs kennt. Sie ist sehr tierliebend.

C. G. Jung:
Sie müssen berücksichtigen, daß es sehr schwierig und nicht ganz fair ist, über Träume von jemandem zu sprechen, den man nicht kennt; aber ich will Ihnen sagen, was man aus der Symbolik erkennen kann. Der Käfer hat meines Erachtens mit dem sympathischen Nervensystem zu tun. Ich würde daher aus diesem Traum schließen, daß in dem Kind gewisse psychologische Prozesse vorgehen, die sein sympathisches Nervensystem berühren, was Darm- oder andere Bauchbeschwerden auslösen kann. Das Vorsichtigste, was man sagen kann, ist, daß eine gewisse Zusammenballung von Energie im sympathischen Nervensystem vorliegt, was leichte Störungen verursacht. Dies wird durch das Symbol des Feuerrades bestätigt. Das Rad in diesem Traum scheint ein Sonnenrad zu sein, und in der tantrischen Philosophie entspricht das Feuer dem sogenannten *manipura chakra*, das im Bauch lokalisiert ist. Manchmal findet man in den einer Epilepsie vorausgehenden Symptomen die Vorstellung eines sich innerlich drehenden Rades. Dies drückt ebenfalls etwas aus, das mit dem sympathischen Nervensystem zu tun hat. Das Bild des sich drehenden Rades erinnert an das Rad, auf dem Ixion gekreuzigt wurde. Der Traum des kleinen Mädchens ist ein archetypischer Traum, einer jener seltsamen archetypischen Träume, die Kinder zuweilen haben.

Ich erkläre mir solche archetypischen Träume bei Kindern dadurch, daß das Kind, wenn es anfängt zu spüren, daß es ist und das Bewußtsein zu erwachen beginnt, eben doch noch eng mit der ursprünglichen Welt verbunden ist, aus der es gerade erst auftauchte: mit dem Zustand tiefer Unbewußtheit. Daher stellt man bei vielen Kindern fest, daß sie Inhalte des kollektiven Unbewußten wahrnehmen, ein Umstand, der in einigen östlichen Religionen als Erinnerung an frühere Existenzen gedeutet wird. So spricht zum Beispiel die tibetische Philosophie von der »Bardo-Existenz« und vom Zustand des Geistes zwischen Tod und Wiedergeburt[9]. Die Vorstellung einer früheren Existenz ist eine Projektion der frühkindlichen psychologischen Situation. Kleine Kinder nehmen noch mythologische Inhalte wahr, und wenn diese Inhalte zu lange im Bewußtsein bleiben, läuft man Gefahr, sich überhaupt nicht anpassen zu können; man wird dauernd von der Sehnsucht verfolgt, bei der ursprünglichen Vision zu bleiben oder zu ihr zurückzukehren. Von Dichtern und Mystikern kennen wir sehr schöne Beschreibungen solcher Erfahrungen.

Im allgemeinen wird im Alter von vier bis sechs Jahren der Schleier des Vergessens über diese Dinge gezogen. Ich habe aber auch Fälle außergewöhnlich sensibler Kinder gesehen, die diese psychischen Tatsachen in außergewöhnlichem Maße wahrnehmen, ihr Leben in archetypischen Träumen zubrachten und sich nicht anpassen konnten. Kürzlich erlebte ich den Fall eines zehnjährigen Mädchens, das einige überaus erstaunliche mythologische Träume hatte[10]. Ihr Vater konsultierte mich deswegen. Ich konnte ihm nicht sagen, was ich dachte, denn die Träume enthielten eine unheimliche Prognose. Das Mädchen starb ein Jahr später an einer Infektionskrankheit. Es war nie ganz geboren worden.

Dr. Leonhard F. Browne:
Ich möchte Sie etwas über die Interpretation der Träume fragen, die Sie uns heute vorlegten. Angesichts der Tatsache, daß der Patient die Deutung nicht annehmen konnte, wüßte ich gern, ob diese Schwierigkeit durch eine andere Technik hätte überwunden werden können.

C. G. Jung:
Wenn ich die Absicht hätte, ein Missionar zu sein oder ein Heiland, hätte ich einen klugen Trick angewandt. Ich hätte zum Patienten gesagt: »Ja, natürlich ist das der Mutterkomplex«, und wir hätten uns in diesem Jargon einige Monate lang weiter unterhalten können, und vielleicht hätte ich ihn am Ende dort gehabt, wo ich ihn haben wollte. Ich weiß aber aus Erfahrung, daß so etwas nicht von gutem ist; man sollte Leute

[9] Vgl. Psychologischer Kommentar zu W. Y. Evans-Wentz, *Das Tibetanische Totenbuch* [(Ges. Werke XI, 1963, Paragr. 759 f).]

[10] [Vgl. C. G. Jung, »Zugang zum Unbewußten«. In: *Der Mensch und seine Symbole, 1968.* Der Fall wird auch besprochen in J. Jacobi, *Komplex Archetypus, Symbol,* 1957, S. 159 f.]

nicht überlisten, nicht einmal, wenn es zu ihrem Vorteil ist. Ich will niemanden aus einem falschen Glauben herausmanövrieren. Vielleicht war es für jenen Mann besser, vor die Hunde zu gehen, als durch falsche Mittel gerettet zu werden. Ich hindere die Menschen nie. Wenn jemand sagt: »Ich nehme mir das Leben, wenn —«, dann sage ich: »Wenn das Ihre Absicht ist, dann habe ich nichts dagegen.«

Dr. Browne:
Wissen Sie etwas darüber, ob die Symptome der Bergkrankheit geheilt wurden?

C. G. Jung:
Der Patient verlor seine Neurose, als es mit ihm im Leben bergab ging. Er war kein Mensch, der auf eine Höhe von 2000 m gehört; er gehörte weiter hinunter. Er wurde minderwertig, anstatt neurotisch zu sein. Ich sprach einmal mit dem Chef einer großen amerikanischen Institution zur Erziehung krimineller Kinder, und da erfuhr ich etwas sehr Interessantes. Sie haben dort zwei Kategorien von Kindern. Die Mehrheit von ihnen fühlt sich beim Eintritt in die Anstalt viel besser; diese Kinder entwickeln sich recht gut und normal und wachsen mit der Zeit über ihre ursprünglichen schlechten Seiten hinaus. Die Kinder der anderen Kategorie, die Minorität, werden hysterisch, wenn sie versuchen, nett und normal zu sein. Das sind die geborenen Verbrecher, die man nicht ändern kann. Sie sind normal, wenn sie Böses tun. Wir fühlen uns ja auch nicht ganz behaglich, wenn wir uns tadellos benehmen, wir fühlen uns viel besser, wenn wir ein wenig unrecht tun. Das kommt daher, daß wir nicht vollkommen sind. Wenn die Hindus einen Tempel bauen, lassen sie eine Ecke unvollendet; nur die Götter können etwas vollkommen gut machen, der Mensch kann es niemals. Es ist viel besser zu wissen, daß man nicht vollkommen ist, denn dann fühlt man sich viel wohler. So ist es auch mit diesen Kindern, und so ist es mit unserm Patienten. Es ist falsch, Menschen aus ihrem Schicksal herauszubetrügen und ihnen helfen zu wollen, über ihr Niveau hinauszugehen. Wenn jemand die Möglichkeit in sich hat, sich anpassen zu können, muß man ihm mit allen Mitteln helfen; wenn es aber wirklich seine Aufgabe ist, sich *nicht* anzupassen, dann muß man ihm mit allen Mitteln helfen, es nicht zu tun, denn dann ist es richtig für ihn.

Was würde aus der Welt, wenn alle Menschen angepaßt wären? Sie wäre über alle Maßen langweilig. Es muß Leute geben, die sich falsch benehmen; sie dienen den Normalen als Sündenböcke und als Gegenstand des Interesses. Denken Sie nur, wie dankbar wir für Kriminalromane und Zeitungen sind, weil wir uns sagen können: »Gott sei Dank bin ich nicht wie der Bursche, der das Verbrechen begangen hat, ich bin ein vollkommen unschuldiges Geschöpf.« Man fühlt sich befriedigt, weil die bösen Leute es für einen getan haben. Hierin liegt der tiefere Sinn der Tatsache, daß Christus als Erlöser zwischen zwei Räubern gekreuzigt wurde. Diese Räuber waren in ihrer Art ebenfalls Erlöser der Menschheit, sie waren die Sündenböcke.

Frage:
Ich möchte gern etwas über die psychologischen Funktionen fragen, wenn wir damit nicht zu weit zurückgehen. In Beantwortung einer Frage sagten Sie gestern abend, daß es keinen Anhaltspunkt gebe, um eine der vier Funktionen an sich als höherwertig anzusehen, und Sie sagten auch, daß alle vier Funktionen gleichmäßig differenziert werden müßten, um eine volle und sachgemäße Erkenntnis der Welt zu erlangen. Wollen Sie damit sagen, daß es in jedem Fall möglich ist, die vier Funktionen gleichmäßig zu differenzieren, oder daß das durch Erziehung erreicht werden kann?

C. G. Jung:
Ich glaube nicht, daß es menschenmöglich ist, alle vier Funktionen gleichmäßig zu differenzieren, sonst wären wir vollkommen wie Gott, und das wird sicher nie geschehen. Es gibt immer einen Fehler im Kristall. Die Vollkommenheit erreichen wir nie. Im übrigen würden wir die vier Funktionen, wenn wir sie gleichmäßig differenzieren könnten, nur zu bewußt verwendbaren Funktionen machen. Dann würden wir aber die wertvollste Verbindung mit dem Unbewußten durch die minderwertige Funktion verlieren, die immer die schwächste ist; nur durch unsere Schwäche und Unfähigkeit sind wir mit dem Unbewußten, mit der niedrigeren Welt der Instinkte und mit unsern Mitmenschen verbunden. Unsere Tugenden befähigen uns, unabhängig zu sein. In diesem Zustand brauchen wir niemanden, hier sind wir Könige; aber in unserer Minderwertigkeit sind wir mit der Menschheit wie auch mit der Welt unserer Instinkte verbunden. Es wäre nicht einmal von Vorteil, alle Funktionen vollkommen zu haben, denn dann wäre man völlig isoliert. Ich habe keinen Vollkommenheitswahn. Mein Grundsatz ist: Seid um Gottes willen nicht vollkommen, versucht aber mit allen Mitteln, vollständig zu sein – was immer das im Einzelfall bedeuten mag.

Frage:
Darf ich fragen, was vollständig heißt? Wollen Sie darüber etwas mehr sagen?

C. G. JUNG:
Ich muß auch etwas Ihren eigenen geistigen Anstrengungen überlassen. Es wäre sicher ganz amüsant für Sie, auf Ihrem Heimweg zum Beispiel darüber nachzudenken, was vollständig sein heißt. Man soll den Menschen nicht das Vergnügen nehmen, etwas zu entdecken. Vollständigsein ist ein sehr großes Problem; darüber zu reden ist unterhaltsam, aber es zu sein — darum geht es.

Frage:
Wie paßt die Mystik in Ihr Schema?

C. G. JUNG:
In welches Schema?

Antwort:
Das Schema der Psychologie und der Psyche.

C. G. JUNG:
Sie müßten natürlich zuerst definieren, was Sie unter Mystik verstehen. Nehmen wir an, Sie haben Menschen im Auge, die mystische Erfahrungen haben. Mystiker sind Menschen mit einer besonders lebhaften Erfahrung der Abläufe im kollektiven Unbewußten. Mystische Erfahrung ist die Erfahrung der Archetypen.

Frage:
Gibt es einen Unterschied zwischen archetypischen Formen und mystischen Formen?

C. G. JUNG:
Ich mache keinen Unterschied zwischen den beiden. Wenn Sie die Erscheinungsarten mystischer Erfahrung studieren, begegnen Sie viel Interessantem. Sie wissen zum Beispiel alle, daß unser christlicher Himmel ein männlicher Himmel und das weibliche Element nur geduldet ist. Die Mutter Gottes ist nicht göttlich, sie ist nur die Ur-Heilige; sie bittet für uns am Throne Gottes, aber sie ist nicht Teil der Gottheit. Sie gehört nicht zur Dreieinigkeit.

Nun haben aber manche christlichen Mystiker andere Erlebnisse gehabt. Wir haben zum Beispiel einen Schweizer Mystiker, NIKLAUS VON DER FLÜE[11]. Er erlebte einen Gott und eine Göttin. Dann gab es einen Mystiker des dreizehnten Jahrderts, GUILLAUME DE DIGUILEVILLE, der die *Pélerinage de l'âme de Jésus Christ*[12] geschrieben hat. Wie DANTE hatte er eine

[11] [*Bruder Klaus* (Ges. Werke XI, 1963).]
[12] [Vgl. C. G. JUNG, *Psychologie und Alchemie* (Ges. Werke XII).]

Vision vom höchsten Himmel als dem »ciel d'or«, und dort saß auf einem Thron, der tausendmal heller war als die Sonne, *le Roi*, der Gott selbst ist, und neben ihm auf einem Kristallthron von bräunlicher Farbe *la Reine*, vermutlich die Erde. Diese Vision liegt außerhalb der Trinitätsidee, sie ist ein mystisches Erlebnis archetypischer Natur, die das weibliche Element einschließt. Die Trinität ist ein dogmatisches Bild, das auf einem Archetyp ausschließlich männlicher Art beruht. In der Frühkirche wurde die gnostische Interpretation des Heiligen Geistes als weiblich für Ketzerei erklärt.

Dogmatische Bilder wie die Trinität sind Archetypen, die zu abstrakten Vorstellungen geworden sind. Es gibt aber eine große Anzahl mystischer Erlebnisse innerhalb der Kirche, deren archetypischer Charakter noch sichtbar ist. Sie enthalten daher manchmal ein ketzerisches oder heidnisches Element. Denken Sie zum Beispiel an den Heiligen Franz von Assisi. Er konnte nur dank der großen diplomatischen Fähigkeiten von Papst Bonifaz VIII. der Kirche assimiliert werden. Man braucht nur an seine Beziehung zu den Tieren zu denken, um die Schwierigkeit zu verstehen. Die Tiere waren, wie die ganze Natur, für die Kirche tabu. Und doch gibt es heilige Tiere wie das Lamm, die Taube, und in der Frühkirche den Fisch, die religiöse Verehrung erfuhren.

Frage:
Würden Sie uns Ihre Auffassung bekanntgeben über den Unterschied zwischen der Dissoziation in der Hysterie und in der Schizophrenie?

C. G. Jung:
Bei der Hysterie stehen die dissoziierten Persönlichkeiten noch in einer gewissen Beziehung zueinander, so daß man immer den Eindruck einer ganzen Person hat. Zu einer Hysterika kann man einen Rapport herstellen, man bekommt eine Gefühlsreaktion von der ganzen Person. Es besteht nur eine oberflächliche Trennung zwischen gewissen Erinnerungsabteilen, aber die Grundpersönlichkeit ist immer da. Bei der Schizophrenie ist das anders. Hier steht man nur Fragmenten gegenüber, nirgends ist ein Ganzes. Es versetzt einem daher einen furchtbaren Schock, wenn ein Freund oder Verwandter, den man gut gekannt hat, geisteskrank wird und man einer fragmentarischen Persönlichkeit gegenübersteht, die vollständig aufgesplittert ist. Man kann dann nur mit einem Fragment aufs Mal umgehen; es ist wie ein Glassplitter. Man spürt die Kontinuität der Persönlichkeit nicht mehr. Bei einem Fall von Hysterie denkt man: Wenn man nur diese Verdunkelung oder diese Art von Somnabulismus wegwischen könnte, dann hät-

ten wir die Gesamtheit der Persönlichkeit. Bei der Schizophrenie hingegen liegt eine tiefe Dissoziation der Persönlichkeit vor; die Fragmente können nicht mehr zusammenkommen.

Frage:
Kann man diesen Unterschied in noch klareren psychologischen Begriffen ausdrücken?

C. G. Jung:
Es gibt gewisse Grenzfälle, bei denen man die Teile zusammenflicken kann, wenn man in der Lage ist, die verlorenen Inhalte zu reintegrieren. Ich will Ihnen einen Fall erzählen. Eine Frau war zweimal mit einem typischen schizophrenen Schub in der Nervenklinik gewesen. Als sie zu mir kam, ging es ihr besser, aber sie war noch in einem halluzinatorischen Zustand. Ich sah, daß es möglich war, den Zugang zu den abgespaltenen Teilen zu finden. Daher ging ich mit ihr alle Einzelheiten der Erlebnisse durch, die sie in der Klinik hatte; wir sprachen über ihre Stimmen und ihre Sinnestäuschungen, und ich erklärte ihr jede Einzelheit, so daß sie sie an ihr Bewußtsein anschließen konnte. Ich zeigte ihr, was diese unbewußten Inhalte waren, die während ihrer Geisteskrankheit in ihr aufstiegen, und da sie ein intelligenter Mensch war, gab ich ihr Bücher zu lesen, so daß sie sich ein großes Wissen aneignete, vor allem psychologisches Wissen, und die Teile selbst zusammenfügen konnte. Die Bruchlinien waren natürlich immer noch vorhanden, und sooft sie später wieder eine neue Welle der Desintegration hatte, sagte ich ihr, sie solle ein Bild von dieser speziellen Situation malen oder zeichnen, um so ein Bild ihres ganzen Wesens zu erhalten, das ihren Zustand objektivieren würde. Das tat sie auch. Sie brachte mir eine ganze Anzahl solcher Bilder, die ihr Hilfe brachten, als sie das Gefühl hatte, wieder auseinanderzubrechen. Auf diese Weise habe ich sie während ungefähr 12 Jahren über Wasser gehalten, und sie hatte keine Anfälle mehr, die eine Einweisung in die Anstalt nötig gemacht hätten. Sie brachte es immer fertig, die Anfälle durch die Objektivierung ihrer Inhalte abzuwehren. Darüber hinaus sagte sie mir, daß sie immer, wenn sie ein solches Bild gemalt hatte, zu ihren Büchern griff und ein Kapitel über eines seiner Hauptzüge nachlas, um es so in einen Zusammenhang mit der Menschheit als Ganzes zu bringen, mit dem, was Menschen wissen, mit dem kollektiven Bewußtsein; und dann fühlte sie sich wieder in Ordnung. Sie sagte, sie fühlte sich angepaßt und sei nicht mehr dem kollektiven Unbewußten ausgeliefert.

Nicht alle Fälle sind so gut zugänglich wie dieser, wie Sie sich wohl denken können. Grundsätzlich kann ich die Schizophrenie nicht heilen. Hie und da, unter sehr glücklichen Umständen, kann ich die Fragmente verbinden. Ich tue es aber nicht gern, da es eine ungeheuer schwierige Aufgabe ist.

Vierte Vorlesung

Der Vorsitzende, Dr. Emanuel Miller:
Ich will Ihnen nichts von Professor Jungs Zeit wegnehmen, sondern nur meiner großen Freude Ausdruck geben, heute abend Vorsitzender sein zu dürfen. Allerdings ist damit ein großer Nachteil verbunden: Leider war es mir nicht möglich gewesen, an den bisherigen Vorlesungen teilzunehmen, und daher weiß ich nicht, bis zu welchen Tiefen des Unbewußten Professor Jung Sie bereits geführt hat. Ich nehme aber an, daß er heute abend mit der Darstellung seiner Methode der Traumanalyse fortfahren wird.

C. G. Jung:
Die Deutung eines tiefgründigen Traumes, wie der letzte einer war, ist immer ungenügend, wenn sie in der persönlichen Sphäre verbleibt. Dieser Traum enthält ein archetypisches Bild, und das ist immer ein Hinweis darauf, daß die psychologische Situation des Träumers sich über die rein persönliche Schicht des Unbewußten hinaus erstreckt. Sein Problem ist nicht mehr nur etwas Persönliches, sondern etwas, das die Probleme der Menschheit als Ganzes berührt. Das Symbol des Monstrums legt das nahe. Dieses Symbol bringt den Heldenmythus herauf, und die Assoziation mit der Schlacht bei St. Jakob, die sich aus der Lokalisierung der Traumszene ergibt, ist ebenfalls von allgemeinem Interesse.

Es ist von großer therapeutischer Bedeutung, einen allgemeinen Gesichtspunkt anwenden zu können. Die moderne Therapie ist sich dessen nicht mehr bewußt, aber in der antiken Medizin war es bekannt, daß die Möglichkeit, die persönliche Krankheit auf ein höheres und unpersönlicheres Niveau zu erheben, von heilender Wirkung war. Im alten Ägypten zum Beispiel wurde, wenn jemand von einer Schlange gebissen worden war, der Priesterarzt gerufen, der aus der Tempelbibliothek das Manuskript über den Mythus von Ṛe und seiner Mutter Isis holte und diesen vorlas. Isis hatte einen giftigen Wurm geschaffen und im Sand verborgen, der Gott Re trat auf die Schlange und wurde von ihr gebissen; er litt furchtbare Schmerzen und war dem Tod nahe. Daher veranlaßten die Götter Isis, einen Zauber zu bereiten, der das Gift aus ihm herauszog[1]. Es ging dabei um die Vorstellung, daß der Patient durch die Erzählung so beeindruckt würde, daß er geheilt wäre. Für uns tönt das ganz unmöglich. Wir können uns nicht vorstellen, daß das Vorlesen einer Geschichte aus Grimms Märchen zum Beispiel einen Typhus oder eine Lungenentzündung heilen würde. Aber wir rechnen eben nur mit unserer modernen rationalen Psychologie. Um die Wirkung zu verstehen, müssen wir die Psychologie der alten Aegypter berücksichtigen, die völlig anders war. Sogar bei uns können gewisse Dinge Wunder wirken; zuweilen kann geistliche Tröstung oder psychologischer Einfluß eine Krankheit heilen oder wenigstens mithelfen, sie zu heilen. Und das natürlich vor allem bei Menschen, die auf einer primitiveren Stufe leben und eine eher archaische Psychologie besitzen.

Im Osten ist ein großer Teil der praktischen Therapie auf diesem Prinzip der Erhebung des bloß persönlichen Leidens auf die Ebene einer allgemeingültigen Situation aufgebaut. Die Medizin der alten Griechen arbeitete ebenfalls mit dieser Methode. Natürlich muß das kollektive Bild oder seine Anwendung mit der besonderen psychologischen Situation des Patienten übereinstimmen. Der Mythus oder die Legende entsteht aus archetypischem Material, das in der Krankheit konstelliert wird, und die psychologische Wirkung besteht darin, den Patienten an den allgemein-menschlichen Sinn seiner besonderen Situation anzuschließen. Der Schlangenbiß zum Beispiel ist eine archetypische Situation, weshalb er auch als Motiv in vielen Erzählungen vorkommt. Wenn die der Krankheit zugrundeliegende archetypische Situation in der richtigen Art und Weise zum Ausdruck gebracht werden kann, so ist der Patient geheilt. Wird kein entsprechender Ausdruck gefunden, dann wird der Patient auf sich selbst, in den isolierten Zustand des Krankseins zurückgeworfen; er ist allein und hat keine Verbindung mit der Welt. Wenn ihm aber gezeigt wird, daß sein besonderes Leiden nicht nur *sein* Leiden ist, sondern ein allgemeines – sogar das Leiden eines Gottes – dann befindet er sich in der Gemeinschaft von Menschen und Göttern, und dieses Wissen erzeugt eine heilende Wirkung. Die moderne geistliche Therapie geht in der gleichen Weise vor: Schmerz oder Krankheit wird mit dem Leiden Christi verglichen, und diese Vorstellung wirkt tröstlich. Das Individuum wird aus seiner elenden Einsamkeit herausgehoben und er-

[1] »Und Isis, die große Zauberin, sagte: ›Fließe, Gift, und komme aus Re heraus ... Ich habe gearbeitet, und ich mache, daß das Gift auf den Boden fällt, denn das Gift ist überwunden worden ... Lasse Re leben und laß das Gift sterben; und wenn das Gift lebt, soll Re sterben.‹ Und ebenso soll ein gewisser Mann, der Sohn eines gewissen Mannes, leben, und das Gift soll sterben.« E. A. WALLIS BUDGE, *Egyptian Literature* I, 1912, S. 55.

weist sich als ein Mensch mit einem heldenhaften, sinnvollen Schicksal, das, wie das Leiden und Sterben eines Gottes, letzten Endes der ganzen Welt zugute kommt. Wenn einem alten Aegypter gezeigt wurde, daß er das Schicksal von Re, dem Sonnengott, erlitt, stieg er unmittelbar zum Rang des Pharao, dem Sohn und Stellvertreter der Götter auf, und so wurde der gewöhnliche Mensch selbst zum Gott. Dieser Vorgang setzte eine derartige Energiefülle frei, daß wir sehr gut verstehen können, wie der Patient dadurch aus seinen Schmerzen herausgehoben wurde. In einer besonderen Seelenverfassung können Menschen sehr viel aushalten. Die Primitiven können unter bestimmten Umständen auf glühenden Kohlen gehen und sich die furchtbarsten Verletzungen zufügen, ohne Schmerz zu empfinden. Und so kann auch sehr wahrscheinlich ein eindrückliches und der Lage entsprechendes Symbol die Kräfte des Unbewußten derart in Bewegung setzen, daß sogar das Nervensystem beeinflußt wird und der Körper wieder normal funktioniert.

Auch beim Vorliegen eines psychologischen Leidens — das ja den Betroffenen immer von den sogenannten normalen Menschen isoliert — ist es von größter Wichtigkeit, einsehen zu können, daß der Konflikt nicht nur ein persönliches Versagen ist, sondern gleichzeitig ein Leiden, das jedermann angeht, und ein Problem, das der ganzen Epoche aufgebürdet ist. Dieser allgemeine Gesichtspunkt hebt den einzelnen aus sich heraus und verbindet ihn mit der Menschheit. Das Leiden braucht nicht einmal eine Neurose zu sein; es kann unter ganz normalen Umständen auftreten. Wenn man zum Beispiel in einer wohlhabenden Umgebung lebt und plötzlich all sein Geld verliert, empfindet man das natürlicherweise als eine Schande und etwas Furchtbares; man kommt sich vor, als sei man der einzige, der so töricht sein könnte, sein Geld zu verlieren. Verlieren aber alle ihr Geld, so ist das etwas ganz anderes, und man kann sich mit dem Schicksal versöhnen. Sowie andere sich in der gleichen mißlichen Lage befinden wie man selbst, fühlt man sich schon besser. Wenn sich jemand in der Wüste verirrt oder ganz allein auf einem Gletscher steht, oder wenn er in einer gefährlichen Situation eine Gruppe von Menschen zu führen hat, wird ihm das furchtbar sein. Als Soldat in einem ganzen Bataillon hingegen wird er sich mit Hallo und Scherzen zu den andern gesellen und die Gefahr, in der sie stehen, nicht erkennen. Die Gefahr ist nicht geringer, aber der einzelne erlebt sie ganz anders in der Gruppe, als wenn er ihr allein gegenübersteht.

Immer wenn archetypische Figuren in Träumen auftreten, vor allem in den späteren Phasen der Analyse, erkläre ich dem Patienten, daß sein Fall nicht vereinzelt dastehe und nur persönlichen Charakter habe, sondern daß seine Psychologie sich einer Ebene nähere, die allgemeinmenschlich ist. Dieser Gesichtspunkt ist sehr bedeutsam, denn ein Neurotiker fühlt sich entsetzlich isoliert und über seine Neurose beschämt. Wenn er aber weiß, daß sein Problem ein allgemeines und nicht nur ein persönliches ist, dann ändert sich vieles. Im Falle unseres Träumers hätte ich, wenn er mit der Behandlung fortgefahren wäre, auf die Tatsache hingewiesen, daß das Motiv seines letzten Traumes einer allgemeinmenschlichen Situation entspricht. Er hatte in seinen eigenen Assoziationen den Held-Drachen-Konflikt erkannt.

Der Kampf des Helden mit dem Drachen ist als Symbol einer typischen menschlichen Situation ein sehr häufiges mythologisches Motiv. Eine der ältesten literarischen Darstellungen davon ist der babylonische Schöpfungsmythus, in dem der Geld-Gott Marduk den Drachen Tiamat bekämpft. Marduk ist der Frühlungsgott und Tiamat der Mutterdrache, das Ur-Chaos. Marduk tötet sie und spaltet sie in zwei Teile. Aus der einen Hälfte macht er den Himmel und aus der andern die Erde[2].

Eine noch auffallendere Parallele zu unserm Fall ist das große babylonische Gilgamesch-Epos[3]. Gilgamesch ist wirklich ein *arriviste par excellence*, ein Mann mit ehrgeizigen Plänen wie unser Träumer und ein großer König und Held. Alle Menschen arbeiten wie Sklaven für ihn am Bau einer Stadt mit mächtigen Mauern. Die Frauen fühlen sich vernachlässigt und beklagen sich bei den Göttern über ihren rücksichtslosen Tyrannen. Die Götter sind sich einig darüber, daß etwas geschehen muß. In die psychologische Sprache übersetzt, heißt das: Gilgamesch benutzt nur sein Bewußtsein, sein Kopf hat Flügel und ist vom Körper getrennt, und nun beginnt der Körper etwas dazu zu sagen. Er wird mit einer Neurose reagieren, das heißt durch die Konstellierung eines sehr gegensätzlichen Faktors. Wie wird die Neurose in dem Gedicht beschrieben? Die Götter entscheiden, einen Menschen wie Gilgamesch »hervorzurufen«, das heißt zu erschaffen. Sie erschaffen Enkidu; er ist aber in mancher Hinsicht anders. Sein Kopfhaar ist lang; er sieht wie ein Höhlenmensch aus; er lebt in den Ebenen mit den wilden Tieren und trinkt aus den Wasserbrunnen der Gazellen. Gilgamesch, der soweit normal ist, hat einen ganz normalen Traum über die Absichten der Götter. Er träumt, ein Stern falle herunter und auf seinen Rücken, ein Stern wie ein mächtiger Krieger, und Gilgamesch ringt mit ihm, kann sich aber nicht von ihm befreien. Schließlich überwältigt er ihn und legt ihn seiner Mutter zu Füßen, die ihn Gilgamesch »ebenbür-

[2] [Vgl. C. G. JUNG, *Symbole der Wandlung* (Ges. Werke V).]
[3] A. SCHOTT (Hrsg.), *Das Gilgamesch-Epos*, 1966.

tig« macht. Die Mutter ist eine weise Frau und deutet den Traum für Gilgamesch so, daß er bereit ist, der Gefahr zu begegnen. Eigentlich soll Enkidu Gilgamesch bekämpfen und stürzen; aber Gilgamesch macht ihn auf sehr kluge Weise zu seinem Freund. Er hat die Reaktion seines Unbewußten durch List und Willenskraft besiegt, und er überzeugt seinen Gegner davon, daß sie in Wirklichkeit Freunde sind und zusammenarbeiten können. Nun werden die Dinge schlimmer denn je.

Obschon, ganz zu Anfang, Enkidu einen bedrückenden Traum hat, eine Vision der Unterwelt, in der die Toten leben, bereitet sich Gilgamesch auf ein großes Unternehmen vor. Wie es die Helden tun, ziehen Gilgamesch und Enkidu gemeinsam aus, um Chumbaba zu besiegen, ein schreckliches Monstrum, das die Götter zum Wächter ihres Heiligtums auf dem Zedernberg eingesetzt haben. Seine Stimme ist ein sturmähnliches Brüllen, und wer immer sich dem Wald nähert, wird von Schwäche übermannt. Enkidu ist tapfer und sehr stark, aber das Unternehmen macht ihn nervös. Schlechte Träume deprimieren ihn; er legt ihnen ein großes Gewicht bei, wie es der minderwertige Mensch in uns selbst tut, den wir so gern lächerlich machen, wenn er bezüglich gewisser Daten usw. abergläubisch ist – der minderwertige Mensch bleibt trotzdem wegen gewisser Dinge beunruhigt. Enkidu ist sehr abergläubisch, er hatte auf dem Weg zum Wald schlechte Träume und gewisse Ahnungen, die ihm sagen, daß die Sache schlecht ausgehen wird. Aber Gilgamesch deutet die Träume optimistisch. Wieder wird die Reaktion des Unbewußten überlistet, und sie haben auch Erfolg und bringen Chumbabas Kopf triumphierend in die Stadt zurück.

Jetzt entschließen sich die Götter einzugreifen, das heißt, es ist eigentlich eine Göttin, Ischtar, die Gilgamesch zu vernichten trachtet. Das letzte Prinzip des Unbewußten ist das Ewig-Weibliche, und Ischtar macht mit echt weiblichem Geschick Gilgamesch Versprechungen, falls er ihr Liebhaber werde: er würde wie ein Gott sein, und seine Macht und sein Reichtum würden über alle Maßen zunehmen. Aber Gilgamesch glaubt kein Wort davon; er weist sie mit unverschämten Worten zurück und wirft ihr all ihre Treulosigkeit und Grausamkeit gegenüber ihren Liebhabern vor. Ischtar veranlaßt in ihrer Wut die Götter, einen enormen Stier zu erschaffen, der vom Himmel herabsteigt und das Land verwüstet. Ein großer Kampf hebt an, und Hunderte von Menschen werden vom giftigen Atem des göttlichen Stiers getötet. Aber wieder erschlägt ihn Gilgamesch mit der Hilfe Enkidus, und der Sieg wird gefeiert.

Ischtar, von Wut und Schmerz überwältigt, steigt auf die Mauern der Stadt herab, und jetzt fordert Enkidu sie aufs schwerste heraus. Er verflucht sie und wirft ihr das Glied des toten Stiers ins Gesicht. Dies ist der Höhepunkt, und nun setzt die entscheidende Wendung ein. Enkidu hat weitere Träume ominöser Natur, er wird schwer krank und stirbt.

Dies bedeutet, daß das Bewußtsein vollständig vom Unbewußten getrennt wird; das Unbewußte zieht sich zurück, und Gilgamesch bleibt von Schmerz übermannt allein. Er kann schon den Verlust seines Freundes schwer annehmen, aber was ihn am meisten quält, ist die Todesangst. Er hat seinen Freund sterben sehen und steht der Tatsache gegenüber, daß auch er sterblich ist. Ein weiterer Wunsch treibt ihn um — der Wunsch nach Unsterblichkeit. Er macht sich heldenhaft auf den Weg und findet das Kraut gegen den Tod, denn er kennt einen alten Mann, einen Ahnen von ihm, der das ewige Leben besitzt und weit weg im Westen lebt. So beginnt nun die Reise in die Unterwelt, die Nekyia, und er reist wie die Sonne durch das Tor des Himmelsberges nach Westen. Er überwindet enorme Schwierigkeiten, und sogar die Götter stellen sich seinem Unternehmen nicht entgegen, wenn sie ihm auch sagen, daß er vergeblich suchen wird. Schließlich kommt er ans Ziel und überredet den alten Mann, ihm von dem Kraut zu erzählen. Auf dem Meeresgrund findet er das magische Kraut der Unsterblichkeit, das *pharmakon athanasias,* und bringt es nach Hause. Obwohl müde von der Reise, ist er voll Freude, denn er besitzt ja die wunderbare Medizin und braucht den Tod nicht mehr zu fürchten. Während er sich aber beim Bad in einem Teich erfrischt, riecht eine Schlange das Unsterblichkeitskraut und stiehlt es ihm. Nach seiner Rückkehr macht er weitere Pläne für die Befestigung der Stadt, findet aber keine Ruhe. Er möchte wissen, was mit den Menschen nach dem Tod geschieht, und es gelingt ihm schließlich, Enkidus Geist zu zitieren, der aus einem Loch in der Erde hervorkommt und Gilgamesch sehr melancholische Informationen gibt. Hiermit schließt das Epos. Der letzte Sieg liegt beim kaltblütigen Tier.

Aus der Antike sind uns eine ganze Anzahl Träume mit ähnlichen Motiven überliefert, und ich will Ihnen nun zeigen, wie unsere alten Kollegen — die Traumdeuter des ersten Jahrhunderts vor Christus — vorgegangen sind. Wir erfahren das aus der *Geschichte des jüdischen Krieges* von FLAVIUS JOSEPHUS[4], der darin auch über die Zerstörung Jerusalems berichtet.

Es gab damals als Tetrarchen von Jerusalem einen römischen Gouverneur namens Archelaos, der sehr grausam war und wie fast alle Provinzgouverneure jener Zeit seine Stellung vor allem als eine Gelegenheit zur Bereicherung seiner selbst betrachtete und stahl, was ihm nur in die Hände kam. Daher

[4] [F. JOSEPHUS, *Der jüdische Krieg.*]

wurde eine Delegation an den Kaiser Augustus gesandt, um sich über ihn zu beklagen. Das war im zehnten Jahr von Archelaos' Gouverneurs-Herrschaft. Ungefähr zu jener Zeit hatte er einen Traum, in dem er neun reife Weizenähren sah, die von hungrigen Ochsen gefressen wurden. Darüber beunruhigt, berief er seinen Hof-»Psychoanalytiker«. Der wußte aber nicht, was der Traum bedeutete, oder er hatte Angst, die Wahrheit zu sagen, und wand sich irgendwie heraus. Archelaos berief andere »Psychoanalytiker« zur Konsultation, aber auch sie behaupteten, nichts über die Bedeutung des Traumes aussagen zu können.

Nun gab es aber damals eine besondere Sekte von Leuten, die Essener oder Therapeutai, die unabhängigen Geistes waren. Sie lebten in Ägypten in der Nähe des Toten Meeres, und es ist nicht ausgeschlossen, daß sowohl Johannes der Täufer als auch Simon Magus zu ihnen gehörten. Daher schickte man als letzten Ausweg zu einem Mann namens Simon der Essener, und der sagte zu Archelaos: »Die Weizenähren bedeuten die Jahre deiner Herrschaft und die Ochsen den Wandel der Dinge. Die neun Jahre sind erfüllt, und in deinem Schicksal wird sich eine große Veränderung ereignen. Die hungrigen Ochsen bedeuten deine Vernichtung.« In jenen Ländern war ein solches Traumbild leicht vorstellbar. Die Felder mußten gegen Futter suchendes Vieh stets sorgfältig geschützt werden. Es gibt wenig Gras, und es kommt schon einer Katastrophe gleich, wenn die Ochsen während der Nacht durch den Hag in die Felder einbrechen und das stehende Korn niedertrampeln und fressen, so daß am Morgen das Brot eines Jahres vernichtet ist. Nun zur Bestätigung der Deutung: Nach ein paar Jahren erschien ein römischer Gesandter zur Untersuchung, entließ Archelaos, nahm ihm all sein Eigentum weg und verbannte ihn nach Gallien.

Archelaos war verheiratet, und seine Frau Glaphyra hatte ebenfalls einen Traum. Sie war natürlich beeindruckt von dem, was ihrem Mann geschehen war. Sie träumte von ihrem ersten Ehegatten — Archelaos war der dritte —, den man in sehr unhöflicher Weise losgeworden war: Er war ermordet worden, und sehr wahrscheinlich war Archelaos der Mörder gewesen. Es ging etwas rauh zu in jener Zeit. Dieser frühere Ehemann, Alexandros, erschien ihr im Traum, tadelte sie für ihr Verhalten und sagte, er nehme sie in sein Haus zurück. Diesen Traum deutete Simon nicht, so daß uns die Analyse frei steht. Bedeutsam ist, daß Alexandros bereits tot war und Glaphyra also den verstorbenen Gatten in ihrem Traum sah. Zu jener Zeit hieß das natürlich, daß ihr sein Geist erschien. Wenn er ihr also sagte, er hole sie in sein Haus zurück, so bedeutete das, daß er sie in den Hades holen wollte. Tatsächlich beging sie ein paar Tage später Selbstmord.

Die Art, wie der Traumdeuter mit dem Traum des Archelaos umging, war sehr vernünftig. Er verstand den Traum genau so, wie wir es tun würden, obwohl jene Träume viel einfacher sind als die meisten der unsrigen. Nach meiner Erfahrung sind die Träume so einfach oder so kompliziert wie der Träumer, nur sind sie seinem Bewußtsein immer ein wenig voraus. Ich verstehe meine eigenen Träume nicht besser als irgend jemand von Ihnen, denn sie liegen immer ein wenig jenseits meiner Reichweite, und ich habe mit ihnen die gleiche Mühe wie jemand, der überhaupt nichts von Traumdeutung weiß. Wissen nützt einem gar nichts, wenn es um die eigenen Träume geht.

Eine weitere interessante Parallele zu unserem Fall ist die Ihnen allen bekannte Geschichte im vierten Kapitel des Buches Daniel[5]. Nachdem König Nebukadnezar ganz Mesopotamien und Ägypten erobert hatte, wähnte er sich sehr groß, da er ja die ganze bekannte Welt besaß. Daraufhin hatte er den typischen Traum des Arrivisten, der zu hoch gestiegen ist. Er träumte von einem riesigen Baum, der bis zum Himmel wuchs und seinen Schatten über die ganze Erde warf. Aber dann befahl ein Wächter und heiliger Mann vom Himmel, daß der Baum gefällt, die Äste abgesägt und die Blätter geschüttelt werden sollten, so daß nur der Stumpf bliebe, und daß er selbst mit den Tieren leben, sein menschliches Herz von ihm genommen und ihm ein Tierherz eingesetzt werden solle.

Natürlich behaupteten darauf sämtliche Astrologen, Weisen und Traumdeuter, sie verstünden den Traum nicht. Nur Daniel, der sich schon im zweiten Kapitel als mutiger Analytiker erwiesen hatte – er hatte sogar die Vision eines Traumes, an den Nebukadnezar sich nicht erinnern konnte –, verstand seine Bedeutung. Er legte dem König dringend nahe, seinen Geiz und seine Ungerechtigkeit zu bereuen, da sich sonst der Traum erfüllen würde. Aber der König fuhr fort wie bisher und war sehr stolz auf seine Macht. Da verfluchte ihn eine Stimme vom Himmel, indem sie die Prophezeiung des Traumes wiederholte. Und es geschah alles, wie es vorhergesagt war. Nebukadnezar wurde unter die Tiere geworfen und wurde selbst zum Tier. Er fraß Gras wie die Ochsen, sein Körper wurde naß vom Tau, sein Haar wuchs wie Adlerfedern, und seine Nägel bildeten sich zu Vogelkrallen aus. Er verwandelte sich in einen primitiven Menschen zurück, und da er seinen Verstand mißbraucht hatte, wurde er ihm vollständig genommen. Er regredierte sogar noch hinter den Primitiven zurück und wurde völlig unmenschlich: er wurde zu Chumbaba, dem Monstrum. All dies symbolisiert die vollständige regres-

[5] [C. G. Jung, *Die Dynamik des Unbewußten* (Ges. Werke VIII, 1967, Titelbild und Hinweise darauf im Text).]

sive Degeneration eines Menschen, der zu hoch hinaus wollte.

In seinem Fall ist, wie in dem unseres Patienten, das ewige Problem des erfolgreichen Mannes dargestellt, der seine Grenzen überschreitet und dessen Pläne vom Unbewußten durchkreuzt werden. Der Widerspruch des Unbewußten zeigt sich zuerst in den Träumen, und wenn er nicht angenommen wird, muß er schicksalhaft in der äußeren Wirklichkeit erfahren werden. Diese historischen Träume haben, wie alle Träume, eine *kompensatorische Funktion*: sie sind ein Hinweis darauf — ein Symptom, wenn Sie lieber wollen —, daß sich der Betreffende nicht im Einklang mit der unbewußten Situation befindet, daß er irgendwo von seinem natürlichen Weg abgewichen ist. Irgendwo ist er ein Opfer seines Ehrgeizes und seiner lächerlichen Pläne geworden, und wenn er nicht acht gibt, wird der Abgrund immer größer, und er wird, wie unser Patient, hineinfallen.

Ich möchte betonen, daß man keinen Traum interpretieren sollte, ohne die Details des Kontextes sehr sorgfältig zu berücksichtigen. Gehen Sie nie mit einer Theorie an ihn heran, sondern fragen Sie den Patienten immer, was die Traumbilder für *ihn* bedeuten. Träume beziehen sich immer auf ein bestimmtes Problem des Träumers, das dieser vom Bewußtsein aus falsch beurteilt. Träume sind Reaktionen auf unsere bewußte Einstellung, so wie der Körper reagiert, wenn wir zu viel oder zu wenig essen oder ihn sonstwie schlecht behandeln. *Träume sind die natürliche Reaktion des sich selbst regulierenden psychischen Systems.* Diese Formulierung kommt dem, was ich über Struktur und Funktion des Traumes theoretisch sagen kann, am nächsten. Ich bin der Meinung, daß Träume genau so mannigfaltig und unberechenbar sind wie die Menschen, die man einen Tag lang beobachtet. Wenn man einem Menschen in einem Augenblick und dann wieder in einem andern begegnet, dann sieht und hört man von ihm die verschiedenartigsten Reaktionen, und genau so ist es mit den Träumen. In unsern Träumen sind wir so vielseitig wie im täglichen Leben, und genau so wenig, wie man eine Theorie über die vielen Aspekte der bewußten Persönlichkeit aufstellen kann, so wenig kann man eine allgemeine Traumtheorie formulieren. Wäre es anders, dann hätten wir ein fast göttliches Wissen um den Menschen, und das ist ja keineswegs der Fall. Wir wissen sogar außerordentlich wenig über ihn, und deshalb nennen wir all das, was wir nicht kennen, das Unbewußte.

Heute werde ich mir aber selbst widersprechen und all meinen Grundsätzen untreu werden. Ich werde Ihnen einen einzelnen Traum, also nicht einen aus einer Serie, interpretieren; ferner kenne ich den Träumer nicht, und sodann liegen mir keine Assoziationen vor. Die Deutung ist also willkürlich. Immerhin gibt es eine Rechtfertigung für dieses Vorgehen. Wenn ein Traum eindeutig aus *persönlichem* Material besteht, dann braucht man die persönlichen Assoziationen; ist er aber im wesentlichen *mythologischer* Struktur — ein Unterschied, der unmittelbar in die Augen fällt —, dann spricht er eine universale Sprache, und Sie oder ich können Parallelen beiziehen, mit denen man den Kontext so gut wie irgend jemand anderer herstellen kann, immer vorausgesetzt, daß wir das nötige Wissen besitzen. Wenn der Traum zum Beispiel den Held-Drachen-Konflikt herausstellt, kann jeder etwas darüber sagen, weil jeder von uns Märchen und Legenden gelesen hat und etwas über Helden und Drachen weiß. Auf der kollektiven Ebene der Träume gibt es praktisch keinen Unterschied zwischen den Menschen; dieser zeigt sich erst auf der persönlichen Ebene.

Der Inhalt des Traumes, den ich Ihnen erzählen will, ist zur Hauptsache mythologisch. Hier müssen wir uns nun fragen: In welchen Situationen hat man mythologische Träume? Bei uns kommen sie eher selten vor, da unser Bewußtsein in starkem Maß von den ihm zugrundeliegenden archetypischen Schichten abgetrennt ist. Mythologische Träume werden daher bei uns als sehr fremdartig empfunden. Bei einer Mentalität, die noch näher bei der ursprünglichen Psyche liegt, ist das anders. Die Primitiven erachten solche Träume als sehr wichtig und nennen sie »große Träume«, im Unterschied zu den gewöhnlichen. Sie empfinden sie als bedeutsam und als Träger eines allgemeinen Sinnes. Daher fühlt sich in einer primitiven Gemeinschaft der Träumer verpflichtet, einen großen Traum der Gruppe zu berichten, und dann schließt sich ein ausgedehntes Palaver darüber an. Solche Träume wurden auch dem römischen Senat vorgetragen. Da gibt es zum Beispiel die Geschichte von der Tochter eines Senators aus dem ersten Jahrhundert vor Christus. Sie träumte, daß die Göttin Minerva ihr erschienen war und sich beklagte, daß das römische Volk ihren Tempel vernachlässige. Die Dame fühlte sich verpflichtet, den Traum dem Senat mitzuteilen, und dieser bewilligte eine bestimmte Summe Geldes für die Wiederherstellung des Tempels. Ein ähnlicher Fall wird von Sophokles erzählt. Als ein wertvolles goldenes Gefäß aus dem Tempel des Herakles gestohlen worden war, erschien der Gott Sophokles im Traum und nannte ihm den Namen des Diebes[6]. Nach der dritten Wiederholung des Traumes fand Sophokles, er müsse den Areopag informieren. Der in Frage stehende Mann wurde gefaßt, und im anschließenden Verhör gestand er und brachte

[6] Bis hierher wird der Traum berichtet, in: »Life of Sophocles« in *Sophoclis Fabulae*, ed. by A. C. PEARSON, Oxford, 1924.

das Gefäß zurück. Diese mythologischen oder kollektiven Träume sind so geartet, daß sie die Menschen instinktiv dazu treiben, sie zu erzählen. Dieser Instinkt ist sehr angebracht, denn solche Träume gehören nicht dem einzelnen; sie haben vielmehr kollektive Bedeutung. Sie sind im allgemeinen wahr in sich selbst, und im besonderen sind sie wahr für Menschen in bestimmten Situationen. Daher wurden im Altertum und im Mittelalter Träume sehr hoch geachtet. Man spürte, daß sie eine kollektive menschliche Wahrheit ausdrückten.

Nun will ich Ihnen den Traum erzählen. Er wurde mir vor Jahren von einem Kollegen mit ein paar wenigen Bemerkungen über den Träumer geschickt. Mein Kollege war Nervenarzt an einer Klinik, und der Patient war ein gebildeter junger Franzose von 22 Jahren, sehr intelligent und sehr ästhetisch veranlagt. Er war von einer Spanienreise mit einer Depression zurückgekehrt, die als depressive Form eines manisch-depressiven Irreseins diagnostiziert wurde. Die Depression war nicht sehr stark, aber doch stark genug für eine Einweisung. Nach sechs Monaten wurde er entlassen, und einige Monate später beging er Selbstmord. Er litt zu jener Zeit nicht mehr an der Depression, die praktisch geheilt war; den Selbstmord beging er offenbar in einem Zustand ruhiger Überlegung. Vom Traum her werden wir verstehen, weshalb er sich das Leben nahm. Er trat zu Beginn der Depression auf und lautete wie folgt:

»Unter der großen Kathedrale von Toledo ist eine mit Wasser gefüllte Zisterne, die eine unterirdische Verbindung mit dem Fluß Tajo hat, der die Stadt umkreist. Diese Zisterne ist ein kleiner schwarzer Raum. Im Wasser befindet sich eine riesige Schlange, deren Augen glitzern wie Juwelen. Nahebei ist eine goldene Schale, in der sich ein goldener Dolch befindet. Dieser Dolch ist der Schlüssel zu Toledo, und sein Besitzer herrscht über die Stadt. Der Träumer weiß, daß die Schlange der Freund und Beschützer von B. C. ist, einem jungen Freund von ihm, der ebenfalls anwesend ist. B. C. setzt seinen nackten Fuß in den Rachen der Schlange. Die Schlange leckt ihn freundlich, und B. C. genießt dieses Spiel mit der Schlange; er hat keine Angst vor ihr, da er ein argloses Kind ist. Im Traum scheint B. C. ungefähr siebenjährig zu sein; er war in Wirklichkeit ein Kindheitsfreund des Träumers. Seit jener Zeit, heißt es im Traum, war die Schlange in Vergessenheit geraten, und niemand wagte, in ihren Schlupfwinkel hinabzusteigen.«

Dieser Teil ist eine Art Einführung, und jetzt beginnt die eigentliche Handlung.

»Der Träumer ist allein mit der Schlange. Er spricht achtungsvoll, aber ohne Angst mit ihr. Die Schlange teilt dem Träumer mit, daß Spanien ihr gehört, da sie B. C.'s Freundin ist, und sie bittet ihn, den Knaben zurückzugeben. Der Träumer lehnt dies ab und verspricht dafür, selbst in die Dunkelheit der Höhle hinabzusteigen, um der Freund der Schlange zu werden. Aber dann besinnt er sich anders, und anstatt sein Versprechen zu erfüllen, beschließt er, einen andern Freund, einen Mr. S., zur Schlange zu schicken. Dieser Freund stammt von den spanischen Mauren ab, und um den Abstieg in die Zisterne wagen zu können, muß er den ursprünglichen Mut seines Volkes wiedergewinnen. Der Träumer rät ihm, das Schwert mit dem roten Griff zu holen, das sich in der Waffenfabrik auf dem andern Ufer des Tajo befindet. Es soll ein sehr altes Schwert sein, das auf die alten Phoker zurückgeht[7]. S. verschafft sich das Schwert, steigt in die Zisterne hinab, und der Träumer fordert ihn auf, seine linke Handfläche mit dem Schwert zu durchbohren. S. tut das, aber in Gegenwart der furchtbaren Schlange kann er seine Fassung nicht bewahren. Überwältigt von Schmerz und Angst, schreit er auf und stolpert wieder hinauf, ohne den Dolch an sich genommen zu haben. Daher kann er Toledo nicht halten, und der Träumer konnte nichts dazu tun und mußte den Dolch als bloße Wanddekoration dort stehen lassen.«

Das ist das Ende des Traumes. Das Original ist natürlich französisch. Nun zum Kontext. Bezüglich der Freunde haben wir gewisse Hinweise. B. C. ist ein Freund aus seiner frühen Jugend, etwas älter als er selbst, und er projizierte alles, was wunderbar und reizvoll war, in diesen Knaben, aus dem er eine Art Held machte. Später verlor er ihn aus den Augen, vielleicht war der Knabe gestorben. S. ist ein Freund aus jüngerer Zeit. Es heißt von ihm, er stamme von den spanischen Mauren ab. Ich kenne ihn nicht persönlich, aber ich kenne seine Familie. Es ist eine sehr alte und ehrbare Familie aus dem Süden Frankreichs, und der Name könnte durchaus maurisch sein. Der Träumer kannte diese Legende über die Familie S.

Wie ich Ihnen schon sagte, war der Träumer vor kurzem in Spanien gewesen und hatte natürlich auch Toledo gesehen. Den Traum hatte er nach seiner Rückkehr, und damals wurde er in die Klinik verbracht. Er war in schlechter Verfassung, nahezu verzweifelt, und er mußte den Traum seinem Arzt erzählen. Mein Kollege wußte nicht, was er damit anfangen sollte, aber er empfand das Bedürfnis, mir den Traum zu schicken, da er ihn für sehr wichtig hielt. Zur Zeit, als ich ihn erhielt, konnte ich ihn nicht verstehen. Immerhin habe ich den Eindruck, daß ich, wenn ich damals etwas mehr über solche Träume gewußt und den Fall selbst behandelt hätte, vielleicht

[7] Die Phoker, an der Westküste von Kleinasien beheimatet, gründeten Massilia (Marseille) und Kolonien an der Costa Brava von Spanien.

in der Lage gewesen wäre, dem jungen Mann zu helfen, so daß der Selbstmord hätte vermieden werden können. Zu jener Zeit habe ich viele Fälle ähnlicher Art gesehen. Oft kann man einen schwierigen Engpaß überwinden, wenn man Träume wie diesen hier wirklich versteht. Bei einem derart sensiblen, feinsinnigen Menschen, der Kunstgeschichte studiert hat, ungewöhnlich intelligent und künstlerisch veranlagt ist, muß man höchst sorgfältig vorgehen. Banalitäten führen zu nichts; man muß mit großem Ernst auf das wirkliche Material eintreten.

Wir gehen wohl nicht fehl in der Annahme, daß der Träumer die Stadt Toledo aus einem bestimmten Grund ausgewählt hat — sowohl auf der Reise als auch im Traum; und der Traum bringt Material, das sich wohl jedem aufdrängen würde, der Toledo mit der gleichen psychischen Veranlagung, der gleichen Erziehung und feinsinnigen ästhetischen Empfindung sowie den entsprechenden Kenntnissen besucht hätte. Toledo ist eine außerordentlich eindrückliche Stadt. Es besitzt eine der wundervollsten gotischen Kathedralen der Welt. Es ist ein Ort mit einer sehr alten Tradition: es ist das alte römische Toletum und war während Jahrhunderten der Sitz des Kardinal-Erzbischofs und Primas von Spanien. Vom sechsten bis zum achten Jahrhundert war es die Hauptstadt der Westgoten; vom achten bis elften eine Provinzhauptstadt des maurischen Königreiches und vom elften bis sechzehnten die Hauptstadt von Kastilien. Die Kathedrale von Toledo, ein derart eindrücklicher und schöner Bau, bedeutet natürlich alles, was sie darstellt: die Größe und die Macht, den Glanz und das Geheimnis des mittelalterlichen Christentums, das seinen eigentlichen Ausdruck in der Kirche fand. Die Kathedrale ist daher die Verkörperung des geistigen Königreiches, denn im Mittelalter wurde die Welt vom Kaiser *und* von Gott regiert. So bringt die Kathedrale die christliche Philosophie oder Weltanschauung des Mittelalters zum Ausdruck.

Der Traum sagt, daß sich unter der Kathedrale ein geheimnisvoller Ort befindet, der in Wirklichkeit nicht zu einer christlichen Kirche gehört. Was befindet sich unter einer Kathedrale jener Zeit? Es gibt da immer die sogenannte Unterkirche oder Krypta. Sie kennen vermutlich die große Krypta in Chartres; sie vermittelt einem ein gutes Bild von dem geheimnisvollen Charakter einer Krypta. Die Krypta in Chartres war früher ein altes Heiligtum mit einem Brunnen, wo eine Jungfrau verehrt wurde — nicht die Jungfrau Maria wie heute, sondern eine keltische Göttin. Unter jeder christlichen Kirche des Mittelalters befindet sich ein geheimer Ort, an dem in alten Zeiten die Mysterien gefeiert wurden. Was wir heute die kirchlichen Sakramente nennen, waren für die frühen Christen die Mysterien. Auf provenzalisch heißt die Krypta *le musset*, das heißt ein Geheimnis; das Wort könnte ursprünglich von *mysteria* kommen und einen geheimnisvollen Ort bezeichnen. In Aosta, wo ein provenzalischer Dialekt gesprochen wird, gibt es ein *musset* unter der Kathedrale.

Die Krypta wurde vermutlich vom Mithraskult übernommen. In der Mithrasreligion fand die Hauptzeremonie in einem halb in die Erde versenkten Gewölbe statt, und die Gemeinde blieb für sich in der oberen Hauptkirche. Dort waren Gucklöcher angebracht, so daß die Gläubigen die Priester und Auserwählten unten ihre Riten singen und zelebrieren sehen und hören konnten, ohne aber zu ihnen zugelassen zu sein. Dies war den Eingeweihten vorbehalten. Die Trennung von Baptisterium und Hauptgebäude in der christlichen Kirche leitet sich von der gleichen Vorstellung her, denn Taufe und Kommunion waren Mysterien, von denen man nicht direkt sprechen durfte. Man mußte eine Art allegorischer Vergleiche benutzen, um das Geheimnis nicht zu verraten. Das Mysterium war auch mit dem Namen Christi verbunden, der daher nicht erwähnt werden durfte; statt dessen wurde er mit dem Namen des Ichthys, dem Fisch, bezeichnet. Sie kennen wahrscheinlich Reproduktionen von sehr alten christlichen Malereien, in denen Christus als Fisch erscheint. Dieses mit dem heiligen Namen verbundene Geheimnis ist wahrscheinlich der Grund dafür, daß der Name Christi in einem frühen christlichen Dokument von ungefähr 140 v. Chr. nicht erwähnt wird, das als *Der Hirte* des Hermas[8] bekannt ist, einem wichtigen Bestandteil der von der Kirche bis ungefähr zum fünften Jahrhundert anerkannten christlichen Literatur. Der Verfasser dieses Buches über Visionen, Hermas, soll der Bruder des römischen Bischofs Pius gewesen sein. Der geistliche Lehrer, der Hermas erscheint, wird der Poimen, der Hirte genannt, und nicht Christus.

Die Vorstellung der Krypta oder des geheimnisvollen Ortes führt uns also zu etwas, das unterhalb der christlichen Weltanschauung liegt, das älter ist als das Christentum, wie der heidnische Brunnen unter der Kathedrale von Chartres, oder wie eine antike Höhle, in der eine Schlange lebt. Der Brunnen mit der Schlange ist natürlich nicht etwas wirklich Vorhandenes, das der Träumer auf seiner Reise durch Spanien gesehen hat. Dieses Traumbild ist keine persönliche Erfahrung, und die Parallelen dazu können daher auf Grund archäologischer und mythologischer Kenntnisse gefunden werden. Ich muß Ihnen etwas von diesem Parallelismus mitteilen, damit Sie sehen können, in was für einem Kontext oder Gewebe eine

8 [Vgl. C. G. Jung, *Psychologische Typen* (Ges. Werke VI, 1972, Kp. 5, 4a).]

solche symbolische Anordnung erscheint, wenn man sie im Licht vergleichender Forschungsarbeit betrachtet. Sie wissen, daß jede Kirche noch ihr Taufbecken hat. Dieses war ursprünglich die *piscina*, der Teich, in dem die Eingeweihten gebadet oder symbolisch ertränkt wurden. Nach dem bildlichen Tod im Taufbad kamen sie als die verwandelten *quasi modo geniti*, die Wiedergeborenen, heraus. So können wir annehmen, daß die Krypta oder das Taufbecken die Bedeutung eines Ortes des Schreckens und Todes wie auch der Wiedergeburt hat; sie ist der Ort, an dem dunkle Einweihungen stattfinden.

Die Schlange in der Höhle ist ein Bild, das in der Antike häufig anzutreffen ist. Es ist wichtig, im Auge zu behalten, daß in der klassischen Antike wie in andern Kulturen die Schlange nicht nur Furcht und Gefahr bedeutete, sondern auch Heilung. Daher ist Asklepios, der Gott der Ärzte, mit der Schlange verbunden; Sie kennen alle sein Emblem, das heute noch verwendet wird. In den Tempeln von Asklepios, den Asklepieia, das heißt den alten Kliniken, befand sich ein mit einem Stein bedecktes Loch, und in diesem Loch lebte die heilige Schlange. Im Stein war ein Schlitz, durch den die Menschen, die den Heilungsort aufsuchten, das Honorar für die Ärzte warfen. Die Schlange war also auch der Kassier der Klinik und Einzüger der Gaben, die in ihre Höhle geworfen wurden. Während der großen Cholera-Epidemie zur Zeit von DIOKLETIAN wurde die berühmte Schlange des Asklepieion von Epidauros nach Rom gebracht, um als Gegengift gegen die Epidemie zu wirken. Sie stellte den Gott selbst dar.

Die Schlange ist nicht nur der Heilgott; sie besitzt auch die Gabe der Weisheit und Prophetie. In der kastalischen Quelle bei Delphi lebte ursprünglich eine Pythonschlange. Apollo bekämpfte und besiegte sie, und von jener Zeit an war Delphi der Sitz des berühmten Orakels und Apollo sein Gott, bis er die Hälfte seiner Macht Dionysos überließ, der in einer späteren Zeit vom Osten dorthin kam. In der Unterwelt, dem Ort der Totengeister, gibt es immer Wasser und Schlangen, wie Sie in Aristophanes' »Die Frösche« nachlesen können. In der Legende findet sich die Schlange oft durch den Drachen ersetzt; das lateinische *draco* heißt einfach Schlange. Eine besonders suggestive Parallele zu unserm Traum findet sich in einer christlichen Legende des fünften Jahrhunderts über den Heiligen Sylvester[9]. Ein furchtbarer Drache lebte in einer Höhle unter dem Tarpeianischen Felsen in Rom, bei dem Jungfrauen geopfert wurden. Nach einer andern Legende war es kein wirklicher, sondern ein künstlicher Drache, und als ein Mönch hinabstieg, um zu beweisen, daß er nicht lebendig war, stellte er fest, daß der Drache ein Schwert im Rachen hielt und seine

[9] [C. G. JUNG, *Symbole der Wandlung* (Ges. Werke V).]

Augen aus blitzenden Juwelen bestanden.

Sehr oft enthalten diese Höhlen, wie diejenige von Kastilien, Quellen. Diese Quellen spielten eine sehr wichtige Rolle im Mithraskult, von dem viele Elemente der frühen Kirche ihren Ursprung nahmen. Porphyri erzählt, daß Zoroaster, der Gründer der persischen Religion, Mithras eine Höhle mit vielen Quellen weihte. Diejenigen von Ihnen, die schon in Deutschland waren und die Saalburg bei Frankfurt gesehen haben, werden die Quelle bei der Mithrasgrotte bemerkt haben. Der Mithraskult ist immer mit einer Quelle verbunden. Es gibt ein sehr schönes Mithraeum in der Provence, das eine große »piscina« hat mit herrlichem, kristallklarem Wasser und einem Felsen im Hintergrund, auf dem der Mithras Tauroktonos eingraviert ist – Mithras der Stiertöter. Diese Heiligtümer waren immer ein großes Ärgernis für die ersten Christen. Sie haßten all diese naturhaften Anordnungen, da sie keine Freunde der Natur waren. In Rom ist zehn Fuß unter der Kirche von San Clemente ein Mithraeum entdeckt worden. Es ist noch in gutem Zustand, aber mit Wasser angefüllt, und wenn man es auspumpt, fließt das Wasser wieder herein. Es ist immer unter Wasser, weil eine in der Nähe befindliche Quelle laufend das Innere überflutet. Die Quelle ist nie gefunden worden. Wir kennen andere religiöse Vorstellungen in der Antike, zum Beispiel im orphischen Kult, wo immer Unterwelt und Wasser zusammen vorkommen.

Dieses Material gibt Ihnen wohl eine Vorstellung davon, daß die Schlange in der mit Wasser gefüllten Höhle ein Bild ist, das in der Antike wohlbekannt war und eine große Rolle spielte. Sie werden bemerkt haben, daß ich meine Beispiele ausschließlich aus der Antike gewählt habe; ich hätte auch andere Parallelen aus andern Kulturen wählen können, und es wäre immer das gleiche gewesen. Das Wasser in der Tiefe drückt das Unbewußte aus. In der Tiefe wird meist ein Schatz von einer Schlange oder einem Drachen bewacht; in unserm Traum ist der Schatz die goldene Schale mit dem Dolch darin. Um den Schatz wiederzugewinnen, muß der Drache besiegt werden. Der Schatz ist von sehr geheimnisvoller Natur. Er ist auf seltsame Weise mit der Schlange verbunden; die merkwürdige Natur der Schlange bezeichnet die Art des Schatzes, so als ob die beiden eins wären. Oft ist auch von einer goldenen Schlange mit dem Schatz die Rede. Gold ist etwas, das jeder sucht, so daß es aussieht, als wäre die Schlange selbst der große Schatz, die Quelle ungeheurer Macht. So ist in frühen griechischen Mythen der Bewohner der Höhle ein Held, wie zum Beispiel Kekrops, der Gründer Athens. Oben ist er halb Mann, halb Weib, ein Hermaphrodit, aber der untere Körperteil ist eine Schlange; er ist eindeutig ein Monstrum. Das gleiche wird von Erechtheus berichtet, einem andern mythischen König Athens.

Dies möge als Vorbereitung dienen für das Verständnis der goldenen Schale mit dem Dolch in unserm Traum. Wenn Sie Wagners *Parsival* gesehen haben, wissen Sie, daß die Schale dem Gral entspricht und der Dolch dem Speer, und daß die beiden zusammengehören; sie sind das männliche und das weibliche Prinzip, die in ihrer Gemeinschaft die Vereinigung der Gegensätze darstellen. Die Höhle oder Unterwelt stellt eine Schicht des Unbewußten dar, auf der es noch keinerlei Unterscheidung gibt, nicht einmal den Unterschied zwischen männlich und weiblich, der erste Unterschied, den die Primitiven machen. Sie unterscheiden zum Beispiel Gegenstände nach diesem Prinzip, so wie auch wir das gelegentlich noch tun. Gewisse Schlüssel zum Beispiel haben ein Loch im Bart, während andere massiv sind. Man nennt sie weibliche und männliche Schlüssel. Sie kennen die italienischen Ziegeldächer. Die konvexen Ziegel werden über die konkaven, darunterliegenden gelegt. Die oberen werden Mönche und die unteren Nonnen genannt. Dies ist nicht etwa ein unanständiger italienischer Witz, sondern die Quintessenz der Unterscheidung.

Wenn das Unbewußte das Männliche und das Weibliche zusammenbringt, werden die Dinge fast nicht mehr unterscheidbar, und wir können nicht mehr sagen, ob sie männlich oder weiblich sind, so wie Kekrops aus einer derart mythischen Ferne kam, daß man nicht mehr sagen konnte, ob er Mann oder Frau, Mensch oder Schlange war. So sehen wir auch, daß der Zisternengrund in unserm Traum durch eine vollständige Vereinigung der Gegensätze gekennzeichnet ist. Dies ist der

Abb. 13: Das Tao

Urzustand der Dinge und zugleich das erstrebenswerteste Ziel, nämlich die Vereinigung von Elementen, die sich ewig als Gegensätze gegenüberstehen. Der Konflikt ruht, und alles ist noch oder wieder im ursprünglichen Zustand ununterscheidbarer Harmonie. Die gleiche Vorstellung findet sich in der alten chinesischen Philosophie. Der Idealzustand heißt Tao und besteht in der völligen Harmonie von Himmel und Erde. Abb. 13 ist das Symbol für Tao. Es ist auf der einen Seite weiß mit einem schwarzen Punkt und auf der andern Seite schwarz mit einem weißen Punkt. Die weiße Seite ist das heiße, trockene, feurige Prinzip, der Süden; die schwarze Seite ist das kalte, feuchte, dunkle Prinzip, der Norden. Der Tao-Zustand ist der Anfang der Welt, an dem noch nichts begonnen hat — er ist auch der Zustand, der durch eine Haltung höchster Weisheit zu erreichen versucht wird. Die Vorstellung der Vereinigung der zwei entgegengesetzten Prinzipien, des Männlichen und des Weiblichen, ist ein archetypisches Bild. Ich erlebte einmal ein sehr hübsches Beispiel davon in seiner noch lebendigen primitiven Form. Als ich während des Krieges mit der Gebirgsartillerie im Militärdienst war, mußten die Soldaten ein tiefes Loch graben, um eine schwere Kanone in Stellung zu bringen. Der Boden war sehr widerspenstig, und sie fluchten ziemlich viel, während sie die schweren Blöcke aushuben. Ich saß verborgen hinter einem Felsen, rauchte meine Pfeife und hörte ihnen zu. Da sagte einer: »Verdammt noch mal, wir haben hier in die Tiefe dieses blühenden alten Tales gegraben, wo die alten Seebewohner lebten, und wo Vater und Mutter immer noch zusammen schlafen.« Das ist, sehr naiv ausgedrückt, die gleiche Vorstellung. Ein Negermythus besagt, daß der Ur-Mann und die Ur-Frau zusammen in der Kalebasse schliefen; sie waren ganz unbewußt, bis sie feststellten, daß sie auseinandergerissen waren und das, was zwischen ihnen lag, der Sohn war. Der Mensch war dazwischen, und von jener Zeit an waren sie getrennt, und dann erkannten sie sich. Der ursprüngliche Zustand absoluter Unbewußtheit wird als völlig ruhevoller Zustand ausgedrückt, in dem nichts geschieht.

Wenn der Träumer auf diese Symbole stößt, erreicht er die Schicht völliger Unbewußtheit, die als größter Schatz dargestellt wird. Das zentrale Motiv in Wagners *Parsival* lautet dahin, daß der Speer zum Gral zurückkommen muß, da sie in Ewigkeit zusammengehören. Diese Vereinigung ist ein Symbol vollständiger Erfüllung — Ewigkeit vor und nach der Erschaffung der Welt, ein Schlafzustand. Das ist wahrscheinlich das, wonach der Mensch im Grunde sucht. Daher wagt er sich in die Höhle des Drachen, denn dort hofft er jenen Zustand zu finden, wo Bewußtsein und Unbewußtes so völlig vereint sind, daß er weder bewußt noch unbewußt ist. Wo und wann immer die beiden zu stark getrennt sind, sucht das Bewußtsein sie wieder zu vereinigen, indem es sich in die Tiefe begibt, wo sie einmal eins waren. So wird im Tantra-Yoga oder Kundalini-Yoga der Zustand zu erreichen versucht, in dem Shiva in ewiger Vereinigung mit Shakti lebt. Shiva ist der ewig unausgedehnte Punkt, der vom weiblichen Prinzip, Shakti, in Form einer kreisförmigen Schlange umgeben ist.

Ich könnte Ihnen noch viele andere Beispiele dieser Vorstellung geben. Sie spielte in der geheimen Überlieferung des Mittelalters eine große Rolle. In mittelalterlichen alchemistischen Texten gibt es zum Beispiel Bilder von der Vereinigung von Sol und Luna, dem männlichen und dem weiblichen Prinzip. Spuren einer analogen Symbolik finden sich in christlichen Berichten über die antiken Mysterien. In einem solchen Bericht eines Bischofs Asterios über Eleusis wird gesagt, daß der Priester jedes Jahr die *katabasis* oder den Abstieg in die Höhle vollzog. Der Priester des Apollo und die Priesterin der Demeter, der Erdmutter, feierten den *hierosgamos*, die heilige Hochzeit, um die Erde fruchtbar zu machen. Es handelt sich hier um eine christliche Behauptung, die nicht belegt ist. Die Eingeweihten der Eleusinischen Mysterien bewahrten das strikteste Geheimnis; wenn sie irgend etwas verrieten, wurden sie mit dem Tod bestraft. Daher sind uns ihre Riten praktisch unbekannt. Anderseits wissen wir, daß während der Demeter-Mysterien gewisse Obszönitäten stattfanden, da man von ihnen eine günstige Wirkung für die Fruchtbarkeit der Erde erwartete. Die vornehmen Damen Athens versammelten sich unter dem Vorsitz der Demeter-Priesterin. Sie nahmen ein gutes Mahl zu sich und vollzogen anschließend den Ritus der *aischrologia*. Das heißt, sie mußten unanständige Witze erzählen. Dies galt als religiöse Pflicht, da es als günstig für die folgende Fruchtbarkeitsperiode angesehen wurde[10]. Ein ähnlicher Ritus wurde in Bubastis in Ägypten zur Zeit der Isis-Mysterien begangen. Die Dorfbewohner des oberen Nils kamen gruppenweise herunter, und die Frauen in den Kähnen pflegten sich den Frauen am andern Nilufer darzubieten. Das geschah vermutlich ebenfalls, um die Erdfruchtbarkeit zu fördern. Man kann darüber bei Herodot lesen[11]. In Süddeutschland pflegte noch bis ins neunzehnte Jahrhundert hinein der Bauer seine Frau auf die Felder mitzunehmen und sich mit ihr in einer Ackerfurche zu vereinigen. Das nennt man sympathetische Magie.

Die Schale ist ein Gefäß, das empfängt oder enthält, und ist daher weiblich. Sie ist ein Symbol des Leibes, der die Anima, den Atem und die Flüssigkeit des Lebens enthält, während der Dolch als Durchbohrendes und Eindringendes männlich ist. Er

[10] [Vgl. C. G. Jung, *Psychologie und Alchemie* (Ges. Werke XII), Zitat: Foucart, *Les Mystères d'Eleusis*. Gemäß den Altertumsforschern bezog sich der Bericht des Asterios in Wirklichkeit auf in Alexandrien begangene Demeter-Ritualien, in denen ein Priester (kein Apollo-Priester) und eine Priesterin den Hierosgamos vollzogen. Die »aischrologia«, die Erzählung obszöner Geschichten, um der Göttin zu gefallen, fand sowohl während der Stenia, dem Fest zu Ehren von Demeters Wiederkehr, als auch während der Thesmophorien, eines Herbstfestes zu ihren Ehren statt, obwohl dieses nicht mit der Fruchtbarkeit der Erde verknüpft war. Vgl. Harrison, *Prolegomena, passim*, und *Oxford Classical Dictionary*.]

[11] Herodot, 2, 60.

schneidet, unterscheidet und unterteilt, und ist demnach ein Symbol des männlichen Logos-Prinzips.

In unserem Traum heißt es, der Dolch sei der Schlüssel zu Toledo. Die Vorstellung des Schlüssels ist mit den Höhlenmysterien häufig verbunden. Im Mithraskult gibt es einen seltsamen König, den Schlüsselkönig Aion, den man sich nicht erklären konnte; er erscheint mir aber ganz verständlich. Er wird als geflügelter Mann mit einem Löwenkopf dargestellt, den eine Schlange umringelt, die sich bis über seinen Kopf erhebt[12]. Man kann sich diese Figur im Britischen Museum ansehen. Er ist die Unendliche Zeit und Lange Dauer; er ist der höchste Gott der Mithras-Hierarchie und schafft und zerstört alle Dinge, wie BERGSONS *durée créatrice*. Er ist ein Sonnengott. Löwe ist das Tierkreiszeichen, in dem die Sonne im Sommer weilt, während die Schlange den Winter oder die nasse Zeit symbolisiert. So stellt Aion, der löwenköpfige Gott mit der Schlange um seinen Körper wiederum die Vereinigung der Gegensätze dar, die Vereinigung von Licht und Dunkelheit, männlich und weiblich, Erschaffung und Zerstörung. Der Gott wird mit gekreuzten Armen und einem Schlüssel in jeder Hand dargestellt. Er ist der geistige Vater des Heiligen Petrus, der ebenfalls die Schlüssel trägt. Die Schlüssel Aions sind die Schlüssel zur Vergangenheit und zur Zukunft.

Zu alten Mysterienkulten gehörten immer seelenführende Gottheiten. Einige dieser Gottheiten besitzen Schlüssel zur Unterwelt, da sie als Torwächter über den Abstieg der Eingeweihten ins Dunkel wachen und diese zu den Mysterien führen. Eine von ihnen ist Hekate.

Da in unserem Traum der Schlüssel derjenige für Toledo ist, müssen wir uns mit der symbolischen Bedeutung von Toledo und der Stadt im allgemeinen beschäftigen. Als alte spanische Hauptstadt war Toledo eine sehr starke Festung und das Ideal einer Feudalstadt, ein Refugium und Bollwerk, das von außen nicht leicht erschüttert werden konnte. Die Stadt stellt eine in sich geschlossene Ganzheit dar, eine unzerstörbare Macht, die, aus vergangenen Jahrhunderten stammend, auch in künftigen Jahrhunderten bestehen wird. Daher symbolisiert die Stadt die Ganzheit des Menschen, das innere Wissen um eine Ganzheit, die nicht zerstört werden kann.

Als Synonym für das Selbst, für die psychische Ganzheit, ist die Stadt ein altes und bekanntes Bild. So lesen wir zum Beispiel in den Oxyrhynchus-Sprüchen Jesu[13]: »Eine auf dem Gipfel eines hohen Hügels gebaute und befestigte Stadt kann

[12] [Vgl. C. G. JUNG, *Aion* (Ges. Werke IX/II), Titelbild, und *Symbole der Wandlung* (Ges. Werke V).]

[13] [*New Sayings of Jesus and Fragment of a Lost Gospel*, ed. by GRENFELL and HUNT, S. 36 und 15.]

weder fallen noch verborgen werden.« Und: »Strebt daher danach, Euch selbst zu kennen, und Ihr werdet feststellen, daß Ihr die Söhne des allmächtigen Vaters seid; und Ihr werdet wissen, daß Ihr in der Stadt Gottes seid und Ihr seid die Stadt.« Es gibt eine koptische Abhandlung im Codex Brucianus, in der wir die Idee des Monogenes finden, des einzigen Sohnes Gottes, der auch der Anthropos, das heißt der Mensch, ist[14]. Er wird die Stadt mit den vier Toren genannt. Die Stadt mit den vier Toren symbolisiert die Ganzheit; sie ist das Individuum, das vier Tore zur Welt, die vier psychologischen Funktionen besitzt, und das daher im Selbst beschlossen ist. Die Stadt mit den vier Toren ist seine unzerstörbare Ganzheit – das Miteinander von Bewußtsein und Bewußtem.

So enthalten die Tiefen, die Schichten äußerster Unbewußtheit, in unserm Traum zugleich den Schlüssel zur individuellen Ganzheit, mit andern Worten, zur Heilung. Die Bedeutung von »ganz« oder »Ganzheit« liegt im Heiligmachen oder Heilen (englisch: whole = holy, healing). Der Abstieg in die Tiefe führt zur Heilung. Er ist der Weg zum ganzen Sein, zum Schatz, den die leidende Menschheit dauernd sucht, und der an einem von etwas furchtbar Gefährlichem bewachten Ort verborgen ist. Es ist der Ort ursprünglicher Unbewußtheit und zu gleicher Zeit der Ort des Heils und der Erlösung, weil er das Juwel der Ganzheit enthält. Er ist die Höhle, in der der Drache des Chaos haust, und auch die unzerstörbare Stadt, der magische Kreis oder *temenos*, der heilige Bezirk, in dem alle abgespaltenen Teile der Persönlichkeit vereinigt werden können.

Der Gebrauch eines magischen Kreises oder eines Mandala, wie es im Osten genannt wird, zu Heilzwecken ist eine archetypische Vorstellung. Wenn bei den Pueblo-Indianern von New Mexiko jemand krank ist, zeichnet man in den Sand ein Mandala mit vier Toren. In dessen Mitte baut man das sogenannte Schwitzhaus oder den Medizinraum, wo der Patient sich der Schwitzkur unterziehen muß. Auf den Boden des Medizinraumes wird ein weiterer magischer Kreis gezeichnet – der sich somit im Zentrum des großen Mandala befindet –, in dessen Mitte die Schale mit dem heilenden Wasser gestellt wird. Das Wasser symbolisiert das Eingehen in die Unterwelt. Der Heilungsprozeß dieser Zeremonie entspricht genau der Symbolik, die wir im kollektiven Unbewußten antreffen. Er ist ein Individuationsprozeß, ein Identischwerden mit der Ganzheit der Persönlichkeit, dem Selbst. In der christlichen Symbolik ist die Ganzheit Christus, und der Heilungsvorgang besteht in der *imitatio Christi*. Die vier Tore sind durch die vier Arme des

[14] [Es handelt sich um das MS. BRUCE 96, Bodleian Library, Oxford. Vgl. C. G. JUNG, *Psychologie und Alchemie* (Ges. Werke XII).]

Kreuzes ersetzt.

Die Schlange in der Höhle unseres Traumes ist mit B. C. befreundet, dem Kindheitshelden des Träumers, in den dieser alles projiziert hatte, was er zu werden wünschte, und alle Tugenden, nach denen er strebte. Dieser junge Freund lebt mit der Schlange in Frieden. Er ist ein argloses Kind, ist unschuldig und weiß noch von keinem Konflikt. Daher besitzt er den Schlüssel zu Spanien und die Macht über die vier Tore.

DISKUSSION

Dr. David Yellowlees:
Ich brauche wohl nicht zu betonen, daß ich nicht versuchen will, über irgend etwas von dem, was heute abend gesagt wurde, zu diskutieren. Wir freuen uns alle, daß Professor Jung uns einen so außerordentlich faszinierenden Bericht über seine eigenen Anschauungen gegeben hat, statt mit kritischen Auseinandersetzungen Zeit zu verlieren. Ich glaube immerhin, daß einige von uns dankbar wären, wenn er dem Umstand Rechnung tragen würde, daß unser Zugang zu Psychologie und Psychotherapie vielleicht zwar nicht ausschließlich freudianisch ist, sich aber doch in den Bahnen gewisser grundlegender Prinzipien bewegt, mit denen Freuds Name verbunden ist, wenn sie auch nicht unbedingt von ihm stammen. Wir sind sehr dankbar dafür, daß Professor Jung uns eine, wie wir glauben, erweiterte Schau eröffnet hat. Einige von uns ziehen diese vor, und vielleicht können die Freudianer uns sagen warum. Aber schon neulich abend wurde die Frage gestellt, wie sich der Begriff des Unbewußten, den Professor Jung uns vorgelegt hat, zu demjenigen Freuds verhalte, und ich hoffe, Professor Jung kann uns in dieser Hinsicht etwas behilflich sein. Ich bin mir sehr wohl bewußt, daß ich ihn vielleicht falsch verstehe, aber am Dienstag abend schien mir, er habe gesagt, daß er selbst mit Tatsachen und Freud mit Theorien zu tun habe. Er weiß so gut wie ich, daß eine solch kühne Behauptung weitere Erläuterungen benötigt, und ich wäre froh, wenn er uns zum Beispiel sagen könnte, was wir vom therapeutischen Gesichtspunkt aus tun sollten, wenn wir einen Patienten vor uns haben, der spontan Dinge vorbringt, die ich freudianisches Material nennen möchte, und inwieweit wir die Freudschen Theorien lediglich als Theorien ansehen sollen, wenn uns Material vorliegt, von dem bewiesen werden kann, daß es eine infantile Fixierung der Libido – oral, anal, genital usw. – zum Ausdruck bringt. Wir wären sehr dankbar, wenn Professor Jung uns etwas über mögliche Beziehungen sagen könnte.

C. G. Jung:
Ich sagte Ihnen zu Anfang, daß ich mich nicht auf Kritik einlassen möchte. Ich will Ihnen einfach meinen eigenen Standpunkt darlegen und Ihnen sagen, wie ich psychologisches Material betrachte, und ich nehme an, daß Sie, wenn sie gehört haben, was ich vorzubringen habe, sich über diese Fragen selbst ein Bild machen und dann entscheiden können, in wie vielem von Freud, von Adler oder von mir oder von wem sonst Sie folgen möchten. Immerhin sage ich Ihnen gern etwas über meine Beziehung zu Freud, wenn Sie das wünschen. Ich begann ursprünglich ganz nach den Ideen von Freud. Ich wurde sogar als sein bester Schüler angesehen. Ich verstand mich ausgezeichnet mit ihm, bis mir die Idee kam, daß gewisse Dinge symbolisch sind[15]. Dem wollte Freud nicht zustimmen; er identifizierte seine Methode mit der Theorie und die Theorie mit der Methode. Das ist aber nicht möglich, man kann nicht eine Methode mit der Wissenschaft identifizieren. Ich sagte ihm, daß ich angesichts dieser Situation das *Jahrbuch*[16] nicht länger herausgeben könne und trat zurück.

Ich bin mir aber der Verdienste von Freud voll und ganz bewußt und möchte sie keineswegs herabmindern. Ich weiß, daß das, was Freud sagt, auf viele Menschen paßt, und ich nehme an, daß diese Menschen genau die Psychologie haben, die er beschreibt. Adler, der völlig andersartige Ansichten vertritt, hat ebenfalls eine große Gefolgschaft, und ich bin überzeugt, daß viele Menschen eine Adlersche Psychologie besitzen. Ich meinerseits habe ebenfalls eine Gefolgschaft – keine so große wie Freud –, die vermutlich aus Menschen besteht, die meine Psychologie haben. Ich betrachte meinen Beitrag zur Psychologie als mein subjektives Bekenntnis. Es entspricht meiner persönlichen Psychologie, meinem »Vorurteil«, daß ich psychologische Tatsachen so sehe, wie ich es tue. Ich gebe zu, daß ich die Dinge auf diese spezielle Art sehe. Aber ich erwarte, daß Freud und Adler das gleiche tun und bekennen, daß ihre Ideen ihrem subjektiven Gesichtspunkt entsprechen. Insoweit wir unser persönliches Vorurteil zugeben, tragen wir in Wirklichkeit zu einer objektiven Psychologie bei. Wir können nicht anders, als von unsern Vorfahren geprägt zu sein, die die Dinge in einer bestimmten Art sehen wollten, und daher sind uns instinktiv gewisse Gesichtspunkte zu eigen. Ich wäre neurotisch, wenn ich die Dinge anders

[15] Wie aus Jungs Schriften hervorgeht, bezieht sich das z. B. auf den Inzestwunsch, den Freud konkret, Jung hingegen symbolisch deutete. Vgl. *Wandlungen und Symbole der Libido*, 1912; jetzt: *Symbole der Wandlung* (Ges. Werke V).]

[16] [*Jahrbuch für psychoanalytische und psychopathologische Forschungen* (Leipzig und Wien), das Organ der psychoanalytischen Bewegung. Jung trat 1913 als Herausgeber zurück.]

sehen würde, als mein Instinkt mich zu tun drängt; meine Schlange würde sich gegen mich wenden, wie die Primitiven sagen würden. Wenn FREUD gewisse Dinge sagte, konnte meine Schlange dem nicht zustimmen. Und ich bewege mich auf dem Weg, den mir meine Schlange vorschreibt, weil mir das gut bekommt. Ich habe aber Patienten, mit denen ich eine Freudsche Analyse mache und in alle Details gehe, die FREUD sehr richtig beschrieben hat. In andern Fällen sehe ich mich gezwungen, einen Adlerschen Gesichtspunkt einzunehmen, da es sich um Leute mit einem Machtkomplex handelt. Menschen, die fähig sind, sich anzupassen und die Erfolg haben, besitzen vermutlich eher eine freudianische Psychologie, denn ein Mensch in solcher Lage sucht nach der Erfüllung seiner Wünsche. Der Erfolglose hingegen hat keine Zeit über allfällige Wünsche nachzudenken. Er hat nur den einen Wunsch: ans Ziel zu kommen und wird daher eine Adlersche Psychologie besitzen, denn jemand, der dauernd auf dem zweiten Platz steht, entwickelt bestimmt einen Machtkomplex.

Ich habe in dieser Hinsicht keinen Machtkomplex, da ich genügend Erfolg hatte und in fast jeder Beziehung fähig war, mich anzupassen. Es ist mir absolut gleichgültig, ob die ganze Welt meine Anschauungen ablehnt. Ich fühle mich sehr wohl in der Schweiz, ich genieße das Leben, und wenn meine Bücher niemand freuen, so freuen sie doch mich. Ich kenne nichts Schöneres, als in meiner Bibliothek zu sitzen, und wenn ich in meinen Büchern etwas entdecke, so ist das herrlich. Ich kann nicht sagen, ich hätte eine Freudsche Psychologie, da ich mit meinen Wünschen nie solche Schwierigkeiten hatte. Als Knabe lebte ich auf dem Land und nahm die Dinge sehr natürlich, und die natürlichen und unnatürlichen Dinge, von denen FREUD spricht, interessierten mich nicht. Über den Inzestkomplex zu sprechen, langweilt mich zu Tode. Aber ich weiß genau, wie ich mich selbst neurotisch machen könnte: wenn ich nämlich etwas sagen oder glauben würde, was nicht ich selbst bin. Wenn ich sage, was ich sehe, und jemand mit mir übereinstimmt, so freut mich das, und wenn mir niemand zustimmt, so ist mir das gleichgültig. Ich kann mich weder dem Adlerschen noch dem Freudschen Bekenntnis anschließen. Ich kann nur dem Jungschen Bekenntnis zustimmen, denn ich sehe die Dinge in dieser Weise, auch wenn nicht ein einziger Mensch auf der ganzen Welt meine Ansicht teilt. Das einzige, was ich hoffe, ist, Ihnen einige interessante Ideen vorlegen zu können und Ihnen zu zeigen, wie ich an die Dinge herangehe.

Es hat mich immer interessiert, einen Handwerker bei der Arbeit zu beobachten. Seine Geschicklichkeit macht den Reiz des Handwerks aus. Psychotherapie ist ein Handwerk, und ich gehe auf meine individuelle Weise – eine sehr bescheidene und sehr wenig spektakuläre Weise – an die Dinge heran, mit denen ich zu tun habe. Ich glaube keinen Augenblick, daß ich absolut recht habe. Niemand hat absolut recht in psychologischen Dingen. Sie dürfen nicht vergessen, daß in der Psychologie das *Mittel*, mit dem man die Psyche beurteilt und beobachtet, die *Psyche* selbst ist. Haben Sie je von einem Hammer gehört, der sich selbst hämmert? In der Psychologie ist der Beobachter der Beobachtete. Die Psyche ist nicht nur das *Objekt*, sondern auch das *Subjekt* unserer Wissenschaft. Sie sehen also, wir bewegen uns in einem Teufelskreis und müssen sehr bescheiden sein. Das Höchste, das wir in der Psychologie erreichen können, ist, daß jeder seine Karten auf den Tisch legt und zugibt: »Ich gehe die Dinge in dieser oder jener Weise an, und ich sehe sie so und so.« Dann kann man die Aufzeichnungen vergleichen.

Ich habe immer eigene Aufzeichnungen mit FREUD und ADLER verglichen. Drei Bücher wurden von Schülern von mir geschrieben im Versuch, eine Übersicht über die drei Gesichtspunkte zu geben[17]. Von der andern Seite hat man nichts Entsprechendes gehört. Das hängt mit unserem schweizerischen Temperament zusammen. Wir sind liberal und versuchen, die Dinge nebeneinander, miteinander zu sehen. Von meinem Standpunkt aus wäre es am besten festzustellen, daß es offenbar tausende von Menschen mit einer Freudschen Psychologie und tausende mit einer Adlerschen Psychologie gibt. Einige suchen Wunscherfüllung, andere Machterfüllung, und wieder andere wollen die Welt so sehen, wie sie ist, und die Dinge in Ruhe lassen. Wir wollen nichts ändern. Die Welt ist recht, so wie sie ist.

Es gibt sehr viele verschiedene Arten von Psychologie. Eine gewisse amerikanische Universität veröffentlicht jedes Jahr einen Band über die Psychologie von 1934, 1935 und so weiter. Es herrscht ein vollständiges Chaos in der Psychologie; nehmen Sie daher psychologische Theorien nicht so furchtbar ernst. Psychologie ist kein religiöser Glaube, sondern ein Gesichtspunkt, und wenn wir uns menschlich dazu einstellen, werden wir uns gegenseitig verstehen können. Ich gebe zu, daß einige Leute sexuelle und andere Leute andere Schwierigkeiten haben. Ich habe hauptsächlich andere Nöte. Sie haben jetzt ungefähr eine Vorstellung davon, wie ich die Dinge ansehe. Mein Problem ist das Ringen mit dem großen Monstrum der historischen Vergangenheit, der großen Schlange der Jahrhunderte, der Last des menschlichen Geistes, dem Problem

[17] W. M. KRANEFELDT, *Die Psychoanalyse; Psychoanalytische Psychologie*, 1950. G. R. HEYER, *Der Organismus der Seele*, 1959. G. ADLER, *Entdeckung der Seele*, 1934.

des Christentums. Es wäre so viel einfacher, wenn ich nichts wüßte; aber ich weiß zuviel — von meinen Ahnen her und durch meine eigene Erziehung. Andere lassen sich von diesen Problemen nicht beunruhigen, sie sorgen sich nicht um die historische Last, die das Christentum uns aufgebürdet hat. Es gibt aber Menschen, die sich mit dem großen Kampf zwischen der Gegenwart und der Vergangenheit oder Zukunft auseinandersetzen. Dies ist ein ungeheures menschliches Problem. Es gibt Menschen, die Geschichte machen, und andere, die sich in der Nähe der Stadt ein Häuschen bauen. Der Fall Mussolini wird nicht dadurch gelöst, daß man sagt, er habe einen Machtkomplex. Er befaßt sich mit Politik, und das bedeutet für ihn Leben und Tod. Die Welt ist riesengroß, und es gibt nicht nur eine Theorie, um alles zu erklären.

Für Freud ist das Unbewußte hauptsächlich ein Gefäß für verdrängte Dinge. Er betrachtet es aus dem Blickwinkel der Kinderstube. Für mich ist es ein gewaltiger historischer Lagerraum. Ich gebe zu, daß ich auch eine Kinderstube habe, aber sie ist klein im Vergleich zu den riesigen Zeiträumen, die mich von Kindheit an mehr interessierten als die Kinderstube. Es gibt viele Leute wie mich, ich bin in dieser Hinsicht optimistisch. Es gab eine Zeit, in der ich dachte, es gebe niemanden wie mich; ich fürchtete, meine Art zu denken sei größenwahnsinnig. Dann stellte ich fest, daß viele Menschen meine Anschauungen teilten, und es erfüllte mich mit Befriedigung, daß ich vielleicht eine Minderheit von Leuten vertrat, deren grundlegende psychologische Gegebenheiten durch meine Formulierungen mehr oder weniger glücklich zum Ausdruck kommen. Wenn man solche Leute in Analyse bekommt, merkt man, daß sie nicht mit Freuds oder Adlers Gesichtspunkt übereinstimmen, sondern mit meinem. Man hat mir meine Naivität vorgeworfen. Wenn ich bei einem Patienten nicht sicher bin, gebe ich ihm Bücher von Freud und Adler und fordere ihn auf zu wählen, in der Hoffnung, daß wir auf die richtige Spur kommen. Es kommt vor, daß wir auf dem falschen Weg sind. In der Regel teilen Menschen, die eine gewisse Reife erreicht haben, die philosophisch veranlagt, in der Welt mehr oder weniger erfolgreich und nicht allzu neurotisch sind, meine Auffassungen. Sie dürfen aber von dem, was ich Ihnen hier vorlege, nicht darauf schließen, daß ich meine Karten immer auf den Tisch lege und den Patienten alles sage, was ich Ihnen hier erzähle. Schon aus Zeitgründen könnte ich nicht in all diese Deutungseinzelheiten gehen. Es gibt aber einige wenige, für die es notwendig ist, sich ein großes Wissen zu erwerben, und die dankbar sind für einen Weg, der sie zu einer Erweiterung ihrer Ansichten führt.

Ich kann Ihnen nicht sagen, wie ich mich mit Freud auf

einem gemeinsamen Boden finden könnte, wenn er einen bestimmten Teil des Unbewußten das »Es« nennt. Warum ihm einen solch seltsamen Namen geben? Es ist das Unbewußte, und das ist etwas, das wir nicht kennen. Warum es das Es nennen? Natürlich führt der Unterschied der Temperamente zu verschiedenen Auffassungen. Ich konnte mich nie dazu aufraffen, Sex-Fällen ein Rieseninteresse entgegenzubringen. Es gibt sie natürlich, es sind Menschen mit einem neurotischen Geschlechtsleben, und man muß mit ihnen darüber reden, bis sie genug davon haben und man diese langweiligen Dinge verlassen kann. Natürlich hoffe ich angesichts meines eigenen Temperaments, daß wir damit so rasch wie möglich zu Ende kommen. Es ist neurotisches Zeug, und kein vernünftiger normaler Mensch redet lange darüber. Es ist nicht natürlich, sich über solche Dinge lang zu verbreiten. Die Primitiven sind diesbezüglich sehr zurückhaltend. Sie weisen auf den Geschlechtsverkehr mit einem Wort hin, das soviel heißt wie »psst«. Sexuelle Dinge sind für sie tabu, wie das auch für uns der Fall ist, wenn wir natürlich sind. Aber tabuierte Dinge und Orte waren schon immer geeignet, zum Gefäß für alle möglichen Projektionen zu werden. Daher liegt das eigentliche Problem gar nicht dort. Mancher macht sich unnötige Schwierigkeiten bezüglich sexueller Dinge, während sein eigentliches Problem ganz woanders liegt. Einmal kam ein junger Mann mit einer Zwangsneurose zu mir. Er brachte mir ein von ihm verfaßtes Manuskript von hundertvierzig Seiten, eine vollständige Freudianische Analyse seines Falles. Sie war nach allen Regeln der Kunst ausgearbeitet, sie hätte im »Jahrbuch« veröffentlicht werden können. Er sagte zu mir: »Wollen Sie dies bitte lesen und mir sagen, warum ich nicht geheilt bin, obwohl ich eine vollständige Psychoanalyse durchgemacht habe?« Ich sagte: »Ich verstehe das auch nicht. Sie sollten nach allen Regeln der Kunst geheilt sein, aber wenn Sie mir sagen, Sie seien nicht geheilt, dann muß ich es Ihnen glauben.« Er wiederholte: »Warum bin ich nicht geheilt, wenn ich doch die Struktur meiner Neurose voll einsehe?« Ich sagte: »Ich habe gegen Ihre Abhandlung nichts einzuwenden. Das Ganze ist wunderbar gut dargestellt. Es bleibt mir nur eine, vielleicht sehr törichte Frage: Sie erwähnen nicht, wo Sie herkommen und wer Ihre Eltern sind. Sie sagen, Sie verbrachten den letzten Winter an der Riviera und den Sommer in St. Moritz. Sind Sie sehr vorsichtig gewesen in der Wahl Ihrer Eltern?« »Absolut nicht.« »Sie haben wohl ein ausgezeichnet gehendes Geschäft und verdienen eine Menge Geld?« »Nein, ich kann kein Geld verdienen.« »Dann besitzen Sie ein großes Vermögen von einem Onkel?« »Nein.« »Wo kommt dann aber das Geld her?« Er antwortete: »Ich habe eine Vereinbarung getroffen. Eine befreundete Person gibt mir das Geld.« Ich sagte: »Das muß ein wundervoller Freund sein«, und er antwortete: »Es ist eine Frau.« Sie war viel älter als er, 36 Jahre alt, Lehrerin an einer Primarschule mit einem kleinen Gehalt, die sich, als ältliche Junggesellin, in den achtundzwanzigjährigen Burschen verliebt hatte. Sie lebte von Brot und Milch, damit er seinen Winter an der Riviera und seinen Sommer in St. Moritz verbringen konnte. Ich sagte: »Und Sie fragen, weshalb Sie krank sind!« Er sagte: »Ach, Sie moralisieren ja; das ist nicht wissenschaftlich.« Ich sagte: »Das Geld in Ihrer Tasche ist das Geld der Frau, die Sie ausnützen.« Er sagte: »Nein, wir haben ernsthaft darüber gesprochen, und darüber, daß ich das Geld von ihr erhalte, braucht nicht diskutiert zu werden.« Ich sagte: »Sie machen sich selbst vor, es sei nicht ihr Geld, aber Sie leben davon, und das ist unmoralisch. Es ist der Grund Ihrer Zwangsneurose. Sie ist eine Kompensation und eine Bestrafung für Ihre unmoralische Haltung.« Ein äußerst unwissenschaftlicher Standpunkt natürlich, aber nach meiner Überzeugung verdient er seine Zwangsneurose und wird sie bis zum letzten Tag seines Lebens behalten, wenn er sich weiter benimmt wie ein Schwein.

Dr. T. A. Ros:
Kam das in der Analyse nicht heraus?

C. G. Jung:
Er ging weg wie ein Gott und dachte: »Dr. Jung ist nur ein Moralist, kein Wissenschaftler. Jeder andere hätte sich von dem interessanten Fall beeindrucken lassen, statt nach einfachen Dingen zu suchen.« Er begeht ein Verbrechen, indem er die Lebensersparnisse einer einfachen Frau stiehlt, um damit sein Leben zu genießen. Dieser Bursche gehört ins Gefängnis, und seine Zwangsneurose liefert ihn genau dieser Situation aus.

Dr. P. W. L. Camps:
Ich bin nur ein einfacher praktischer Arzt, kein Psychologe, und bin hier ein Outsider. Am ersten Abend fand ich, ich hätte kein Recht, hier zu sein; am zweiten Abend war ich wieder hier; am dritten Abend war ich froh, hier zu sein; und am vierten Abend befinde ich mich in einem mythologischen Labyrinth.

Ich möchte etwas wegen gestern abend fragen. Wir wurden entlassen mit der Vorstellung, daß Vollkommenheit höchst unerwünscht, dagegen Vollständigkeit das Ende und Ziel der Existenz sei. Ich habe zwar gut geschlafen, aber irgendwie stehe ich unter einem ethischen Schock. Vielleicht bin ich intellektuell nicht sehr begabt, und ich erlitt auch einen intellektuellen Schock. Professor Jung erklärt sich als Deterministen oder Fatalisten. Als ein junger Mann, den er in Analyse hatte, ihn enttäuscht verließ und dann zugrundeging, fand Professor Jung das ganz in Ordnung. Ihr Psychologen, nehme ich an, versucht doch Menschen zu heilen und seht eine Aufgabe im Leben, die nicht nur darin besteht, euren Interessen zu frönen, ob diese nun die Mythologie oder das Studium der menschlichen Natur betreffen. Ihr versucht, der menschlichen Natur auf den Grund zu kommen und sie wenn möglich zu etwas Besserem aufzubauen.

Ich lauschte mit größtem Interesse Professor Jungs einfachen englischen Ausdrücken und habe sie genossen. Diese ganze neue Terminologie hat mich etwas durcheinander gebracht. Von unserem Empfinden, Denken, Fühlen und Intuieren zu hören — wozu möglicherweise noch ein X für etwas anderes angefügt werden könnte —, war für mich als durchschnittlichen Menschen höchst aufschlußreich.

Wir haben aber nichts darüber gehört, wie sich das Bewußtsein oder vielleicht eher das Unbewußte des Kindes entwikkelt. Ich glaube, wir haben nicht genug über Kinder gehört. Ich würde Herrn Professor Jung gern fragen, wo und wann das Unbewußte des Kindes zum Bewußtsein wird.

Ferner wüßte ich gern, ob wir nicht etwas irregeführt werden durch all diese Diagramme, Abgrenzungen, Ichs und Es und all das andere, das uns hier vorgeführt wurde; ich frage mich, ob man diese Diagramme nicht dadurch verbessern könnte, daß man sich die Dinge als Stufenabfolge vorstellt.

Professor Jung hat darauf hingewiesen, daß wir Gesichter und Augen und Ohren vererbt bekommen haben. Es gibt eine ungeheure Vielfalt von Gesichtern, und in der Psychologie gibt es ebenfalls eine Vielfalt von Typen. Wäre es nicht vernünftig anzunehmen, daß sich auf dieses Erbe eine Unzahl möglicher Varianten aufpflanzt, die eine Art Netzwerk, sozusagen ein Sieb darstellen, das die Eindrücke aufnimmt, sie in den unbewußten Jahren der frühen Kindheit auswählt und später ins Bewußtsein weiterleitet? Ich möchte fragen, ob solche Gedanken den Geist eines eminenten Psychologen, wie er einer ist — des größten Psychologen meines Erachtens —, heute abend gestreift haben?

C. G. Jung:

Nach diesem schweren Vorwurf, ich verhalte mich unmoralisch, schulde ich Ihnen eine Erklärung für meine zynischen Bemerkungen von gestern. Ganz so schlecht bin ich doch nicht. Natürlich tue ich mein Möglichstes für die Patienten; aber es ist sehr wichtig in der Psychologie, daß der Arzt nicht eine

Heilung um jeden Preis anstrebt. Wir müssen außerordentlich vorsichtig sein, um dem Patienten nicht unsern eigenen Willen und unsere Überzeugungen aufzuzwingen. Wir müssen ihm ein gewisses Maß an Freiheit zugestehen. Man kann Menschen nicht ihrem Schicksal entwinden, so wie man in der Medizin einen Patienten nicht heilen kann, wenn die Natur ihn zum Sterben bestimmt hat. Manchmal steht man wirklich vor der Frage, ob es einem erlaubt sei, jemanden vor einem Schicksal zu retten, das er im Interesse seiner späteren Entwicklung auf sich nehmen muß. Man kann gewisse Leute nicht zurückhalten, furchtbar törichte Dinge zu tun, weil das einfach zu ihrem Wesen gehört. Wenn ich sie ihnen wegnehme, haben sie gar nichts davon. Wir kommen zu einer psychologischen Entwicklung nur dadurch, daß wir uns selbst so annehmen, wie wir sind, und das Leben, das uns anvertraut ist, ernsthaft zu leben versuchen. Unsere Sünden und Irrtümer und Fehler sind für uns notwendig, da wir sonst der wertvollsten Entwicklungsanreize beraubt würden. Wenn jemand, nachdem er von mir etwas gehört hat, was seine innere Verfassung ändern könnte, ohne darauf zu achten weggeht, dann rufe ich ihn nicht zurück. Sie können mich unchristlich schelten, aber das berührt mich nicht. Ich stehe auf der Seite der Natur. Das alte chinesische Buch der Weisheit sagt: »Der Meister sagt es einmal.« Er läuft den Leuten nicht nach, das nützt nichts. Diejenigen, die hören sollen, werden verstehen, und diejenigen, die nicht verstehen sollen, werden nicht hören.

Ich war der Meinung, mein Publikum setze sich hauptsächlich aus Psychotherapeuten zusammen. Wenn ich gewußt hätte, daß Mediziner hier anwesend sind, hätte ich mich etwas höflicher ausgedrückt. Die Psychotherapeuten werden mich aber verstehen. FREUD — um des Meisters eigene Worte zu zitieren — sagt, es sei nicht gut, um jeden Preis zu heilen. Er hat das mir gegenüber oft wiederholt, und er hat recht.

Psychologische Wahrheiten sind zweischneidig, und alles, was ich sage, kann so gedreht werden, daß es das Schlechteste, die größte Zerstörung und absoluten Unsinn bewirken könnte. Nicht eine Feststellung, die ich gemacht habe, ist nicht schon ins Gegenteil verkehrt worden. So bestehe ich auf keiner meiner Behauptungen. Sie können sie annehmen, aber wenn Sie es nicht tun, dann ist es auch recht. Sie können mich vielleicht dafür tadeln, aber ich vertraue darauf, daß in jedem Menschen ein Lebenswille am Werk ist, der ihm hilft, das zu wählen, was ihm entspricht. Wenn ich jemanden behandle, muß ich außerordentlich aufpassen, daß ich ihn nicht mit meinen Anschauungen oder meiner Persönlichkeit überrenne, denn er muß während seines ganzen Lebens seinen einsamen Kampf kämpfen, und er muß fähig sein, seinem vielleicht sehr unvollständigen Rüstzeug und seinem vielleicht sehr unvollkommenen Ziel zu vertrauen. Wenn ich sage: »Das ist nicht gut und sollte besser sein«, dann entmutige ich ihn. Er muß sein Feld mit einem Pflug pflügen, der vielleicht nicht gut ist; meiner ist vielleicht besser, aber was nützt er ihm? Er besitzt meinen Pflug nicht, sondern ich besitze ihn, und er kann ihn sich nicht ausleihen; er muß seine vielleicht sehr unvollständigen Werkzeuge benützen und mit seinen eigenen ererbten Fähigkeiten arbeiten, was immer die sein mögen. Natürlich helfe ich ihm. Ich sage zum Beispiel: »Ihr Denken ist ausgezeichnet, aber vielleicht könnten Sie in anderer Hinsicht einiges verbessern.« Wenn er das nicht hören will, so insistiere ich nicht, da ich ihn nicht von seinem Weg abbringen will.

Dr. Marion Mackenzie:
So wie Sie den jungen Mann nicht zurückriefen, sondern ihn sorgenvoll gehen ließen?

C. G. Jung:
Ja, es ist die gleiche Methode. Wenn ich zu jemandem sagen würde: »Sie gingen besser nicht fort«, dann käme er nie zurück. Ich muß zu ihm sagen: »Tun Sie, was Ihnen recht erscheint.« Dann wird er mir vertrauen.

Was die Frage nach den Kindern angeht, so hat man in den letzten Jahrzehnten derart viel über Kinder geredet, daß ich mich bei solchen Zusammenkünften manchmal am Kopf kratze und mich frage: »Sind das alles Hebammen und Kindermädchen?« Besteht die Welt nicht vor allem aus Eltern und Großeltern? Die Probleme liegen bei den Erwachsenen. Lassen wir doch die armen Kinder aus dem Spiel. Die Neurose der Kinder wird durch die Eltern geschaffen.

Sicher sind Forschungen über die Bewußtseinsentwicklung interessant. Das Einsetzen des Bewußtseins ist ein fließender Übergang, und man kann nicht genau sagen, wann das Kind wirklich bewußt geworden ist und wann es das noch nicht war. Aber das gehört zu einem ganz andern Kapitel: zur Psychologie der Lebensalter. Es gibt eine Psychologie des frühen Kindesalters, die offenbar in der Psychologie der Eltern besteht; eine Psychologie der Periode vom Kleinkind bis zur Pubertät; eine Psychologie der Pubertät, des jungen Mannes, des Erwachsenen mit 35, des Mannes in der zweiten Lebenshälfte, des alten Menschen. Das ist eine Wissenschaft für sich, und ich könnte unmöglich all das hier auch noch vorbringen. Es ist schon äußerst schwierig, nur einen einzigen Traum zu erläutern. Die Wissenschaft ist groß. Es kommt mir vor, wie wenn Sie von einem Physiker, der über die Lichttheorie spricht, erwarten würden, daß er zu gleicher Zeit auch die ganze mechanische Physik erklärt. Es ist einfach nicht möglich. Psychologie ist kein Einführungskurs für Kindermädchen; sie ist eine sehr ernsthafte Wissenschaft und verlangt eine Unmenge an Wissen; verlangen Sie also bitte nicht zu viel von mir. Ich tue mein bestes, um mich mit den Träumen auseinanderzusetzen und Ihnen etwas darüber zu sagen, und ich kann natürlich nicht alle Erwartungen erfüllen.

Zur Frage nach der Vollkommenheit: Nach Vollkommenheit zu streben ist ein hohes Ideal. Ich sage aber: »Bringt lieber etwas zustande, was Ihr zustande bringen könnt, anstatt dem nachzujagen, was Ihr nie erreichen werdet.« Niemand ist vollkommen. Denken Sie an den Ausspruch: »Niemand ist gut als Gott allein.«[18] Niemand kann es sein. Es ist eine Illusion. Das einzige, was wir tun können, ist bescheiden danach zu streben, uns selbst zu erfüllen und möglichst vollständige menschliche Wesen zu werden, und das ist schon anstrengend genug.

Dr. Eric B. Strauss:
Beabsichtigen Sie, die Gründe zu publizieren, die Sie dazu führten, gewisse archetypische Symbole mit physiologischen Abläufen gleichzusetzen?

C. G. Jung:
Der Fall, den Sie im Auge haben, war mir von Dr. Davie vorgelegt worden, und er hat ihn später ohne mein Wissen publiziert[19]. Ich möchte über diesen Zusammenhang nicht mehr sagen, da ich mich auf diesem Boden noch nicht sehr sicher fühle. Die Fragen der Differentialdiagnose zwischen organischer Krankheit und psychologischer Symbolik sind sehr schwierig, und ich möchte für den Augenblick hierauf lieber nicht näher eintreten.

Dr. Strauss:
Sie basierten Ihre Diagnose aber auf den Trauminhalten?

C. G. Jung:
Ja, denn die organische Störung beeinflußte die seelischen Funktionen. Es lag eine ernsthafte Depression vor und vermutlich eine tiefliegende Störung des sympathischen Nervensystems.

Dr. H. Crichton-Miller:
Morgen haben wir unser letztes Seminar, und es gibt noch einen Punkt, der uns interessiert und auf den noch nicht hin-

[18] [Lukas 18, 19.]
[19] [Siehe S. 72, Anm. 15.]

gewiesen wurde. Es geht um das schwierige Problem der Übertragung. Es würde mich interessieren, ob Professor Jung es für angezeigt hält, uns morgen seine Auffassungen über die Übertragung und ihre adäquate Behandlung bekanntzugeben, ohne unbedingt auf die Auffassungen anderer Schulen einzutreten.

Fünfte Vorlesung

Der Vorsitzende, Dr. J. R. Rees:
Meine Damen und Herren: Sie werden festgestellt haben, daß die einleitenden Bemerkungen des Vorsitzenden jedesmal kürzer geworden sind. Gestern hörte Professor Jung in der Mitte einer zusammenhängenden Geschichte auf, und ich glaube, wir wünschen alle, daß er damit gleich weiterfährt.

C. G. Jung:
Meine Damen und Herren: Wie Sie sich erinnern, habe ich damit begonnen, Ihnen das zu dem Traum gehörige Material vorzulegen. Ich bin nun mitten drin, und es kommt noch viel dazu. Aber am Ende der gestrigen Vorlesung bat mich Dr. Crichton-Miller, über das Problem der Übertragung zu sprechen. Das zeigte mir etwas, was von praktischer Bedeutung zu sein scheint. Wenn ich einen solchen Traum sorgfältig analysiere und sehr viel Arbeit darauf verwende, fragen sich meine Kollegen oft, weshalb ich eine solche Menge gelehrten Materials zusammentrage. Sie denken: »Nun ja, man sieht natürlich seinen Eifer und seinen guten Willen, etwas aus dem Traum zu machen. Aber was ist der praktische Zweck all dieser Parallelen?«

Ich habe gar nichts gegen diese Zweifel. Ich war aber gerade dabei, etwas zu dem Problem Gehörendes zu bringen, und gerade bei diesem Versuch stellte mir Dr. Crichton-Miller die Frage, die jeder praktische Arzt stellen würde. Praktische Ärzte haben es mit praktischen Problemen zu tun und nicht mit theoretischen Fragen; daher werden sie beim Anhören theoretischer Erläuterungen immer etwas ungeduldig. Das halb amüsante, halb schmerzliche, unter Umständen sogar tragische Problem der Übertragung beschäftigt sie ganz besonders. Hätten Sie ein bißchen mehr Geduld gehabt, dann hätten Sie gesehen, daß ich gerade das Material behandelte, anhand dessen die Übertragung analysiert werden kann. Da aber die Frage gestellt wurde, sollte ich vielleicht Ihrem Wunsch doch entsprechen und über die Psychologie und Behandlung der Übertragung sprechen. Ich möchte den Entscheid Ihnen überlassen. Gehe ich richtig in der Annahme, daß Dr. Crichton-Miller im Namen der Mehrheit von Ihnen gesprochen hat?

Mitglieder:
Ja.

C. G. JUNG:
Ich glaube, Sie haben recht, denn wenn ich über Übertragung spreche, so gibt mir das Gelegenheit, auf das zurückzukommen, was ich ursprünglich mit der Analyse jenes Traumes im Sinn hatte. Ich fürchte, wir werden nicht fertig werden damit; vermutlich ist es aber besser, von Ihren aktuellen Problemen und Ihren aktuellen Schwierigkeiten auszugehen.

Ich hätte mich nie gezwungen gefühlt, diese ausgedehnte Symbolik und das sorgfältige Studium der Parallelen auszuarbeiten, wenn mich nicht das Übertragungsproblem so stark beunruhigt hätte. Daher ergibt sich über die Besprechung der Übertragung ein Weg zu der Art von Arbeit, die ich Ihnen in meiner gestrigen Vorlesung zu beschreiben versucht habe. Ich sagte Ihnen gleich zu Anfang, daß meine Vorlesungen ein trauriger Torso bleiben werden. Es ist mir einfach unmöglich, Ihnen in fünf Abenden eine vollständige Übersicht über das zu geben, was ich zu sagen habe, selbst wenn ich die Dinge so komprimiere wie ich es getan habe.

Wenn wir über Übertragung sprechen, müssen wir zuerst den Begriff definieren, damit wir auch wirklich wissen, worüber wir sprechen. Sie wissen, daß das Wort Übertragung, ursprünglich von FREUD geprägt, fast zu einem Wort der Umgangssprache geworden ist; es hat sogar den Weg ins Volk gefunden. Man versteht darunter im allgemeinen eine unbeholfene Anhänglichkeit, eine Art klebriger Beziehung.

Übertragung heißt wörtlich: etwas von einem Ort an einen andern tragen. Der Ausdruck wird auch im bildlichen (»übertragenen«) Sinn gebraucht, um zu bezeichnen, daß etwas in eine andere Form gebracht werden soll. Daher ist er im Deutschen synonym mit *Übersetzung.*

Der psychologische Vorgang der Übertragung ist eine spezifische Form des allgemeineren Vorgangs der Projektion. Es ist wichtig, diese beiden Begriffe zusammenzubringen und sich klar darüber zu sein, daß die Übertragung ein Spezialfall der Projektion ist – mindestens verstehe ich die Dinge in diesem Sinn. Natürlich ist jeder frei, den Ausdruck nach seinem Belieben zu verwenden.

Die Projektion ist ein allgemeiner psychologischer Mechanismus, der subjektive Inhalte irgendeiner Art auf ein Objekt überträgt. Wenn ich zum Beispiel sage: »Die Farbe dieses Zimmers ist gelb«, so ist das eine Projektion, weil das Objekt an sich nicht gelb ist; gelb existiert nur in uns. Sie wissen, daß Farbe eine subjektive Erfahrung ist. So ist auch der Ton, den ich höre, eine Projektion, denn der Ton existiert nicht an sich; er ist nur in meinem Kopf ein Ton, er ist ein psychisches Phänomen, das ich projiziere.

Übertragung im speziellen Sinn ist ein Vorgang, der sich zwischen zwei Menschen abspielt, und nicht zwischen einem menschlichen Subjekt und einem physischen Objekt, wenn es auch Ausnahmen gibt; während der allgemeinere Mechanismus der Projektion, wie wir gesehen haben, sich genauso gut auf physische Objekte beziehen kann. Der Projektionsmechanismus, durch den subjektive Inhalte auf das Objekt übertragen werden und als zu diesem gehörig erscheinen, beruht niemals auf einem Willensakt, und die Übertragung als Spezialform der Projektion bildet hiervon keine Ausnahme. Man kann nicht bewußt und absichtlich projizieren, weil man dann ja immer wüßte, daß man eigene subjektive Inhalte projiziert; in diesem Fall kann man sie aber nicht ins Objekt hineinverlegen, denn man weiß ja, daß sie zu einem selbst gehören. Bei Vorliegen einer Projektion ist der Anschein, mit dem man im Objekt konfrontiert ist, in Wirklichkeit eine Illusion; man nimmt aber an, daß das, was man im Objekt beobachtet, nicht subjektiven Ursprungs, sondern objektiv vorhanden ist. Daher wird die Projektion fallengelassen, wenn man feststellt, daß die scheinbar objektiven Tatsachen in Wirklichkeit subjektive Inhalte sind. Dann werden diese Inhalte der eigenen Psychologie zugeordnet, und man kann sie nicht mehr dem Objekt zuschreiben.

Zuweilen ist man sich der eigenen Projektionen durchaus bewußt, wenn man auch nicht ihr ganzes Ausmaß kennt. Und jener Teil, der einem nicht bekannt ist, bleibt unbewußt und erscheint immer noch als dem Objekt zugehörig. Dies geschieht in der Analyse praktisch sehr oft. Man sagt zum Beispiel: »Nun passen Sie einmal auf, Sie projizieren einfach das Bild Ihres Vaters in jenen Mann oder in mich«, und man nimmt an, das sei eine vollständig befriedigende Erklärung und genüge völlig, um die Projektion aufzulösen. Sie ist vielleicht befriedigend für den Arzt, aber nicht für den Patienten. Denn wenn da noch etwas mehr in dieser Projektion ist, wird der Patient weiter projizieren. Das hängt nicht von seinem Willen ab; es ist einfach ein Phänomen, das sich selbst erzeugt. Die Projektion geschieht automatisch und spontan. Sie ist einfach da; man weiß nicht, wie sie entsteht. Man findet sie einfach vor. Und diese Regel, die für die Projektion im allgemeinen gilt, gilt auch für die Übertragung. Übertragung ist etwas, was einfach da ist. Wo sie sich vorfindet, ist sie *a priori* da. Die Projektion ist immer ein *unbewußter* Vorgang; daher wird sie vom Bewußtsein oder durch bewußtes Gewahrwerden zerstört.

Wie ich schon gesagt habe, ist die Übertragung im engeren Sinn eine Projektion, die sich zwischen zwei Individuen abspielt und die in der Regel emotionaler und zwingender Art ist. Emotionen sind an sich schon immer von überwältigender Auswirkung für das Subjekt, da sie unwillkürliche Vorgänge sind, welche die Absichten des Ich überrennen. Außerdem hängen sie sich ans Subjekt, und dieses kann sich nicht von sich selbst befreien. Gleichzeitig aber wird dieser unwillkürliche Vorgang vom Subjekt in das Objekt projiziert, und dadurch bildet sich ein unauflösliches Band, das auf das Subjekt einen zwingenden Einfluß ausübt.

Emotionen sind nicht ablösbar wie Ideen oder Gedanken, weil sie mit gewissen physischen Vorgängen identisch und daher tief im Stoff des Körpers verwurzelt sind. Deshalb bilden die mit den projizierten Inhalten verbundenen Emotionen immer eine Verbindung, eine Art dynamischer Beziehung zwischen Subjekt und Objekt, und das ist die Übertragung. Natürlich kann eine solche emotionale Verbindung oder Brücke oder ein solches Gummiband positiver oder negativer Art sein, wie Sie das ja gut genug wissen.

Die Projektion emotionaler Inhalte hat immer eine merkwürdige Wirkung. Emotionen sind ansteckend, weil sie tief im sympathischen Nervensystem verwurzelt sind; daher das Wort »Sympathikus«. Jeder emotionale Vorgang löst unmittelbar ähnliche Vorgänge in andern aus. Wenn man sich in einer emotional erregten Menge befindet, kann man nicht anders, als sich von der gleichen Emotion angesteckt zu fühlen. Nehmen Sie an, Sie befinden sich in einem Land, dessen Sprache Sie nicht verstehen, und jemand macht einen Scherz, der die Leute zum Lachen bringt; dann lachen Sie ganz idiotisch ebenfalls, einfach weil Sie lachen müssen. Oder wenn Sie sich in einer politisch erregten Menge befinden, werden Sie automatisch ebenfalls erregt, auch wenn Sie die Überzeugungen der andern gar nicht teilen; die Emotion hat diese suggestive Wirkung. Die französischen Psychologen haben sich mit dieser *contagion mentale* beschäftigt, es gibt sehr gute Bücher zu dieser Frage, besonders von Le Bon über Massenpsychologie[1].

In der Psychotherapie hat die Tatsache, daß der Patient Emotionen hat, einen Einfluß auf den Arzt, auch wenn dieser von den emotionalen Inhalten des Patienten ganz losgelöst ist. Und es ist ein großer Fehler zu denken, der Arzt könnte sich heraushalten. Er kann sich nur bewußt machen, daß er affiziert ist. Wenn er das nicht sieht, ist er zu unbeteiligt und redet an der Sache vorbei. Er ist sogar verpflichtet, die Emotionen des Patienten anzunehmen und sie widerzuspiegeln.

[1] Le Bon, *Psychologie der Massen*, 1957.

Das ist auch der Grund, weshalb ich es ablehne, den Patienten auf ein Sofa zu legen und hinter ihm zu sitzen. Ich setze meine Patienten mir gegenüber und spreche zu ihnen wie ein natürlicher Mensch zu einem andern; ich exponiere mich vollständig und reagiere ohne Zurückhaltung.

Ich erinnere mich gut an den Fall einer älteren Frau von ungefähr 58 Jahren — ebenfalls eine Ärztin — aus den Vereinigten Staaten. Sie kam in einem Zustand äußerster Verwirrung nach Zürich. Sie war zunächst so durcheinander, daß ich sie für halb verrückt hielt, bis ich entdeckte, daß sie in Analyse gewesen war. Sie erzählte mir gewisse Dinge, die sie in ihrer Verwirrung getan hatte, und es war ganz offensichtlich, daß sie diese Dinge nie getan hätte, wenn ihr Analytiker ein menschliches Wesen gewesen wäre und nicht eine mystische Chiffre, die hinter ihr saß, gelegentlich ein weises Wort von sich gab und niemals eine Gefühlsbewegung zeigte. So verirrte sie sich völlig in ihren eigenen Nebeln und tat törichte Dinge, vor denen er sie leicht hätte verschonen können, wenn er wie ein menschliches Wesen reagiert hätte. Als sie mir das alles erzählt hatte, hatte ich natürlich eine emotionale Reaktion und fluchte oder tat etwas dergleichen. Worauf sie von ihrem Stuhl aufschoß und vorwurfsvoll sagte: »Aber Sie haben ja eine Emotion!« Ich antwortete: »Ja, natürlich habe ich eine Emotion.« Sie sagte: »Das sollten Sie aber nicht.« Ich antwortete: »Warum nicht? Ich habe ein gutes Recht auf Emotionen.« Sie widersprach: »Sie sind aber ein Analytiker!« Ich sagte: »Ja, ich bin Analytiker, und ich habe Emotionen. Meinen Sie, ich sei ein Idiot oder kataton?« »Aber Analytiker haben doch keine Emotionen.« Ich bemerkte: »Nun, Ihr Analytiker hatte offenbar keine Emotionen, und er war, wenn ich so sagen darf, ein Tor.« In diesem Moment hellte sich alles in ihr auf; von da an war sie völlig verändert. Sie sagte: »Gott sei Dank! Jetzt weiß ich, woran ich bin. Ich weiß, daß ich einen Menschen mit menschlichen Emotionen vor mir habe.« Meine emotionale Reaktion hatte ihr eine Orientierung gegeben. Sie war kein Denktyp; sie war ein Fühltyp und brauchte daher eine solche Art der Orientierung. Ihr Analytiker hingegen war ein Mensch, der rein aus seinem Intellekt heraus dachte und existierte und keine Beziehung zu seinem Gefühlsleben hatte. Sie war eine hoch-emotionale, sanguinische Person, die die Emotionalität und Gefühlsgebärde eines andern menschlichen Wesens benötigte, um sich nicht verloren zu fühlen. Wenn man einen Fühltyp behandeln muß und nur intellektuell zu ihm spricht, ist das genauso, wie wenn man als einziger Intellektueller zu einer Gesellschaft von Fühltypen spräche. Man wäre vollständig verloren; man käme sich vor wie am Nordpol, denn man würde nicht verstanden; niemand würde auf die vorgebrachten Ideen reagieren. Die Leute wären alle furchtbar liebenswürdig – und man käme sich äußerst töricht vor – ohne jegliche Resonanz.

Man muß den Leuten immer in ihrer Hauptfunktion antworten, sonst kann kein Kontakt hergestellt werden. Daher muß ich, um meinen Patienten zu zeigen, daß ihre Reaktionen in meinem System angekommen sind, sie mir gegenübersetzen, so daß sie die Reaktionen in meinem Gesicht ablesen und sehen können, daß ich zuhöre. Wenn ich hinter ihnen sitze, kann ich gähnen, schlafen, meinen eigenen Gedanken nachhängen und tun, was mir gefällt. Sie wissen nie, was mit mir geschieht, und dann verbleiben sie in einem autoerotischen und isolierten Zustand, der für Durchschnittsmenschen nicht gut ist. Es wäre natürlich etwas anderes, wenn sie sich für ein Eremitendasein im Himalaya vorbereiteten.

Die Emotionen eines Patienten sind immer leicht anstekkend, und sie sind sehr ansteckend, wenn die Inhalte, die der Patient auf den Analytiker projiziert, mit den unbewußten Inhalten des Analytikers identisch sind. Dann fallen beide in das gleiche dunkle Loch der Unbewußtheit und gelangen in den Zustand der Partizipation. Dies ist das Phänomen, das FREUD als Gegenübertragung beschrieben hat. Es besteht aus einem gegenseitig Aufeinander-Projizieren und wird durch die gemeinsame Unbewußtheit zusammengehalten. Partizipation ist wie schon gesagt ein Kennzeichen der primitiven Psychologie, das heißt einer psychologischen Ebene, auf der es keine bewußte Unterscheidung zwischen Subjekt und Objekt gibt. Gegenseitige Unbewußtheit ist natürlich sowohl für den Analytiker als auch für den Patienten höchst verwirrend; es gibt keine Orientierung mehr, und eine solche Analyse wird in der Katastrophe enden.

Auch Analytiker sind nicht absolut vollkommen, und daher kommt es vor, daß sie gelegentlich in gewisser Hinsicht unbewußt sind. Aus diesem Grund habe ich vor langer Zeit bereits gefordert, daß Analytiker selbst analysiert sein müssen; sie sollten einen Beichtvater oder eine Beichtmutter haben. Sogar der Papst ist trotz seiner Unfehlbarkeit verpflichtet, von Zeit zu Zeit zu beichten, und zwar nicht bei einem Monsignore oder einem Kardinal, sondern bei einem einfachen Priester. Wenn der Analytiker nicht mit seinem Unbewußten objektiv in Verbindung bleibt, ist keine Garantie dafür gegeben, daß der Patient nicht in das Unbewußte des Analytikers fallen wird. Sie kennen sicher alle gewisse Patienten, die eine diabolische Geschicklichkeit besitzen, den schwachen Punkt, die verwundbare Stelle in der Psyche des Analytikers herauszufinden. Auf diese Stelle suchen sie die Projektionen ihres eigenen Unbewußten auszurichten. Man sagt gewöhnlich, das sei ein Kennzeichen der Frauen; das ist aber nicht wahr, Männer machen es genauso. Sie finden diese verwundbare Stelle im Analytiker immer heraus, und er kann sicher sein, daß wenn immer etwas in ihn hineingeht, es genau an diesen Ort gehen wird, wo er sich nicht verteidigen kann. Das ist der Ort, wo er selbst unbewußt ist und wo er zu den genau gleichen Projektionen fähig ist wie der Patient. Dann kommt es zum Zustand der Partizipation oder, genauer gesagt, zum Zustand persönlicher Ansteckung durch gegenseitige Unbewußtheit.

Es gibt natürlich viele Auffassungen von der Übertragung, und wir stehen alle noch etwas unter dem Einfluß der Definition, die FREUD vorgelegt hat; man ist immer geneigt anzunehmen, es müsse sich um eine erotische Übertragung handeln. Nach meiner Erfahrung ist es aber nicht so, daß ausschließlich erotische Inhalte oder Kindheitserfahrungen projiziert werden. Ich habe festgestellt, daß alles und jedes projiziert werden kann, und die erotische Übertragung ist nur eine Form unter vielen. Es gibt viele andere Inhalte im menschlichen Unbewußten, die ebenfalls hoch-emotionaler Natur sind, und sie können sich genau so gut wie die Sexualität projizieren. Alle aktivierten Inhalte des Unbewußten haben die Tendenz, in der Projektion aufzutreten. Es ist sogar die Regel, daß ein konstellierter unbewußter Inhalt zuerst in der Projektion auftritt. Jeder aktivierte Archetyp kann in der Projektion erscheinen, entweder in einer äußeren Situation oder in Menschen oder in Umständen und Situationen — kurz, in jeder Art von Objekt. Es gibt sogar Übertragungen auf Tiere oder Dinge.

Vor nicht langer Zeit hatte ich einen außergewöhnlich intelligenten Mann zu behandeln. Ich erklärte ihm eine Projektion, die er »gemacht« hatte; er hatte sein unbewußtes Frauenbild in eine reale Frau projiziert, und die Träume zeigten sehr deutlich, inwiefern die wirkliche Person völlig verschieden war von dem, was er von ihr erwartete. Die Tatsache »saß«. Dann sagte er: »Wenn ich das vor zwei Jahren gewußt hätte, hätte ich mir 40 000 Franken sparen können!« Ich fragte: »Wieso das?« »Nun, jemand zeigte mir eine alte aegyptische Skulptur, und ich verliebte mich sofort in sie. Es war eine aegyptische Katze, etwas außerordentlich Schönes.« Er kaufte sie sofort für Fr. 40 000.— und stellte sie auf das Kaminsims in seinem Salon. Aber dann bemerkte er, daß er seinen Seelenfrieden verloren hatte. Sein Büro befand sich im unteren Stock, und beinahe jede Stunde einmal mußte er von seiner Arbeit aufspringen und die Katze betrachten, und wenn er befriedigt war, kehrte er zur Arbeit zurück, nur um nach einiger Zeit wieder hinaufzugehen. Diese Ruhelosigkeit wurde so unangenehm, daß er die Katze auf sein Pult direkt in sein Blickfeld setzte – um festzustellen, daß er überhaupt nicht mehr arbeiten konnte! Er sah sich gezwungen, sie im Estrich einzuschließen, um sich von ihrem Einfluß zu befreien, mußte dann aber dauernd gegen die Versuchung ankämpfen, die Schachtel zu öffnen und die Katze wieder anzuschauen. Als ihm klar wurde, daß er das Bild des Weiblichen ganz allgemein projizierte – denn die Katze symbolisierte natürlich die Frau –, war der ganze Reiz und die Faszination durch die Skulptur verflogen.

Hier handelte es sich um die Projektion auf ein physisches Objekt, welche die Katze in ein lebendiges Wesen verwandelte, zu dem er dauernd zurückkehren mußte, so wie manche Menschen zum Analytiker laufen müssen. Wie Sie wissen, wird der Analytiker oft beschuldigt, er habe Schlangenaugen, er magnetisiere oder hypnotisiere die Menschen, er zwinge sie, zu ihm zurückzukehren, er lasse sie nicht gehen. Sicher *gibt* es außergewöhnlich schlimme Fälle von Gegenübertragung, in denen der Analytiker den Patienten wirklich nicht gehen lassen kann; aber im allgemeinen sind solche Anschuldigungen der Ausdruck einer sehr unangenehmen Art von Projektion, die sich sogar bis zu Verfolgungsideen versteigen kann.

Die Intensität der Übertragungsbeziehung entspricht jeweils der Bedeutung ihrer Inhalte für das Subjekt. Im Fall einer außergewöhnlich intensiven Übertragung kann man sicher sein, daß die Inhalte der Übertragung, wenn sie einmal herausgefunden und bewußt gemacht worden sind, für den Patienten genau so wichtig sein werden, wie es die Übertragung war. Wenn eine Übertragung zusammenfällt, löst sie sich nicht in Luft auf, ihre Intensität, oder ein entsprechender Energiebetrag, wird an einem andern Ort erscheinen, zum Beispiel in einer andern Beziehung oder in irgendeiner andern wichtigen psychologischen Form. Die Intensität der Übertragung ist eben eine intensive Emotion, die ganz real zum Patienten gehört. Nach Auflösung der Übertragung fällt die ganze projizierte Emotion in das Subjekt zurück, und der Patient ist dann im Besitz des Schatzes, den er vorher, in der Übertragung einfach verschleudert hat.

Nun müssen wir noch ein paar Worte über die *Aetiologie* der Übertragung sagen. Die Übertragung kann eine völlig spontane und unprovozierte Reaktion sein, eine Art »Liebe auf den ersten Blick«. Natürlich sollte Übertragung nicht als Liebe mißverstanden werden; sie hat überhaupt nichts mit Liebe zu tun. Die Übertragung mißbraucht die Liebe nur. Es kann so aussehen, als ob Übertragung Liebe wäre; unerfahrene Analytiker machen den Fehler, sie für Liebe zu halten, und Patienten machen den gleichen Fehler und sagen, sie seien in den Analytiker verliebt. Sie sind aber überhaupt nicht verliebt.

Gelegentlich kann eine Übertragung sogar *vor* dem ersten Blick auftreten, das heißt, vor oder außerhalb der Behandlung. Und wenn das einem Menschen geschieht, der nachher nicht in die Analyse kommt, kann man die Gründe dafür nicht herausfinden. Das zeigt aber nur um so besser, daß sie überhaupt nichts mit der wirklichen Persönlichkeit des Analytikers zu tun hat.

Einmal kam eine Dame zu mir, die ich ungefähr drei Wochen zuvor an einem gesellschaftlichen Anlaß gesehen hatte. Ich hatte damals nicht einmal mit ihr gesprochen, sondern nur mit ihrem Gatten, den ich nicht einmal gut kannte, ein paar Worte gewechselt. Die Dame ersuchte mich dann schriftlich um eine Konsultation, und ich gab ihr einen Termin an. Sie kam, und als sie an der Tür meines Sprechzimmers war, sagte sie: »Ich will nicht hereinkommen.« Ich antwortete: »Sie brauchen nicht hereinzukommen; Sie können natürlich ebensogut wieder fortgehen! Es liegt mir gar nichts daran, Sie hier zu haben, wenn Sie nicht kommen mögen.« Dann sagte sie: »Ich muß aber!« Ich antwortete: »Ich zwinge Sie nicht.« »Aber Sie haben mich gezwungen zu kommen.« »Wieso habe ich das getan?« Ich dachte, sie sei verrückt, aber sie war gar nicht verrückt, sie hatte nur eine Übertragung, die sie zu mir zog. Sie hatte in der Zwischenzeit eine Projektion zustandegebracht, und diese Projektion hatte für sie einen derart hohen emotionalen Wert, daß sie ihm nicht widerstehen konnte; ihr inneres »Gummiband« zog sie magisch zu mir. Im Lauf der Analyse fanden wir natürlich heraus, welches die Inhalte dieser nicht provozierten Übertragung waren.

Üblicherweise stellt sich die Übertragung erst während der Analyse ein. Sehr oft resultiert sie aus der Schwierigkeit, einen Kontakt, eine emotionale Harmonie zwischen Arzt und Patient herzustellen, das heißt das, was die französischen Psychologen zur Zeit der Hypnose- und Suggestionstherapie »le rapport« zu nennen pflegten. Ein guter Rapport bedeutet, daß Arzt und Patient sich gut verstehen, daß sie wirklich zusammen sprechen können und daß ein gewisses gegenseitiges Vertrauen herrscht. Es ist klar, daß zur Zeit der Hypnose-Therapie die hypnotische und suggestive Wirkung ganz vom Vorhandensein oder Nichtvorhandensein dieses Rapports abhing. In der analytischen Therapie ist das anders. Wenn der Rapport zwischen Analytiker und Patient wegen Persönlichkeitsunterschieden schwierig herzustellen ist, oder falls andere psychologische Divergenzen die therapeutische Wirkung behindern, dann versucht das Unbewußte des Patienten, den Mangel an Kontakt kompensatorisch zu überbrücken. Da kein gemeinsamer Boden vorhanden ist, keine Möglichkeit, irgendeine Art von Beziehung herzustellen, versucht ein leidenschaftliches Gefühl oder eine erotische Phantasie in die Lücke zu springen.

Dies geschieht oft bei Menschen, die im allgemeinen einen Widerstand gegen andere haben — sei es auf Grund eines Minderwertigkeitskomplexes oder eines Größenwahns oder aus andern Gründen —, und die psychologisch sehr isoliert sind. Aus Angst, völlig verloren zu gehen, bemüht sich ihre Natur aufs heftigste, sich emotional an den Analytiker zu binden. Sie haben die verzweifelte Angst, daß vielleicht auch er sie nicht verstehen könnte; so versuchen sie die Umstände oder den Analytiker oder ihren eigenen Widerstand durch eine Art sexueller Attraktion günstig zu stimmen.

Alle diese kompensatorischen Phänomene können auch umgekehrt und auf den Analytiker angewendet werden. Nehmen wir zum Beispiel an, ein Analytiker habe eine Frau zu behandeln, die ihn nicht sonderlich interessiert; da entdeckt er aber plötzlich, daß er eine sexuelle Phantasie über sie hat. Nun wünsche ich zwar den Analytikern nicht etwa, solche Phantasien zu haben, aber wenn sie sie haben, seien sie sich ihrer möglichst bewußt, denn sie bedeuten die wichtige Mitteilung ihres Unbewußten, daß ihr menschlicher Kontakt mit der Patientin nicht gut ist und eine Störung des Rapports vorliegt. Das Unbewußte des Analytikers zwingt ihm anstelle des fehlenden natürlichen menschlichen Kontaktes eine Phantasie auf, um die innere Entfernung zu überbrücken. Diese Phantasien können visuell sein, oder in Form eines Gefühls oder einer Empfindung auftreten — einer sexuellen Empfindung zum Beispiel. Sie sind ohne Ausnahme ein Zeichen dafür, daß die Haltung des Analytikers dem Patienten gegenüber falsch ist, daß er ihn über- oder unterbewertet oder ihm nicht die nötige Aufmerksamkeit widmet. Diese Einstellungskorrektur kann auch durch einen Traum erfolgen. Wenn man also von einem Patienten träumt, muß man immer aufmerken und zu sehen versuchen, ob der Traum einem zeigen will, daß man sich irgendwie falsch verhält. Die Patienten sind einem für Ehrlichkeit in dieser Hinsicht außerordentlich dankbar, und sie reagieren sehr stark auf Unehrlichkeit und Vernachlässigung.

Ich hatte einmal einen sehr eindrücklichen Fall dieser Art. Ich behandelte ein junges Mädchen von ungefähr zwanzig oder vierundzwanzig Jahren. Sie hatte eine sehr seltsame Kindheit verbracht. In Java als Kind einer sehr guten europäischen Familie geboren, hatte sie eine eingeborene Kinderfrau[2]. Wie das bei in den Kolonien geborenen Kindern häufig

[2] [Dieser Fall ist noch ausführlicher dargestellt in: »Die Wirklichkeit der psychotherapeutischen Praxis«. Vortrag, gehalten am zweiten Kongreß für Psychotherapie, 28. Mai 1937 in Bern (Ges. Werke XVI, 1958, Anhang). Siehe auch *Über Mandalasymbolik* (Ges. Werke IX/I, Abb. 7, 8, 9, die von der Patientin gemalte Mandalas zeigen).]

geschieht, ging ihr die exotische Umgebung und die fremdartige, in diesem Fall sogar barbarische Kultur »unter die Haut«, und das ganze emotionale und Instinktleben des Kindes wurde von dieser seltsamen Atmosphäre beeinflußt. Jene Atmosphäre ist etwas, von dem sich der Weiße im Osten selten Rechenschaft gibt; es ist die psychische Atmosphäre des Eingeborenen in bezug auf den Weißen, eine Atmosphäre intensiver Furcht — Furcht vor der Grausamkeit, der Rücksichtslosigkeit und der ungeheuren und unberechenbaren Macht des weißen Mannes. Diese Atmosphäre infiziert die im Osten geborenen Kinder, die Angst kriecht in sie hinein, erfüllt sie mit unbewußten Phantasien über die Grausamkeit der Weißen, ihre Psychologie wird seltsam verdreht, und ihre Sexualität geht oft völlig falsche Wege. Sie leiden unter unverständlichen Albträumen und Panikgefühlen und sind außerstande, sich auf normale Weise anzupassen, wenn es um das Problem von Liebe, Ehe und so weiter geht.

Das war auch im Falle dieses Mädchens so. Sie war hoffnungslos aus den Fugen geraten, hatte sich in die riskantesten erotischen Situationen verstrickt und einen sehr schlechten Ruf erworben. Sie nahm minderwertige Verhaltensweisen an, begann sich auffallend anzumalen und zu pudern und auffallenden Schmuck zu tragen, um die primitive Frau in ihrem Blut, oder besser in ihrer Haut, zufriedenzustellen, damit *diese* sich mit ihr vereinigen und ihr helfen könnte, zu leben. Da sie nicht ohne ihre Instinkte leben konnte und das natürlich auch nicht wollte, mußte sie vieles tun, was sie auf eine zu niedrige Stufe führte. So erlag sie zum Beispiel leicht einem schlechten Geschmack; sie trug furchtbare Farben, um dem primitiven Unbewußten in ihr zu gefallen, damit es dabei wäre, wenn sie einen Mann für sich interessieren wollte. Natürlich waren aber auch die Männer ihrer Wahl von recht niedrigem Niveau, und so geriet sie in die schrecklichsten Verstrickungen. Ihr Übername war »die große Hure von Babylon«. All das waren natürlich höchst unglückselige Dinge für ein sonst durchaus anständiges Mädchen. Als sie zu mir kam, sah sie tatsächlich verboten aus, und das war mir schon wegen meiner Töchter ziemlich peinlich, wenn sie für eine Stunde in meinem Büro war. Ich sagte zu ihr: »Hören Sie einmal, so können Sie wirklich nicht daherkommen, Sie sehen aus wie . . .«, und ich gebrauchte sehr drastische Worte. Sie war darüber sehr betrübt, konnte aber nichts dagegen tun.

Da träumte ich von ihr das folgende: Ich war auf einer Straße am Fuß eines hohen Hügels, auf dem Hügel war ein Schloß, und im Schloß war ein hoher Turm, der Donjon. Auf der Spitze dieses hohen Turmes war eine Loggia, eine sehr schöne, offene Konstruktion mit Pfeilern und einer wundervollen Marmorbalustrade, und auf dieser Balustrade saß eine elegante Frauenfigur. Ich schaute zu ihr hinauf — ich mußte so stark hinaufschauen, daß ich den Schmerz in meinem Nakken später noch spürte —, und die Figur war meine Patientin! Dann erwachte ich und dachte sofort: »Himmel! Warum setzt mein Unbewußtes dieses Mädchen derart hoch hinauf?« Und unmittelbar darauf traf mich der Gedanke: »Ich habe auf sie herabgesehen.« Ich hatte sie nämlich wirklich als schlecht angesehen. Mein Traum zeigte mir, daß das falsch war, und es wurde mir klar, daß ich ein schlechter Arzt gewesen war. Daher sagte ich am nächsten Tag zu ihr: »Ich hatte einen Traum von Ihnen, in dem ich so sehr zu Ihnen aufsehen mußte, daß mein Nacken schmerzte, und der Grund für diese Kompensation liegt darin, daß ich auf Sie hinuntergesehen habe.« Ich kann Ihnen sagen, das wirkte Wunder! Keine Schwierigkeit mehr mit der Übertragung, weil ich einfach natürlich mit ihr war und ihr auf der richtigen Ebene begegnen konnte.

Ich könnte Ihnen eine ganze Reihe solcher Träume erzählen, die zu der Einstellung des Arztes Stellung beziehen. Und wenn man wirklich versucht, dem Patienten auf der gleichen Ebene zu begegnen, nicht zu hoch und nicht zu tief, wenn man die richtige Einstellung hat und die Werte richtig setzt, dann hat man mit der Übertragung viel weniger Mühe. Man wird nicht ganz um sie herumkommen, aber man wird bestimmt nicht mit jenen schlechten Übertragungsformen konfrontiert, die nur Überkompensationen für einen fehlenden Rapport sind.

Es gibt noch einen weiteren Grund für die Überkompensation durch Übertragung bei Patienten mit gänzlich auto-erotischer Haltung, das heißt bei Patienten, die in einer autoerotischen Isolierung eingeschlossen sind und einen dicken Panzer oder dicke Mauern mit einem Burggraben darum um sich haben. Diese Menschen haben ein verzweifeltes Bedürfnis nach menschlichem Kontakt, und sie sehnen sich natürlich nach einem menschlichen Wesen außerhalb der Mauern. Sie tun aber nichts dafür. Sie rühren keinen Finger, und ebensowenig erlauben sie irgend jemandem, an sie heranzukommen. Aus dieser Haltung heraus erwächst eine schreckliche Übertragung. Solche Übertragungen darf man nicht berühren, weil die Patienten sich zu gut von allen Seiten her verteidigen. Im Gegenteil — wenn man versucht, die Übertragung irgendwie anzugehen, dann empfinden sie das als eine Art Aggression und verteidigen sich nur noch mehr. Daher muß man diese Leute in ihrem eigenen Fett schmoren lassen, bis sie genug haben und freiwillig aus ihrer Festung herauskommen. Sie werden sich natürlich lautstark über den Mangel an Verständnis usw. beklagen, aber man kann dabei nur Geduld zeigen und sagen: »Nun, Sie sind eben drinnen, Sie zeigen nichts von sich, und solange Sie nichts zeigen, kann ich ebenfalls nichts tun.«

In einem solchen Fall kann die Übertragung fast bis zum Siedepunkt ansteigen, denn nur ein starkes Feuer kann den Menschen zwingen, die Burg zu verlassen. Das äußert sich natürlich in einem großen Ausbruch; aber der Ausbruch muß vom Arzt ruhig ausgehalten werden, und der Patient wird später sehr dankbar dafür sein, daß er nicht beim Wort genommen wurde. Ich erinnere mich an eine Kollegin von mir – und ich kann Ihnen diesen Fall ruhig erzählen, da sie nicht mehr lebt –, eine Amerikanerin, die unter sehr komplizierten Umständen zu mir kam. Am Anfang setzte sie sich sehr »aufs hohe Roß«. Wie Sie wissen, gibt es in Amerika merkwürdige Einrichtungen, die sich Universitäten und Colleges für Frauen nennen; in unserer technischen Sprache nennen wir sie Animus-Brutstätten, und sie entlassen Jahr für Jahr eine große Zahl furchterregender Persönlichkeiten. Diese Frau also war ein solcher Vogel. Sie war »sehr kompetent« und doch in eine unangenehme Übertragungssituation geraten. Sie war Analytikerin und hatte einen verheirateten Mann in Behandlung, der sich dem Anschein nach wahnsinnig in sie verliebt hatte. Es war natürlich nicht Liebe, sondern Übertragung. Er projizierte in sie, daß sie ihn gern heiraten würde, aber nicht zugeben könne, daß sie ihn liebe, und so überschüttete er sie mit Blumen, Schokolade und modischen Dingen, und schließlich bedrohte er sie noch mit dem Revolver. Sie mußte daher sofort abreisen und kam zu mir.

Es wurde bald klar, daß sie keine Ahnung vom Gefühlsleben einer Frau hatte. Als Ärztin war sie in Ordnung, aber alles, was die Sphäre des Mannes betraf, war ihr völlig fremd. Sie war sogar von einer begnadeten Unwissenheit bezüglich der männlichen Anatomie, denn an der Universität, an der sie studierte, wurden nur weibliche Leichen seziert. Sie können sich also vorstellen, womit ich konfrontiert war.

Ich sah es natürlich kommen, und ich sah auch gleich, weshalb der Mann in die Falle gegangen war. Sie war über sich selbst als Frau vollständig unbewußt; sie war der Geist eines Mannes mit Flügeln darunter, und der weibliche Körper existierte überhaupt nicht; ihr Patient war daher natürlicherweise gezwungen, die Lücke zu schließen. Er mußte ihr beweisen, daß ein Mann existiert und einen Anspruch hat, und daß sie eine Frau war und ihm antworten mußte. Es war ihr weibliches Nicht-Sein, das die Falle konstelliert hatte. Der Mann war natürlich ebenso unbewußt, da er überhaupt nicht sah, daß sie als Frau gar nicht existierte. Er war ein ebensolcher Vogel, der nur aus Kopf und Flügeln darunter bestand. Er war auch kein

Mann. Wir sehen das oft bei Amerikanern, daß sie erschrekkend unbewußt über sich selbst sind. Zuweilen werden sie sich ihrer selbst plötzlich bewußt, und dann kann es zu solchen erstaunlichen Begebenheiten kommen, daß zum Beispiel anständige junge Mädchen mit Chinesen oder Negern auf- und davongehen. Das kommt davon her, daß jene primitive Schicht, die für uns vielleicht etwas schwer zu akzeptieren ist, für den Amerikaner eine ausgesprochen unangenehme Bedeutung hat, weil sie bei ihm viel tiefer liegt. Es ist das gleiche Phänomen wie das »going black« oder »going native« in Afrika.

Nun gerieten also diese beiden Menschen in eine schreckliche Übertragungssituation, und man kann wohl sagen, daß beide völlig verrückt waren, so daß die Frau davonlaufen mußte. Die Behandlung war natürlich klar vorgeschrieben. Man mußte sie ihrer selbst als Frau bewußt machen, und eine Frau wird ihrer selbst als Frau nie bewußt, solange sie nicht die Tatsache ihrer Gefühle annehmen kann. Daher arrangierte ihr Unbewußtes eine wundervolle Übertragung auf mich, die sie natürlich nicht annehmen konnte, und ich zwang sie auch nicht dazu. Sie war genau ein solcher Fall vollständiger Isolierung, wie ich ihn soeben erwähnte, und wenn ich sie mit ihrer Übertragung konfrontiert hätte, hätte ich sie nur in eine Verteidigungsstellung hineingetrieben, die das ganze Behandlungsziel zunichte gemacht hätte. Daher sprach ich nie davon, ließ die Dinge einfach geschehen und arbeitete ruhig an den Träumen. Die Träume informierten einen, wie sie das immer tun, laufend über den Fortschritt der Übertragung. Ich sah den Höhepunkt kommen und wußte, daß es eines Tages eine plötzliche Explosion geben würde. Natürlich würde sie etwas unangenehm und sehr emotional sein, wie Sie das vielleicht aus Ihrer eigenen Erfahrung kennen, und ich sah eine hochsentimentale Situation voraus. Nun, dem muß man sich eben stellen; man kann nichts dagegen tun. Nach sechs Monaten einer sehr ruhigen und mühsam-systematischen Arbeit konnte sie sich nicht länger zurückhalten und plötzlich schrie sie beinahe heraus: »Ich liebe Sie ja!« Und dann brach sie zusammen, fiel auf die Knie und war völlig durcheinander.

Solche Augenblicke muß man einfach aushalten. Es ist wirklich schlimm, vierunddreißig Jahre alt zu sein und plötzlich zu entdecken, daß man menschlich ist. Das kommt dann natürlich als dicker Brocken auf einen zu, und oft ist dieser Brocken unverdaulich. Hätte ich ihr sechs Monate früher gesagt, daß der Augenblick kommen werde, in dem sie mir eine Liebeserklärung machen würde, so wäre sie an die Decke gesprungen. Sie befand sich eben in dem geschilderten Zustand auto-erotischer Isolierung, und die aufsteigende Flamme, das wachsende Feuer ihrer Emotion brannte schließlich die Mauern durch, und natürlich kam alles wie eine Art organischer Eruption heraus. Dieses Geschehen verbesserte ihren Zustand, und in jenem Augenblick kam sogar die Übertragungs-Situation in Amerika in Ordnung.

Sie finden sicher, das klinge alles sehr kaltschnäuzig. In Wirklichkeit kann man mit einer solchen Situation nur zurechtkommen, wenn man sich nicht so benimmt, als wenn man überlegen wäre. Man muß den Prozeß begleiten, das Bewußtsein herabsinken lassen und sich in die Situation einfühlen, um sich nicht allzusehr vom Patienten zu unterscheiden; andernfalls fühlt er sich gedemütigt und wird später die schlimmsten Ressentiments entwickeln. Es ist daher ganz gut, eine gewisse Gefühlsreserve zu besitzen, die man bei solchen Gelegenheiten einsetzen kann. Es verlangt natürlich einige Erfahrung und Routine, um die richtige Saite anzuschlagen. Es ist nicht immer leicht, aber man muß diese peinlichen Augenblicke überbrücken können, damit die Reaktionen des Patienten nicht allzu schlimm werden.

Ich habe bereits noch einen weiteren Grund für die Übertragung genannt, und das ist die gegenseitige Unbewußtheit und Ansteckung[3]. Der Fall, den ich Ihnen soeben erzählte, liefert ein Beispiel dafür. Ansteckung durch gegenseitige Unbewußtheit tritt im allgemeinen dann ein, wenn der Analytiker in ähnlicher Weise wie der Patient schlecht angepaßt ist; mit andern Worten, wenn er neurotisch ist. Insoweit als der Analytiker neurotisch ist — sei nun seine Neurose gut oder schlecht — hat er eine offene Wunde; irgendwo ist da eine offene Tür, über die er keine Kontrolle besitzt, und da kann der Patient hereinkommen, und der Analytiker wird angesteckt. Daher ist die Forderung so wichtig, daß der Analytiker so viel wie möglich über sich selbst weiß.

Ich erinnere mich an den Fall eines jungen Mädchens. Bevor sie zu mir kam, war sie bei zwei Analytikern gewesen, und als sie kam, hatte sie genau den gleichen Traum wie bei jenen Analytikern[4]. Jedesmal hatte sie zu Beginn ihrer Analyse das folgende geträumt: Sie kam zur Grenze und wollte sie überschreiten, konnte aber das Zollgebäude nicht finden, in dem sie hätte deklarieren müssen, was immer sie bei sich trug. Im ersten Traum suchte sie die Grenze, aber sie gelangte nicht einmal bis zu ihr. Jener Traum gab ihr das Gefühl, daß sie niemals die richtige Beziehung zu ihrem Analytiker finden würde; da sie aber Minderwertigkeitsgefühle hatte und ihrem Urteil nicht traute, blieb sie bei ihm, und es kam überhaupt nichts heraus. Sie arbeitete mit ihm während zwei Monaten und ver-

[3] Siehe S. 148.
[4] Dies ist der gleiche Fall, der auf S. 152 f besprochen wurde.

ließ ihn dann.

Dann ging sie zu einem andern Analytiker. Wieder träumte sie, sie komme zur Grenze; es war schwarze Nacht, und das einzige, was sie sehen konnte, war ein schwaches kleines Licht. Jemand sagte, das sei das Licht im Zollgebäude, und sie versuchte, zu ihm zu gelangen. Auf dem Weg ging sie einen Hügel hinunter und überquerte ein Tal. In den Tiefen des Tales war ein dunkler Wald, und sie fürchtete sich weiterzugehen, ging aber trotzdem hindurch, und plötzlich spürte sie, daß sich etwas im Dunkeln an sie hängte. Sie versuchte sich freizuschütteln, aber das Etwas hängte sich noch fester an sie, und sie entdeckte plötzlich, daß es ihr Analytiker war. Nach dreimonatiger Arbeit entwickelte der Analytiker eine heftige Gegenübertragung auf sie, die vom Initialtraum vorhergesehen worden war.

Als sie zu mir kam — sie hatte mich zuvor bei einer Vorlesung gesehen und sich entschlossen, mit mir zu arbeiten —, träumte sie, daß sie zur Schweizer Grenze komme. Es war Tag, und sie sah das Zollgebäude. Sie überquerte die Grenze und ging ins Zollhaus, und dort stand ein schweizerischer Zollbeamter. Eine Frau ging vor ihr her, und er ließ diese Frau passieren; dann kam sie an die Reihe. Sie hatte nur eine kleine Handtasche bei sich und glaubte, sie würde unbeachtet durchgehen können. Der Beamte sah sie aber an und fragte: »Was haben Sie in Ihrer Tasche?« Sie antwortete: »Oh, gar nichts« und öffnete sie. Er streckte seine Hand hinein und zog etwas heraus, das größer und größer wurde, bis es zwei vollständige Betten waren. Ihr Problem war, daß sie einen Widerstand gegen die Ehe hatte; sie war verlobt und wollte aus bestimmten Gründen nicht heiraten, und diese Betten waren die Ehebetten. Ich zog diesen Komplex aus ihr heraus, und bald darauf heiratete sie.

Die Initialträume sind oft sehr instruktiv. Daher frage ich einen neuen Patienten, wenn er das erste Mal zu mir kommt, immer: »Wußten Sie schon länger, daß Sie kommen würden? Haben Sie mich früher schon gesehen? Hatten Sie kürzlich einen Traum, vielleicht letzte Nacht?« — denn wenn das zutrifft, gibt es mir einen äußerst wertvollen Hinweis auf seine Einstellung. Und wenn man in enger Fühlung mit dem Unbewußten bleibt, kann man manch schwierigen Punkt überwinden. Eine Übertragung ist immer hinderlich; sie ist nie ein Vorteil. Man heilt trotz der Übertragung, nicht wegen ihr.

Ein anderer Grund für die Übertragung, vor allem für schlechte Formen davon, ist die Provozierung von seiten des Analytikers. Es gibt, wie ich leider zugeben muß, Analytiker, die bewußt auf die Übertragung hinarbeiten, da sie aus mir unerfindlichen Gründen der Meinung sind, die Übertragung sei ein nützlicher und sogar notwendiger Teil der Behandlung, die Patienten *sollten* daher eine Übertragung haben. Das ist natürlich eine ganz falsche Vorstellung. Ich habe oft Fälle erlebt, die nach einer vorhergegangenen Analyse zu mir kamen und nach ungefähr vierzehn Tagen fast verzweifelten. Bis dahin war alles recht gut gegangen, und ich war fest überzeugt, daß die Behandlung erfolgreich verlaufen würde – da plötzlich teilten mir die Patienten mit, sie könnten nicht weitermachen, und dann flossen Tränen. Ich fragte: »Warum können Sie nicht weitermachen? Haben Sie kein Geld, oder was ist los?« Sie sagten: »O nein, das ist nicht der Grund. Ich habe keine Übertragung.« Ich sagte: »Gott sei Dank haben Sie keine Übertragung! Übertragung ist Krankheit. Es ist nicht normal, eine Übertragung zu haben. Normale Menschen haben nie Übertragungen.« Daraufhin konnte die Analyse wieder ruhig und befriedigend weitergehen.

Wir brauchen die Übertragung ebensowenig, wie wir Projektionen brauchen. Natürlich hat man sie trotzdem. Die Menschen haben immer Projektionen, nur nicht diejenigen, die sie erwarten. Sie haben Freuds Schriften über Übertragung gelesen oder waren bei einem andern Analytiker, und es ist ihnen die Idee eingeimpft worden, daß sie ohne Übertragung nie geheilt werden könnten. Das ist absoluter Unsinn. Übertragung oder keine Übertragung, das hat nichts mit der Behandlung zu tun. Die Projektionen treten nur dank einem merkwürdigen seelischen Zustand auf, und genauso wie man diese auflöst, indem man sie bewußt macht, muß man auch die Übertragung durch Bewußtmachung auflösen. Je weniger Übertragung, desto besser. Man bekommt das Material auch ohne sie. Nicht die Übertragung bringt den Patienten dazu, sein Material zutage zu fördern; man kann alles gewünschte Material aus den Träumen beziehen. Die Träume bringen alles Notwendige herauf. Wenn man auf die Übertragung hinarbeitet, tritt sie sehr wahrscheinlich ein, und dann wird die Analyse schlecht ausgehen; denn man kann eine Übertragung nur provozieren, indem man falsche Dinge vorgaukelt, Erwartungen weckt und verschleierte Versprechungen macht, von denen man weiß, daß man sie nicht halten wird, weil man es gar nicht kann. Man kann unmöglich Beziehungen mit elftausend Jungfrauen haben, daher betrügt man die Menschen. Der Analytiker darf nicht zu freundlich sein, sonst wird er selbst in die Falle gehen; er wird eine Wirkung erzielen, die seine Möglichkeiten übersteigt. Er kann die Rechnung nicht bezahlen, wenn sie ihm präsentiert wird, und er sollte nicht etwas provozieren, für das er nicht gewillt ist zu zahlen. Sogar dann, wenn der Analytiker dies nur im Interesse des Patienten zu tun glaubt, ist es ein sehr falscher Weg und immer ein großer

Fehler. Man soll die Leute lassen, wo sie sind. Es kommt nicht darauf an, ob sie den Analytiker lieben oder nicht. Wir sind nicht alles Deutsche, die geliebt werden wollen, wenn man ihnen ein Paar Sockenhalter abkauft. Das ist zu sentimental. Das Hauptproblem des Patienten ist ja gerade, sein eigenes Leben zu leben, und man hilft ihm nicht, wenn man sich hineinmischt.

Dies sind einige der Gründe, die zur Übertragung führen. Ganz allgemein liegt der Grund für eine Projektion in einem aktivierten Unbewußten, das nach Ausdruck sucht. Die Intensität der Übertragung entspricht der Bedeutsamkeit des projizierten Inhalts. Eine starke Übertragung heftiger Art entspricht einem feurigen Inhalt; sie enthält etwas Wichtiges, etwas für den Patienten höchst Wertvolles. Solange dies aber projiziert ist, scheint der Analytiker dieses wertvolle und wichtige Etwas zu verkörpern. Er kann an dieser unglücklichen Situation nichts ändern, aber er muß diesen Wert dem Patienten zurückgeben, und die Analyse ist nicht beendet, solange der Patient den Schatz nicht integriert hat. Wenn daher der Patient einen Erlöserkomplex in einen projiziert, muß man ihm nicht weniger als einen Erlöser zurückgeben — was immer das heißen mag. Aber man ist nicht *selbst* der Erlöser — ganz bestimmt nicht.

Projektionen archetypischer Natur sind für den Analytiker besonders schwierig. Jeder Beruf besitzt seine spezifische Gefährdung, und die Gefahr der Analyse besteht darin, sich durch Übertragungsprojektionen infizieren zu lassen, besonders durch solche archetypischer Natur. Wenn der Patient findet, der Analytiker sei der Gipfel seiner Träume, er sei kein gewöhnlicher Arzt, sondern ein geistiger Held und eine Art Erlöser, dann sagt sich der Arzt natürlich: »Was für ein Unsinn! Das ist einfach krankhaft. Es ist eine hysterische Übertreibung.« Und doch — es schmeichelt ihm; es ist einfach zu schön. Und darüber hinaus trägt er den gleichen Archetyp in sich selbst. Daher schleicht sich der Gedanke in ihn ein: »Wenn es überhaupt Erlöser gibt, nun, dann ist es ja vielleicht möglich, daß ich einer bin«, und er fällt darauf herein, zuerst zögernd, aber dann wird es ihm immer klarer, daß er tatsächlich eine Art außerordentliches Individuum ist. Langsam wird er von der Idee fasziniert und sondert sich ab. Er wird äußerst empfindlich, mißtrauisch und macht sich vielleicht in ärztlichen Kreisen unmöglich. Er kann mit seinen Kollegen nicht mehr sprechen, weil er — ich weiß nicht was ist. Er wird sehr unangenehm oder zieht sich ganz zurück, isoliert sich, und schließlich wird es ihm immer klarer, daß er tatsächlich ein äußerst wichtiger Mensch ist, ein Mensch von großer geistiger

Bedeutung, wahrscheinlich so etwas wie die Mahatmas im Himalaya, und vermutlich gehört er auch zu der großen Bruderschaft. Und dann ist er für seinen Beruf verloren.

Wir besitzen höchst unglückselige Beispiele dieser Art. Ich kenne eine ganze Reihe von Kollegen, die diesen Weg gegangen sind. Sie waren nicht fähig, dem dauernden Ansturm des kollektiven Unbewußten der Patienten standzuhalten — wenn einer nach dem andern den Erlöserkomplex sowie religiöse Erwartungen und die Hoffnung projizierte, dieser Analytiker besitze vielleicht in seinem »Geheimwissen« den Schlüssel, den die Kirche verloren hat, und er könne ihm vielleicht die erlösende Wahrheit offenbaren. All dies sind sehr subtile und einschmeichelnde Versuchungen, und jene Analytiker sind ihnen erlegen. Sie identifizieren sich mit dem Archetyp, sie entdecken eine eigene Religion, und da sie Jünger benötigen, die daran glauben, gründen sie eine Sekte.

Das gleiche Problem macht es auch Psychologen verschiedener Schulen so schwer, über ihre auseinandergehenden Auffassungen in vernünftig-freundschaftlicher Art zu diskutieren. Es liegt ferner der für unsere Wissenschaft typischen Tendenz zugrunde, sich in kleine Gruppen und wissenschaftliche Sekten mit eigenem Glauben abzusondern. All diese Gruppen zweifeln im Grunde an der Ausschließlichkeit ihrer Wahrheit, und daher sitzen sie immer zusammen und wiederholen die gleichen Dinge, bis sie sie schließlich glauben. Fanatismus ist immer ein Zeichen verdrängten Zweifels. Das kann man in der Kirchengeschichte studieren. Wann immer die Kirche zu wanken beginnt, wird ihr Stil fanatisch, oder es tauchen fanatische Sekten auf, weil der geheime Zweifel unterdrückt werden muß. Wer wirklich überzeugt ist, ist absolut ruhig und kann über seine eigenen Überzeugungen als persönlichen Gesichtspunkt ohne jegliches Ressentiment diskutieren.

Es ist ein typisches Berufsrisiko des Psychotherapeuten, von den Projektionen, denen er ausgesetzt ist, psychisch infiziert und vergiftet zu werden. Er muß dauernd aufpassen, nicht in eine Inflation zu geraten. Das Gift affiziert ihn aber nicht nur psychisch; es kann sogar sein sympathisches Nervensystem stören. Ich habe eine ganze Anzahl höchst außergewöhnlicher Fälle von physischer Krankheit bei Psychotherapeuten beobachtet, von Krankheiten, die nicht in die bekannte medizinische Symptomatologie hineinpassen, und die ich der Wirkung dieses dauernden Ansturms von Projektionen zuschreibe, von denen der Analytiker seine eigene Psychologie nicht unterscheidet. Die spezifische emotionale Verfassung des Patienten wirkt ansteckend. Man könnte fast sagen, sie verursache entsprechende Vibrationen im Nervensystem des Analytikers, und deshalb werden Psychotherapeuten wie Nervenärzte leicht etwas merkwürdig. Man tut gut daran, dieses Problem im Auge zu behalten. Es gehört ganz ausgesprochen zum Problem der Übertragung.

Nun müssen wir uns mit der *Behandlung* der Übertragung[5] beschäftigen. Dies ist ein enorm schwieriges und kompliziertes Thema, und ich fürchte, Ihnen Dinge zu sagen, die Ihnen genausogut bekannt sind wie mir, die ich aber um der Systematik willen nicht übergehen kann.

Es ist offensichtlich, daß die Übertragung in der gleichen Weise aufgelöst und behandelt werden muß, wie der Analytiker das mit jeder andern Projektion tun würde. Praktisch heißt das: man muß den Patienten dazu bringen, den *subjektiven Wert* der persönlichen und unpersönlichen Inhalte seiner Übertragung zu erkennen, denn er projiziert nicht nur persönliches Material. Wie Sie soeben gehört haben, können die Inhalte ebensogut unpersönlicher, das heißt archetypischer Natur sein. Der Erlöserkomplex ist sicher kein persönliches Motiv; er ist eine weltweite Erwartung, eine Idee, die man überall auf der Welt und in jeder Epoche der Geschichte antrifft. Es ist die archetypische Vorstellung von der magischen Persönlichkeit[6].

Zu Beginn einer Analyse sind die Übertragungsprojektionen unvermeidlich Wiederholungen früherer persönlicher Erfahrungen des Patienten. In dieser Phase muß man alle Beziehungen durchnehmen, die der Patient früher erlebt hat. War dieser zum Beispiel schon in vielen Kurhäusern mit den für solche Orte typischen Ärzten gewesen, dann wird er diese Erfahrungen auf den Analytiker projizieren; daher muß man zunächst all diese Kollegen an Badeorten und Sanatorien mit ihren enormen Honoraren und dem erforderlichen Theaterrummel durcharbeiten, da der Patient ganz natürlicherweise annimmt, man sei auch so ein Vogel. Man muß die ganze Reihe der Leute durcharbeiten, mit denen der Patient es zu tun hatte – Ärzte, Rechtsanwälte, Lehrer, Onkel, Cousinen, Brüder und Vater. Und wenn man dann die ganze Prozession durchgenommen hat und bis zum Kinderzimmer gekommen ist, meint man, jetzt sei man fertig damit; aber weit gefehlt. Es ist, wie wenn hinter dem Vater noch mehr liegen würde, und man beginnt zu vermuten, daß der Großvater projiziert wird. Das ist durchaus möglich; ich weiß zwar von keinem Urgroßvater, der in mich projiziert wurde, aber von einem Großvater schon. Wenn man bis zur Babystube vorgedrungen ist und sozusagen auf der andern Seite der Existenz wieder

[5] [Bezüglich JUNGS späterer Auffassung über dieses Problem vgl. *Die Psychologie der Übertragung* (Ges. Werke XVI, 1958).]

[6] [Vgl. C. G. JUNG, *Zwei Schriften über Analytische Psychologie* (Ges. Werke VII, 1964, Paragr. 374 ff).]

hinausschaut, dann hat man die Möglichkeiten des *Bewußtseins* erschöpft; und wenn die Übertragung trotz aller Anstrengungen hier nicht beendet wird, dann liegt der Grund dafür in *unpersönlichen* Inhalten. Man erkennt das Vorhandensein unpersönlicher Projektionen an der merkwürdig unpersönlichen Art ihrer Inhalte, wie zum Beispiel den Erlöserkomplex oder ein archaisches Gottesbild. Der archetypische Charakter dieser Bilder erzeugt eine »magische«, das heißt eine überwältigende Wirkung. Mit unserem rationalen Bewußtsein können wir uns das nicht erklären. Gott zum Beispiel ist Geist, und Geist ist für uns nichts Stoffliches oder Dynamisches. Wenn man aber die ursprüngliche Bedeutung dieser Ausdrücke studiert, gelangt man zur wirklichen Natur dieser Ur-Erfahrungen, und man versteht, wie sie den primitiven Geist und in ähnlicher Weise die primitive Psyche in uns selbst affizieren. Geist, *spiritus* oder *pneuma*, meint tatsächlich Luft, Wind, Atem; *spiritus* und *pneuma* sind in ihrem archetypischen Charakter dynamische und halbstoffliche Wirkkräfte; man wird von ihnen bewegt wie vom Wind, sie werden in einen hineingeatmet, und dann hat man eine Inflation.

Die projizierten archetypischen Figuren können ebensogut negativer Art sein: das Bild des Zauberers, des Teufels, von Dämonen usw. Sogar Analytiker sind hier nicht ganz feuerfest. Ich kenne Kollegen, die die wundervollsten Phantasien über mich produzieren und glauben, ich sei mit dem Teufel im Bunde und betreibe schwarze Magie. Und bei Menschen, die vorher nie auf die Idee gekommen wären, es könne so etwas wie den Teufel geben, tauchen in der Übertragung unpersönlicher Inhalte die unglaublichsten Dinge auf. Die Projektion von Bildern, die mit dem Elterneinfluß zusammenhängen, kann mit den üblichen Mitteln normaler Überlegungen und des gesunden Menschenverstandes aufgelöst werden; aber den Zugriff unpersönlicher Bilder kann man nicht nur mittels des Verstandes vernichten. Es wäre sogar nicht einmal richtig, ihn zu vernichten, da diese Bilder ganz außerordentlich bedeutsam sind. Um Ihnen dies zu erklären, muß ich leider wieder zur Geschichte des menschlichen Geistes zurückkehren.

Daß archetypische Bilder projiziert werden, ist keine neue Entdeckung. In Tat und Wahrheit müssen sie projiziert werden, weil sie sonst das Bewußtsein überschwemmen würden. Die Frage ist nur, wie man eine Form als adäquates Behältnis gewinnt. Hier gibt es nun eine uralte Institution, die den Menschen dazu verhilft, unpersönliche Bilder zu projizieren. Sie kennen sie sehr gut; wahrscheinlich haben Sie alle den Prozeß durchgemacht, aber leider waren Sie damals zu jung, um seine Bedeutung zu erkennen. Diese Institution ist die religiöse Einweihung — bei uns die Taufe. Sobald der faszinierende und einzigartige Einfluß der Elternbilder gelockert werden muß, damit das Kind von seiner ursprünglichen biologischen Partizipation mit den Eltern befreit werden kann, bewirkt die Natur, das heißt die unbewußte Natur des Menschen, in ihrer unendlichen Weisheit eine gewisse Art der Initiation. Man trifft diese bei sehr primitiven Stämmen an – es ist die Einweihung in die Männlichkeit, in die Gemeinschaft des geistigen und sozialen Lebens des Stammes. Im Laufe der Bewußtseinsdifferenzierung hat sich die Form der Einweihung vielfach verändert, bis sie bei uns zur christlichen Institution der Taufe ausgearbeitet wurde. Bei der Taufe sind zwei Funktionäre erforderlich, Pate und Patin. In unserm Schweizer Dialekt bezeichnen wir sie mit dem Namen Gottes: »Götti« und »Gotte«. »Götti« ist die männliche Form und bedeutet Erzeuger; Gotte ist die weibliche Form. Das Wort »Gott« hat nichts mit »gut« zu tun; in Wirklichkeit bedeutet es den Erzeuger. Die Taufe mit den geistigen Eltern in Form von Pate und Patin drückt das Mysterium des Zweimal-Geborenen aus. Wie Sie wissen, tragen alle Mitglieder der höheren Kasten in Indien den Ehrentitel »Zweimal-Geborener«. Auch der Pharao hatte das Vorrecht, zweimal-geboren zu sein. Daher findet man in ägyptischen Tempeln neben dem Hauptraum oft die sogenannte Geburtskammer, in der ein oder zwei Räume für den Ritus vorgesehen waren. In diesen wird die zwiefache Geburt des Pharao beschrieben, der einmal im Fleisch von normalen Eltern als menschliches Wesen geboren, anderseits aber auch vom Gott erzeugt, von der Göttin ausgetragen und zur Welt gebracht wird. Er wird als Sohn des Menschen und Gottes geboren.

Unsere Taufe bedeutet die Loslösung des Kindes von den natürlichen Eltern und von dem überwältigenden Einfluß der Elternimagines. Zu diesem Zweck werden die biologischen Eltern durch geistige Eltern ersetzt; Pate und Patin stellen die *intercessio divina* durch das Medium der Kirche dar, der sichtbaren Form des geistigen Königreiches. Im katholischen Ritus greift die Kirche sogar in die Hochzeit ein – bei der man doch als das allerwichtigste annehmen sollte, daß dieser besondere Mann und diese besondere Frau vereinigt und sich gegenübergestellt werden; die *intercessio sacerdotis* verhindert den unmittelbaren Kontakt der Partner. Der Priester vertritt die Kirche, und die Kirche steht in der – obligatorischen – Form der Beichte immer dazwischen. Diese Intervention beruht nicht auf einer speziellen List der Kirche; sie ist eher ein Ausdruck ihrer großen Weisheit, die bis auf die Urzeit des Christentums zurückgeht, in der die Vorstellung herrschte, daß wir nicht nur als Mann und Frau verheiratet sind; wir sind *in Christo* verheiratet. Ich besitze eine antike Vase, auf der eine frühchristliche Hochzeit dargestellt ist. Mann und Frau halten sich an den Händen im Fisch; der Fisch ist zwischen ihnen, und der Fisch ist Christus. Auf diese Weise ist das Paar im Fisch verbunden. Christus trennt und verbindet sie; Christus ist zwischen ihnen; er vertritt die Macht, die den Menschen von den rein natürlichen Kräften trennen soll.

Diesem Prozeß der Trennung von der Natur unterziehen sich die Menschen in den bekannten Initiations- oder Pubertätsriten der Primitiven. Beim Herannahen der Pubertät werden die Knaben plötzlich weggerufen. In der Nacht hören sie die Stimme der Geister, das Brüllen der Stiere, und keine Frau darf sich außer Hauses begeben, da sie sonst sofort getötet würde. Dann werden die Knaben hinaus ins Buschhaus gebracht, wo sie die verschiedensten grausamen Prüfungen zu bestehen haben. Sie dürfen nicht sprechen; man sagt ihnen, sie seien tot, und dann sagt man ihnen, sie seien wiedergeboren; sie erhalten neue Namen zum Beweis dafür, daß sie nicht mehr die gleiche Persönlichkeit sind wie vorher; und damit sind sie nicht mehr die Kinder ihrer Eltern. Die Initiation kann sogar so weit gehen, daß nach ihrer Rückkehr die Mütter nicht mehr mit ihren Söhnen sprechen dürfen, da die jungen Männer nicht mehr ihre Kinder sind. Bei den Hottentotten mußte der Knabe sogar hie und da einen einmaligen Inzest mit seiner Mutter begehen, um zu beweisen, daß sie nicht mehr seine Mutter war, sondern eine Frau wie alle andern.

Unser entsprechender christlicher Mythus hat viel von seiner Bedeutung verloren; wenn man aber die Symbolik der Taufe studiert, wird einem an gewissen Spuren der ursprüngliche Sinn bewußt. Das Taufbecken ist unser Geburtsraum; es ist wirklich die *piscina,* der Fischteich, in dem man sich wie ein kleiner Fisch befindet: man wird symbolisch ertränkt und dann wiederbelebt. Wie Sie wissen, sind die ersten Christen tatsächlich im Taufbad untergetaucht worden, das viel größer war als das heutige Becken; in vielen alten Kirchen war das Baptisterium ein Gebäude für sich, das immer über dem Grundriß eines Kreises erbaut war. Die katholische Kirche kennt am Tage vor Ostern eine spezielle Zeremonie für die Einsegnung des Taufbeckens, die *Benedictio Fontis.* Das rein natürliche Wasser wird von den Beimischungen böser Mächte gereinigt und in den wiederbelebenden und reinigenden Lebensbrunnen verwandelt, den unbefleckten Schoß der göttlichen Quelle. Daraufhin teilt der Priester das Wasser in die Vierform des Kreuzes, haucht dreimal darauf, taucht die geweihte Osterkerze als Symbol des ewigen Lichtes dreimal hinein, und zur gleichen Zeit bewirkt seine heilige Beschwörung das Herabsteigen der Kraft des Heiligen Geistes in das Becken.

Der Mensch wird aus dem *hierosgamos*, der heiligen Hochzeit zwischen dem Heiligen Geist und dem Taufwasser als dem Schoß der Kirche, in die wahre Unschuld des neuen Kindseins wiedergeboren. Die Sündenbefleckung ist von ihm genommen, und seine Natur wird mit dem Bilde Gottes vereinigt. Er ist nicht mehr von den rein natürlichen Kräften beschmutzt, sondern als geistiges Wesen neu erstanden.

Es gibt noch andere Institutionen, die das Ziel haben, den Menschen von seiner Natur-Situation abzulösen. Ich kann hier nicht in Einzelheiten gehen; aber wenn man die Psychologie der Primitiven studiert, kann man feststellen, daß alle wichtigen Lebensereignisse mit ausführlichen Zeremonien verbunden sind, die den Zweck haben, den Menschen von der vorhergehenden Phase der Existenz zu lösen und ihm zu helfen, seine psychische Energie auf die nächste Phase überzuleiten. Wenn ein Mädchen heiratet, muß es sich von den Elternbildern lösen und darf nicht in einer Projektion des Vaterbildes auf den Gatten befangen sein. In Babylon gab es daher einen speziellen Ritus, der das Mädchen vom Vaterbild lösen sollte. Das ist der Ritus der Tempel-Prostitution, in dem Mädchen aus guter Familie sich einem fremden Tempelbesucher, der vermutlich niemals wiederkehrte, hingeben und die Nacht mit ihm verbringen mußten. Im Mittelalter gab es bei uns eine ähnliche Institution, das *jus primae noctis*, das Recht der ersten Nacht, das der Feudalherr hinsichtlich seiner Leibeigenen besaß. Die Braut mußte ihre Hochzeitsnacht mit dem Feudalherrn verbringen. Der Ritus der Tempelprostitution schuf ein sehr eindrückliches Bild, das mit dem Bild des Mannes, den das Mädchen zu heiraten beabsichtigte, kollidierte. Wenn also später eheliche Störungen auftraten — denn selbst in jenen Zeiten traten gelegentlich solche Störungen auf —, ging die Regression (die natürliche Folge davon) nicht zum Vaterbild zurück, sondern zu dem Fremden, mit dem sie einmal zusammen war, dem Liebhaber aus unbekannten Landen. Sie fiel dann nicht in die Kindheit zurück, sondern auf ein ihrem Alter entsprechendes menschliches Wesen, wodurch sie gegen eine infantile Regression geschützt war.

Dieser Ritus enthüllt eine sehr schöne Beobachtung der menschlichen Psyche. In der Frau lebt stets das archetypische Bild eines Geliebten aus einem entfernten, unbekannten Land, eines Mannes, der über das Meer herkommt, ihr einmal begegnet und dann weiterzieht. Sie kennen dieses Motiv aus WAGNERS *Fliegendem Holländer* und IBSENS *Frau vom Meer*. In beiden Dramen wartet die Heldin auf den Fremden, der von weit her über das Meer kommt, um mit ihr die große Liebe zu erleben. In WAGNERS Oper hat sie sich zuvor schon in ein Bild verliebt, und sie kennt ihn bereits, bevor er eintrifft.

Die Frau vom Meer hat ihn früher einmal gekannt und lebt unter dem Zwang, immer zum Meer gehen zu müssen, um seine Rückkehr zu erwarten. In dem erwähnten babylonischen Ritus wird das archetypische Bild konkret gelebt, um die Frau von den Elternimagines zu lösen, die echte archetypische Bilder und daher außerordentlich machtvoll sind. Ich habe ein kleines Buch über die Beziehungen zwischen dem Ich und dem Unbewußten geschrieben[7], in dem ich den Fall einer Projektion des Vaterbildes durch eine Frau geschildert habe, die bei mir in Behandlung war, und wo ich zeigte, wie sich durch die Analyse des archetypischen Bildes, das dieser Vaterübertragung zugrundelag, das Problem erweiterte und erhellte.

Im ersten Stadium der Übertragungsbehandlung muß der Patient nicht nur erkennen, daß er die Welt immer noch aus dem Blickwinkel des Kinderzimmers, der Schulsituation usw. betrachtet, in dem er alle positiven und negativen Autoritätsfiguren seiner persönlichen Erfahrung projiziert; diese Erkenntnis dreht sich nur um die objektive Seite. Um eine wirklich erwachsene Einstellung aufbauen zu können, muß der Patient die *subjektive Bedeutung* all dieser Bilder sehen lernen, die ihm Schwierigkeiten zu bereiten scheinen. Er muß sie in seine eigene Psychologie integrieren; er muß herausfinden, inwiefern sie Teile seiner selbst sind; wie er zum Beispiel einem *Objekt* einen positiven Wert zumißt, den er in Wirklichkeit als seinen eigenen Wert entwickeln könnte und sollte. Und ebenso: Wenn er negative Eigenschaften projiziert und daher das Objekt haßt und verdammt, dann muß er sehen können, daß er seine eigene minderwertige Seite, sozusagen seinen Schatten, projiziert, weil es für ihn angenehmer ist, ein optimistisches und geistiges Bild von sich selbst zu besitzen. Freud befaßt sich bekanntlich nur mit der objektiven Seite. Man kann aber einem Patienten nicht zur echten Assimilierung seiner neurotischen Inhalte verhelfen, wenn man ihn in seiner kindlichen Verantwortungslosigkeit beläßt oder in der passiven Hinnahme eines blinden Geschickes, dessen Opfer er geworden ist. Seine Neurose hat den Sinn, daß er zu einer vollständigen Persönlichkeit wird, und das schließt Anerkennung seines ganzen Wesens, seiner guten und schlechten Seiten, seiner entwickelten und minderwertigen Funktionen ein, sowie die Fähigkeit, selbst die Verantwortung dafür zu übernehmen.

Nehmen wir nun einmal an, daß die Projektionen persönlicher Bilder durchgearbeitet und genügend behandelt worden sind, und daß trotzdem eine Übertragung bestehen bleibt, die sich einfach nicht auflösen läßt. Damit kommen wir zum *zweiten*

[7] [ibid. Paragr. 206 ff.]

Stadium in der Übertragungsbehandlung. Hier handelt es sich um die *Unterscheidung von persönlichen und unpersönlichen Inhalten.* Die persönlichen Projektionen müssen, wie wir gesehen haben, aufgelöst werden; das kann auf dem Weg der Bewußtmachung geschehen. Die unpersönlichen Projektionen aber können nicht zerstört werden, weil sie zu den Strukturelementen der Psyche gehören. Sie sind nicht Relikte einer Vergangenheit, die überwachsen werden muß; sie sind im Gegenteil zielgerichtete und kompensatorische Funktionen von höchster Bedeutsamkeit. Sie sind ein wesentlicher Schutz gegen Situationen, in denen man den Kopf verlieren könnte. Bei jedem Vorliegen einer Paniksituation — äußerer oder innerer Art — greifen die Archetypen ein und verhelfen dem Menschen dazu, in instinktiv angepaßter Weise zu reagieren, so wie wenn er die Situation schon immer gekannt hätte: Er reagiert so, wie die Menschheit schon immer reagiert hat. Daher ist dieser Mechanismus lebenswichtig.

Es ist klar, daß die Projektion dieser unpersönlichen Bilder auf den Analytiker zurückgezogen werden muß. Damit löst man aber lediglich den Projektions*akt* auf; die *Inhalte* darf und kann man effektiv nicht auflösen. Ebensowenig kann natürlich der Patient die unpersönlichen Inhalte in seine persönliche Psychologie integrieren. Eben weil sie *unpersönlich* sind, werden sie projiziert; man spürt, daß sie nicht dem eigenen objektiven Geist angehören, sie müssen irgendwo außerhalb untergebracht werden, und da keine adäquate Form zur Verfügung steht, wird ein menschliches Objekt zu ihrem Gefäß gemacht. Man muß daher außerordentlich vorsichtig sein im Umgang mit unpersönlichen Projektionen. Es wäre zum Beispiel ein großer Fehler, dem Patienten zu sagen: »Sehen Sie, Sie projizieren einfach das Erlöserbild in mich. Was für ein Unsinn, einen Erlöser zu erwarten und mich dafür verantwortlich zu machen.« Eine solche Erwartung muß man ernst nehmen; sie ist keineswegs Unsinn. Die ganze Welt hegt die Erlöser-Hoffnung, man findet sie überall. Sehen Sie sich zum Beispiel Italien an oder Deutschland. Heute haben zwar Sie in England und wir in der Schweiz keinen Erlöser; glauben Sie aber nicht, wir seien so sehr verschieden vom übrigen Europa. Bei uns liegt die Situation ein wenig anders als bei den Italienern und den Deutschen; jene sind vielleicht etwas weniger ausgeglichen, aber auch bei uns würde es nur sehr wenig brauchen. In jenen Ländern herrscht der Erlöserkomplex als massenpsychologisches Symptom. Er ist ein archetypisches Bild des kollektiven Unbewußten, und in einer Zeit, die derart unruhig und desorientiert ist wie die unsrige, ist es nur natürlich, daß er aktiviert wird. In solchen kollektiven Geschehnissen können wir wie durch ein Vergrößerungsglas beobachten, was auch im Individuum auftreten kann. Es sind eben solche Momente der Panik, in denen die kompensatorischen psychischen Elemente in Aktion treten. Es handelt sich absolut nicht um ein abnormales Phänomen. Vielleicht erscheint es uns seltsam, daß es sich in politischer Form ausdrückt. Das kollektive Unbewußte ist aber ein sehr irrationaler Faktor, und unser rationales Bewußtsein kann ihm nicht diktieren, wie es in Erscheinung treten soll. Natürlich kann es, wenn ganz sich selbst überlassen, sehr destruktiv wirken; es kann zum Beispiel zu einer Psychose führen. Daher ist die Beziehung des Menschen zum kollektiven Unbewußten immer in Normen gefaßt worden; es gibt eine charakteristische Form, in der die archetypischen Bilder ausgedrückt werden. Denn das kollektive Unbewußte ist eine Funktion, die immer am Werk ist, und der Mensch muß die Fühlung mit ihr behalten. Seine psychische und geistige Gesundheit hängt von der Mitarbeit der unpersönlichen Bilder ab. Daher hatte der Mensch stets seine Religionen.

Was sind Religionen? Religionen sind psychotherapeutische Systeme. Was tun wir denn, wir Psychotherapeuten? Wir versuchen, das Leiden des menschlichen Geistes, der menschlichen Psyche oder der menschlichen Seele zu heilen, und die Religionen befassen sich mit dem gleichen Problem. Deshalb ist Gott selbst ein Heiler; er ist Arzt, er heilt die Kranken, und er befaßt sich mit den Störungen der Seele; und das ist genau, was wir Psychotherapie nennen. Es ist kein Spiel mit Worten, wenn ich die Religion ein psychotherapeutisches System nenne. Sie ist sogar das ausgefeilteste dieser Systeme, und es liegt eine große praktische Wahrheit dahinter. Meine Klientel ist recht ausgedehnt und rekrutiert sich aus einer Anzahl von Kontinenten; und dort, wo ich lebe, sind wir praktisch überall von Katholiken umgeben; aber in den letzten dreißig Jahren hatte ich nicht mehr als vielleicht sechs praktizierende Katholiken unter meinen Patienten. Die weitaus überwiegende Mehrheit sind Protestanten und Juden. Ich habe einmal an mir unbekannte Menschen ein Zirkular verschickt, in dem ich sie fragte: »Was würden Sie tun, wenn Sie in psychologischen Schwierigkeiten wären? Würden Sie zum Arzt gehen oder zum Priester beziehungsweise Pfarrer? Ich kann mich nicht an die genauen Zahlen erinnern; ich erinnere mich aber, daß ungefähr zwanzig Prozent der Protestanten sagten, sie gingen zum Pfarrer. Alle andern waren mit Nachdruck gegen den Pfarrer und für den Arzt, und am nachdrücklichsten nahmen die Verwandten und Kinder von Pfarrern diesen Standpunkt ein. Unter den Antwortenden befand sich auch ein Chinese, und der brauchte eine sehr hübsche Formulierung. Er bemerkte: »Solange ich jung bin, gehe ich zum Arzt, und wenn ich alt bin, gehe ich zum Weisen.« Hingegen stellten 58 oder 60 Prozent der Katholiken fest, daß sie auf alle Fälle zum Priester gehen würden. Dies zeigt, daß besonders die katholische Kirche mit ihrem rigorosen System von Beichte und Beichtvater eine therapeutische Institution ist. Ich habe einige Patienten gehabt, die nach einer Analyse mit mir sogar zur katholischen Kirche übergetreten sind, sowie einige, die jetzt der sogenannten Oxford-Bewegung angehören — mit meinem Segen! Ich halte es für absolut in Ordnung, von diesen psychotherapeutischen Institutionen, die uns die Geschichte überliefert hat, Gebrauch zu machen, und ich wünschte, ich wäre noch ein mittelalterlicher Mensch, der einer solchen Glaubensgemeinschaft beitreten könnte. Leider braucht es dafür eine etwas mittelalterliche Psychologie, und ich bin nicht genügend mittelalterlich. Sie sehen aber aus dem Gesagten, daß ich die archetypischen Bilder und eine ihrer Projektion angemessene Form ernstnehme, und ich tue das, weil das kollektive Unbewußte tatsächlich ein ernstzunehmender Faktor in der menschlichen Psyche ist.

All die persönlichen Dinge wie Inzesttendenzen und andere Kindereien sind nur die Oberfläche; was das Unbewußte in Wirklichkeit enthält, sind die großen kollektiven Zeitereignisse. Die Geschichte wird im kollektiven Unbewußten des einzelnen vorbereitet; und wenn die Archetypen in einer ganzen Anzahl von einzelnen aktiviert werden und an die Oberfläche gelangen, dann befinden wir uns inmitten der Geschichte wie zum Beispiel heute. Das vom Augenblick benötigte archetypische Bild tritt ins Leben, und alle werden davon ergriffen. Das ist es, was wir heute erleben. Ich habe es kommen sehen. Schon 1918 sagte ich, daß die »blonde Bestie« sich im Schlaf bewege, und daß in Deutschland etwas geschehen werde[8]. Kein Psychologe verstand damals, was ich meinte, weil einfach niemand eine Vorstellung davon hatte, daß unsere persönliche Psychologie nur eine dünne Haut ist, ein leichtes Kräuseln auf dem Ozean der kollektiven Psychologie. Der machtvolle Faktor, der Faktor, der unser Leben verändert, der die Oberfläche unserer bekannten Welt verändert, und der Geschichte macht, ist die kollektive Psychologie, und die kollektive Psychologie bewegt sich nach Gesetzen, die von denen unseres Bewußtseins von Grund auf verschieden sind. Die Archetypen sind die großen entscheidenden Mächte, *sie* bringen die echten Ereignisse hervor, und nicht unser persönlicher Verstand und praktischer Intellekt. Vor dem Großen Krieg sagten alle intelligenten Menschen: »Es wird keinen Krieg mehr geben, wir sind viel zu vernünftig, um das geschehen zu lassen, und außerdem sind unser Handel und unsere Finanzen

[8] [C. G. JUNG, *Über das Unbewußte* (Ges. Werke X).]

derart international verflochten, daß der Krieg überhaupt nicht in Frage kommt.« Und dann brachten wir den furchtbarsten aller Kriege hervor. Jetzt beginnt man wieder mit dem gleichen törichten Gerede über die Vernunft, über Friedenspläne und ähnliches; die Leute verblenden sich selbst in ihrem Kleben an kindischem Optimismus — sehen Sie sich nur die Wirklichkeit an! Es sind ohne Zweifel die archetypischen Bilder, die das Schicksal des Menschen bestimmen. Die unbewußte Psychologie des Menschen entscheidet und nicht das, was wir in der Gehirnkammer unseres Dachstübchens denken und reden.

Wer hätte im Jahr 1900 gedacht, daß dreißig Jahre später in Deutschland Dinge geschehen könnten, wie wir sie heute erleben? Hätten Sie geglaubt, daß eine ganze Nation intelligenter und gebildeter Menschen von der faszinierenden Macht eines Archetyps ergriffen werden könnte? Ich habe es kommen sehen, und ich kann es verstehen, weil ich die Macht des kollektiven Unbewußten kenne. An der Oberfläche jedoch sieht es völlig unglaubhaft aus. Sogar meine persönlichen Freunde stehen unter dieser Faszination, und wenn ich in Deutschland bin, glaube ich es selbst, ich verstehe alles, ich weiß, es muß so sein, wie es ist. Man kann dem nicht widerstehen. Es geht einem unter den Gürtel und nicht in den Kopf, das Gehirn zählt überhaupt nicht, das sympathische Nervensystem ist ergriffen. Es ist eine Macht, die die Menschen von innen her fasziniert, es ist das aktivierte kollektive Unbewußte, ein lebendig gewordener Archetyp, der ihnen allen gemeinsam ist. Und weil es ein Archetyp ist, hat es gewisse historische Aspekte, so daß wir ohne Kenntnis der Geschichte die Ereignisse nicht verstehen können[9]. Heute wird deutsche Geschichte gelebt, so wie der Faschismus lebendige italienische Geschichte ist. Wir können uns nicht wie Kinder dazu verhalten, intellektuelle und vernünftige Gedanken darüber haben und sagen: Es sollte nicht sein. Das ist einfach kindisch. Es geht um wirkliche Geschichte, um das, was dem Menschen geschieht und immer geschehen ist, und das ist sehr viel wesentlicher als unsere persönlichen kleinen Weh-Wehs und unsere persönlichen Überzeugungen. Ich kenne hochgebildete Deutsche, die ebenso vernünftig waren, wie ich es von mir oder Sie es von sich annehmen. Aber eine Welle hat sie überrollt und ihre Vernunft weggespült, und wenn man mit ihnen spricht, muß man zugeben, daß sie nicht anders konnten. Ein unverständliches Schicksal hat sie ergriffen, und davon kann man nicht sagen, es sei richtig oder falsch. Es hat nichts mit rationalem Urteil zu tun, es ist einfach Geschichte. Und wenn die Übertragung unserer Patienten die Archetypen berührt, berührt man eine Mine, die genau so explodieren kann, wie wir

[9] [Vgl. C. G. Jung, *Wotan* (Ges. Werke X).]

sie im Kollektiv explodieren sehen. Diese unpersönlichen Bilder enthalten eine enorme dynamische Energie. BERNARD SHAW sagt in *Mensch und Übermensch:* »Dieses Geschöpf Mensch, das in seinen eigenen selbstsüchtigen Angelegenheiten feig bis auf die Knochen ist, wird für eine Idee kämpfen wie ein Held[10].« Natürlich würden wir Faschismus oder Hitlerismus nicht Ideen nennen. Sie sind Archetypen, und so könnte man sagen: Gebt den Menschen einen Archetyp, und sie werden alle wie *ein* Mann vorwärtsstürmen; Widerstand ist ausgeschlossen.

Wegen dieser erschreckend dynamischen Macht der Archetypen kann man sie nicht wegargumentieren. Daher ist das einzige, was man im *dritten Stadium* der Übertragungsbehandlung tun kann, die *persönliche Beziehung zum Analytiker von den unpersönlichen Faktoren zu unterscheiden.* Es ist absolut verständlich, daß ein Patient, für den man ernsthaft und aufrichtig gearbeitet hat, einen gern hat, und daß man selbst, weil man ziemlich viel Arbeit für einen Patienten aufgewendet hat, ihn gern hat, sei es ein Mann oder eine Frau. Das ist ganz selbstverständlich. Es wäre höchst unnatürlich und neurotisch, wenn auf seiten des Patienten nicht eine persönliche Anerkennung für das vorliegen würde, was man für ihn getan hat. Eine persönlich-menschliche Reaktion auf den Analytiker ist normal und vernünftig; man muß sie daher gewähren lassen, sie verdient es, leben zu dürfen; es ist dann keine Übertragung mehr. Aber eine solche Haltung dem Analytiker gegenüber ist in menschlicher und anständiger Weise nur dann möglich, wenn sie nicht durch unerkannte, unpersönliche Werte verzerrt wird. Das bedeutet aber anderseits, daß die Bedeutung der archetypischen Bilder voll anerkannt werden muß, von denen manche religiösen Charakters sind. Ob Sie der Meinung sind, daß der Nazisturm in Deutschland einen religiösen Sinn gehabt hat oder nicht, spielt keine Rolle. Er hat ihn. Ob Sie glauben, der Duce sei eine religiöse Figur oder nicht, ist unwichtig, weil er eine religiöse Figur *ist.* Man konnte die Bestätigung davon dieser Tage sogar in der Zeitung lesen, wo die Verse auf einen römischen Cäsaren zitiert waren: »Ecce deus, deus ille, Menalca[11].« Faschismus ist die lateinische Form der Religion, und sein religiöser Charakter erklärt die von ihm ausgehende ungeheure Faszination.

Es mag sein, daß als Folge dieser Anerkennung der unpersönlichen Werte der Patient einer Kirche beitritt oder einem religiösen Glauben oder sonst etwas ähnlichem. Schwierig wird es, wenn er seine Erfahrung des kollektiven Unbewuß-

[10] 3. Akt, in einem Monolog Don Juans.
[11] Vgl. VERGIL, Ekloge V, 64: »pisa sonant arbusta: ›deus, deus ille, Menalca!‹« (»Der ganze Hain tönt: ›Ein Gott ist, ein Gott Menalcas!‹«).

ten nicht in einer gegebenen religiösen Form unterbringen kann. In diesem Fall haben die unpersönlichen Faktoren kein Gefäß, der Patient fällt in die Übertragung zurück, und die archetypischen Bilder verderben die menschliche Beziehung zum Analytiker. Dann *ist* der Analytiker der Erlöser, oder wehe ihm, wenn er es nicht ist und doch sein sollte! Er ist eben nur ein menschliches Wesen; er kann weder der Erlöser sein noch sonst ein archetypisches Bild, das im Unbewußten des Patienten aktiviert worden ist.

Im Hinblick auf dieses enorm schwierige und wichtige Problem habe ich eine besondere Technik entwickelt, um diese projizierten unpersönlichen Werte dem Betreffenden wieder zurückzugeben. Es ist eine ziemlich komplizierte Methode, und gestern abend war ich im Zusammenhang mit dem besprochenen Traum gerade dabei, Ihnen etwas davon zu zeigen. Wenn nämlich das Unbewußte sagt, daß unter der christlichen Kirche der geheime Raum mit der goldenen Schale und dem goldenen Degen liegt, dann lügt es nicht. Das Unbewußte ist Natur, und die Natur lügt nie. Das Gold *ist* da, der Schatz und der große Wert *sind* da.

Wenn ich Zeit dafür gehabt hätte, wäre ich weitergegangen und hätte Ihnen etwas über den Schatz und über die Mittel zu seiner Erlangung erzählt. Dann hätten Sie festgestellt, daß die Methode, die es dem einzelnen erlaubt, mit seinen unpersönlichen Bildern in Beziehung zu bleiben, ihre Berechtigung hat. So wie die Dinge jetzt liegen, kann ich sie nur kurz andeuten und muß Sie bezüglich weiteren Materials auf meine Bücher verweisen[12].

Diese *vierte Stufe* der Übertragungsbehandlung nenne ich die *Objektivierung unpersönlicher Bilder*. Sie ist ein wesentlicher Teil des Individuationsprozesses[13]. Ihr Ziel ist, das Bewußtsein vom Objekt zu lösen, so daß der Mensch die Garantie seines Glückes oder sogar seines Lebens nicht mehr in Faktoren außerhalb seiner selbst sucht, seien diese Personen, Ideen oder Umstände, sondern erkennt, daß alles darauf ankommt, ob er den Schatz besitzt oder nicht. Ist der Besitz des Goldes erreicht, dann liegt das Zentrum der Schwerkraft *im* Menschen und nicht mehr in einem Objekt, von dem er abhängig ist. Dem Ziel, einen solchen Zustand der Gelöstheit zu erreichen, dienen östliche Praktiken und auch alle Lehren der Kirche. In den verschiedenen Religionen wird der Schatz in die heiligen Figuren projiziert, aber für den modernen, aufgeklär-

12 [Vgl. vor allem den Kommentar zu *Das Geheimnis der Goldenen Blüte* (Ges. Werke XIII) und *Ziele der Psychotherapie* (Ges. Werke XVI, 1958).]
13 Vgl. C. G. JUNG, *Psychologische Typen* (Ges. Werke VI, 1967. Definitionen, Paragr. 825 f) und *Zwei Schriften über Analytische Psychologie* (Ges. Werke VII, 1964, S. 173 ff) sowie »Zur Empirie des Individuationsprozesses« in: *Gestaltungen des Unbewußten* (Ges. Werke IX/I).

ten Menschen ist die Hypostasierung nicht mehr möglich. Sehr viele Menschen sind nicht mehr in der Lage, ihre unpersönlichen Werte in historischen Symbolen auszudrücken.

Sie sehen sich daher vor die Notwendigkeit gestellt, eine individuelle Methode zu finden, mittels derer die unpersönlichen Bilder eine Form erlangen können. Denn sie brauchen eine Form, sie müssen ihr für sie charakteristisches Leben leben, andernfalls der Mensch von den Grundfunktionen seiner Psyche abgeschnitten wird, was ihn neurotisch und desorientiert macht und ihn in Konflikt mit sich selbst geraten läßt. Ist er aber fähig, die unpersönlichen Bilder zu objektivieren und mit ihnen in Beziehung zu treten, dann ist er in Berührung mit jener vitalen psychologischen Funktion, der sich seit dem Erwachen des Bewußtseins die Religion angenommen hat.

Es ist mir nicht möglich, auf die Einzelheiten des Problems einzugehen; nicht nur, weil die Zeit nicht mehr reicht, sondern weil es über die wissenschaftliche Begriffssprache hinausgeht, einer lebendigen psychischen Erfahrung adäquaten Ausdruck zu geben. Das einzige, was wir rational über diesen Zustand der Gelöstheit sagen können, ist, ihn als eine Art Zentrum innerhalb der Psyche des einzelnen (aber nicht in seinem Ich) zu bezeichnen. Es ist ein Nicht-Ich-Zentrum. Um Ihnen wirklich deutlich zu machen, was ich mit einem Nicht-Ich-Zentrum[14] meine, müßte ich Ihnen wahrscheinlich eine lange Abhandlung über vergleichende Religionsgeschichte geben. So kann ich Sie nur auf die Existenz dieses Problems hinweisen. Es ist in der Tat das wesentliche Problem einer großen Anzahl von Menschen, die in die Analyse kommen, und daher muß der Psychotherapeut eine Methode ausfindig machen, mittels derer er ihnen helfen kann, es zu lösen.

In der Verwendung einer solchen Methode nehmen wir die Fackel wieder auf, die unsere alten Kollegen des siebzehnten Jahrhunderts niedergelegt hatten, um Chemiker zu werden. Insofern, als wir Psychologen uns von chemischen und materiellen Vorstellungen über die Psyche lösen, nehmen wir jene Fackel wieder auf und führen einen Prozeß fort, der im Westen im zwölften Jahrhundert begann – denn die Alchemie war das Werk von Ärzten, die es mit der Seele zu tun hatten.

DISKUSSION

Frage:
Darf ich Ihnen eine sehr elementare Frage stellen? Würden Sie uns eine Definition der Neurose geben?

[14] [Vgl. C. G. Jung, *Psychologie und Alchemie* (Ges. Werke XII).]

C. G. JUNG:
Die Neurose ist eine auf die Existenz von Komplexen zurückzuführende *Dissoziation der Persönlichkeit.* Komplexe zu haben, ist an und für sich normal; wenn aber die Komplexe inkompatibel werden, dann wird jener Teil der Persönlichkeit, der dem bewußten Teil allzusehr entgegengesetzt ist, abgespalten. Wenn die Spaltung die organische Struktur erreicht, wird die Dissoziation zur Psychose, einem schizophrenen Zustand, wie es diese Bezeichnung ausdrückt. Jeder Komplex lebt dann sein eigenes Leben, und es gibt keine Persönlichkeit mehr, um sie zusammenzufügen.

Da die abgespaltenen Komplexe unbewußt sind, können sie sich nur auf indirektem Weg ausdrücken, nämlich durch die neurotischen Symptome. Anstatt unter einem persönlichen Konflikt zu leiden, leidet man an einer Neurose. Jede charakterliche Inkomptabilität kann eine Dissoziation bewirken; eine zu starke Spaltung zwischen der Denk- und der Fühlfunktion zum Beispiel ist schon eine leichte Neurose. Wenn man bezüglich einer bestimmten Sache nicht ganz eins mit sich selbst ist, nähert man sich einer neurotischen Situation. Die Vorstellung von einer psychischen Dissoziation ist die allgemeinste und vorsichtigste Definition, die ich von der Neurose geben kann. Sie enthält natürlich nicht die Symptomatologie und Phänomenologie der Neurose; sie ist die allgemeinste psychologische Formulierung, die mir möglich ist.

Dr. H. G. BAYNES:
Sie haben gesagt, die Übertragung sei von keinem praktischen Wert in der Analyse. Kann man ihr nicht einen teleologischen Wert beimessen?

C. G. JUNG:
Ich habe es nicht in so vielen Worten gesagt, aber der teleologische Wert der Übertragung ergibt sich aus der Analyse ihrer archetypischen Inhalte. Ihr intentionaler Wert zeigt sich auch in dem, was ich über die Übertragung als einer Kompensation des Beziehungsmangels zwischen Analytiker und Patient gesagt habe — wenigstens, wenn man annimmt, daß es für Menschen normal ist, *en rapport* miteinander zu sein. Ich könnte mir natürlich vorstellen, daß ein introvertierter Philosoph eher denkt, die Menschen hätten grundsätzlich keinen Kontakt miteinander. SCHOPENHAUER sagt zum Beispiel, der menschliche Egoismus sei so groß, daß ein Mensch fähig sei, seinen Bruder zu töten, um mit dessen Fett seine eigenen Stiefel zu schmieren.

Dr. HENRY V. DICKS:
Wir dürfen also wohl annehmen, Professor Jung, daß Sie den

Ausbruch einer Neurose als einen Versuch zur Selbstheilung ansehen, als Versuch zur Kompensation durch das Heraufbringen der minderwertigen Funktion?

C. G. JUNG:
Ganz richtig.

Dr. DICKS:
Wenn ich richtig verstehe, ist also der Ausbruch einer neurotischen Krankheit vom Standpunkt der menschlichen Entwicklung aus als etwas Positives anzusehen.

C. G. JUNG:
So ist es, und ich bin froh, daß Sie dieses Thema aufwerfen. Nach meiner Auffassung ist es tatsächlich so. Ich bin nicht völlig pessimistisch in bezug auf die Neurose. Es gibt viele Fälle, in denen wir sagen müssen: »Gott sei Dank konnte er sich dazu entschließen, neurotisch zu werden.« Die Neurose ist wirklich ein Versuch zur Selbstheilung, genauso wie jede physische Krankheit zum Teil ein Versuch zur Selbstheilung ist. Wir können die Krankheit nicht mehr als ein *ens per se* betrachten, das heißt als etwas Losgelöstes, als was man sie noch vor nicht allzu langer Zeit ansah. Die moderne Medizin – die innere Medizin zum Beispiel – faßt die Krankheit als ein aus einem störenden Faktor und einem heilenden Faktor zusammengesetztes System auf. Genau so ist es mit der Neurose. Sie ist ein Versuch des selbstregulierenden psychischen Systems, das Gleichgewicht wieder herzustellen, genauso wie der Traum – nur eben stärker und drastischer.

Dr. J. A. HADFIELD:
Würden Sie uns einen kurzen Überblick über die Technik der aktiven Imagination geben?

C. G. JUNG:
Über dieses Thema hatte ich tatsächlich im Anschluß an die Analyse des Toledo-Traumes heute zu Ihnen sprechen wollen, und daher greife ich es gern auf. Ich kann Ihnen natürlich kein ausführliches empirisches Material vorlegen, aber es gelingt mir vielleicht, Ihnen eine Vorstellung von der Methode zu geben. Vielleicht ist es am besten, wenn ich Ihnen über einen Fall berichte, in dem es sehr schwierig war, dem Patienten die Methode beizubringen.

Ich behandelte einen jungen Künstler, der die größten Schwierigkeiten hatte zu verstehen, was ich mit aktiver Imagination meinte. Er versuchte alles Mögliche, es gelang ihm aber nicht. Die Schwierigkeit für ihn lag darin, daß er nicht denken konnte. Musiker, Maler, Künstler aller Art können oft überhaupt nicht denken, da sie ihr Gehirn niemals bewußt einsetzen. Das Gehirn dieses Mannes arbeitete ebenfalls immer für sich allein; es hatte seine künstlerischen Vorstellungen, er konnte es nicht psychologisch gebrauchen, und daher konnte er nicht verstehen. Ich erleichterte ihm den Versuch in jeder Weise, und er versuchte alle möglichen Kniffe. Ich kann Ihnen nicht alles erzählen, was er tat, aber ich will Ihnen berichten, wie es ihm schließlich gelang, seine Einbildungskraft psychologisch einzusetzen.

Ich lebe außerhalb der Stadt, und um zu mir zu kommen, mußte er den Zug nehmen. Dieser fährt von einem kleinen Bahnhof ab, und an der Wand dieses Bahnhofs befand sich ein Plakat. Jedesmal, wenn er auf seinen Zug wartete, schaute er dieses Plakat an. Es war eine Reklame für Mürren im Berner Oberland, ein farbenfreudiges Bild mit Wasserfällen, einer grünen Wiese, einem Hügel in der Mitte und Kühen auf dem Hügel. So saß er, starrte das Plakat an und dachte daran, daß er nicht herausfinden konnte, was ich mit der aktiven Imagination meinte. Und dann dachte er eines Tages: »Vielleicht könnte ich mit einer Phantasie über dieses Plakat anfangen. Ich könnte mir zum Beispiel einbilden, daß ich mich selbst auf dem Plakat befinde, daß die Landschaft wirklich ist und ich den Hügel zwischen den Kühen hindurch hinaufsteige und auf der andern Seite hinunterschauen könnte, und dann würde ich sehen, was hinter dem Hügel liegt.«

In dieser Absicht ging er zum Bahnhof und bildete sich dort ein, er befinde sich im Plakat. Er sah die Wiese und den Weg, stieg den Hügel zwischen den Kühen hindurch hinan, und dann kam er zum Gipfel und sah hinab, und da war wieder die Wiese, die sich langsam hinabzog, und unten war eine Hecke mit einem Zauntritt. Er stieg also hinunter und über den Zauntritt, und da war ein kleiner Fußpfad, der sich um eine Schlucht herumzog, und ein Felsen, und als er an dem Felsen vorbei war, sah er eine kleine Kapelle, deren Tür etwas offenstand. Es gelüstete ihn einzutreten, und daher stieß er die Tür ganz auf und ging hinein, und da stand auf einem mit hübschen Blumen geschmückten Altar eine hölzerne Figur der Muttergottes. Er blickte in ihr Gesicht, und in diesem Augenblick verschwand etwas mit spitzigen Ohren hinter dem Altar. Er dachte: »Ach, das ist alles Unsinn«, und im Nu war die ganze Phantasie verschwunden.

Er ging weg und sagte sich: »Nun habe ich wieder nicht verstanden, was aktive Imagination ist.« Und dann, plötzlich, traf ihn der Gedanke: »Ach, vielleicht war es wirklich so; vielleicht ist das, was hinter der Muttergottes mit spitzigen Ohren wie ein Blitz verschwand, wirklich geschehen.« Und er fuhr fort: »Ich will es nochmals versuchen, gleichsam als Test.« So ging er in der Phantasie zum Bahnhof zurück und sah das Plakat an, und wieder phantasierte er, den Hügel hinaufzusteigen. Und als er zum Gipfel des Hügels kam, fragte er sich, was er wohl auf der andern Seite sehen würde. Da war wieder die Hecke und der Zauntritt und der leicht abfallende Hügel. Er sagte: »So weit, so gut. Es hat sich offenbar seither nichts verändert.« Er ging um den Felsen herum, und da war die Kapelle. Er sagte: »Da ist die Kapelle, das ist wenigstens keine Illusion. Es ist alles in Ordnung.« Die Tür stand offen, und er freute sich sehr. Einen Moment lang zögerte er und sagte: »Wenn ich jetzt die Tür aufstoße und die Madonna auf dem Altar sehe, dann muß das Ding mit den spitzigen Ohren hinter der Madonna herunterspringen, und wenn es das nicht tut, ist alles Unsinn!« Und so stieß er die Tür auf und schaute hin — und es war alles da, und das Ding sprang herunter wie zuvor, und nun war er überzeugt. Von da an hatte er den Schlüssel, er wußte, daß er sich auf seine Einbildungskraft verlassen konnte, und lernte, sie zu gebrauchen.

Die Zeit fehlt, um Ihnen über die Entwicklung seiner Bilder zu berichten oder darüber, wie andere Patienten zu der Methode gelangen. Jeder gelangt natürlich auf seine eigene Weise dazu. Ich kann nur erwähnen, daß die aktive Imagination auch von einem Traum oder einem hypnagogischen Eindruck ausgehen kann. Ich ziehe den Ausdruck »Imagination« demjenigen der »Phantasie« vor, weil zwischen den beiden ein Unterschied besteht, den die alten Ärzte vor Augen hatten, wenn sie sagten, daß das ›opus nostrum‹, unser Werk, ›per veram imaginationem et non phantastica‹ geschehen sollte — durch echte Imagination und nicht durch eine phantastische[15]. Mit andern Worten: Nach dieser Definition ist Phantasie reiner Unsinn, ein Phantasma, ein flüchtiger Eindruck; die Imagination jedoch ist aktive, zielgerichtete Schöpfung. Und das ist genau der Unterschied, den ich ebenfalls mache.

Eine Phantasie ist mehr oder weniger eine eigene Erfindung und verbleibt auf der Oberfläche persönlicher Dinge und bewußter Erwartungen. Aktive Imagination hingegen bedeutet, wie es der Ausdruck besagt, daß die Bilder ihr eigenes Leben haben und daß die symbolischen Ereignisse sich sogar nach ihrer eigenen Logik entwickeln — das heißt natürlich, wenn der bewußte Verstand nicht dazwischentritt. Man beginnt mit der Konzentration auf einen bestimmten Punkt. Ich will Ihnen ein Beispiel aus meiner eigenen Erfahrung geben. Als ich ein kleiner Junge war, hatte ich eine ledige Tante, die in einem hübschen, altmodischen Haus wohnte. Es war voll schöner alter kolorierter Stiche. Unter ihnen befand sich ein Bild mei-

[15] [Vgl. C. G. JUNG, *Psychologie und Alchemie* (Ges. Werke XII).]

nes Großvaters mütterlicherseits. Er war eine Art Bischof, und auf dem Bild kam er aus dem Haus und stand auf einer kleinen Terrasse. Von der Terrasse führten Geländer und Stufen herunter, und ein Fußpfad führte zur Kathedrale. Er stand, mit all seinen Insignien angetan, oben auf der Terrasse. Jeden Sonntagmorgen durfte ich meine Tante besuchen, und dann kniete ich auf einen Stuhl und sah das Bild so lange an, bis der Großvater die Stufen herabkam. Jedesmal pflegte meine Tante zu sagen: »Aber, liebes Kind, er geht nicht, er steht immer noch dort.« Aber ich wußte, daß ich ihn hatte herabkommen sehen.

Sie sehen, wie es dazu kam, daß sich das Bild zu bewegen begann. In der gleichen Weise beginnt sich ein inneres Bild, auf das man sich konzentriert, zu bewegen, es wird mit Details angereichert, es bewegt und entwickelt sich. Jedesmal mißtraut man ihm natürlich und meint, man habe sich das einfach ausgedacht, und es sei nur unsere eigene Erfindung. Diesen Zweifel muß man aber überwinden, er ist nicht gerechtfertigt. Wir können tatsächlich sehr wenig mit unserm Bewußtsein erfinden. Immer sind wir von dem abhängig, was ganz buchstäblich in unser Bewußtsein »fällt«; daher nennen wir das im Deutschen Ein-Fälle. Wenn zum Beispiel mein Unbewußtes mir keine Ideen liefern will, dann kann ich in meiner Vorlesung nicht weiterfahren, denn ich könnte den nächsten Schritt nicht erfinden. Sie haben alle schon die Erfahrung gemacht, daß wenn Sie einen sehr bekannten Namen oder ein bestimmtes Wort aussprechen wollen, es sich einfach nicht einstellt; aber einige Zeit später fällt es einem wieder ein. Wir sind vollständig abhängig von der wohlwollenden Mitarbeit unseres Unbewußten. Wenn es nicht mitmacht, sind wir verloren. Ich bin daher überzeugt, daß wir nicht viel an bewußter Erfindung fertigbringen; wir überschätzen die Macht der Absicht und des Willens. Wenn wir uns daher auf ein inneres Bild konzentrieren und darauf achten, den natürlichen Ablauf nicht zu unterbrechen, wird unser Unbewußtes eine Bilderreihe hervorbringen, die eine ganze Geschichte ergibt.

Ich habe diese Methode mit vielen Patienten und lange Jahre hindurch ausprobiert, und ich besitze eine große Sammlung solcher »opera«. Es ist äußerst interessant, den Prozeß zu beobachten. Natürlich verwende ich die aktive Imagination nicht als Allheilmittel für jedermann; es müssen eindeutige Hinweise dafür vorliegen, daß die Methode für den Betreffenden zweckmäßig ist, und es gibt eine große Anzahl von Patienten, bei denen es falsch wäre, sie ihnen aufzudrängen. Aber in den letzten Stadien einer Analyse tritt häufig die Objektivierung von Bildern an die Stelle der Träume. Die Bilder nehmen die Träume vorweg, und so beginnt das Traummaterial zu versanden. Der Teil des Unbewußten, mit dem das Bewußtsein in Beziehung steht, nimmt ab. Dann bekommt man alles Material in schöpferischer Form, und dieses hat große Vorzüge gegenüber dem Traummaterial. Es beschleunigt den Reifungsprozeß, denn die Analyse ist ein Prozeß beschleunigter Reifung. Diese Definition ist nicht meine eigene Erfindung; sie stammt vom alten Professor STANLEY HALL.

Da in der aktiven Imagination das Material bei wachem Bewußtsein hervorgebracht wird, ist es abgerundeter als bei den Träumen mit ihrer unbestimmten Sprache. Es enthält auch viel mehr als die Träume; so sind zum Beispiel die Gefühlswerte darin enthalten, und man kann die Abläufe mit dem Gefühl beurteilen. Sehr oft haben die Patienten selbst den Eindruck, daß ihr Material nach Sichtbarwerden drängt. So sagen sie zum Beispiel: »Dieser Traum war so eindrücklich, ich würde seine Atmosphäre gern zum Ausdruck bringen, wenn ich nur malen könnte.« Oder sie haben das Gefühl, daß eine bestimmte Vorstellung nicht rational, sondern in Symbolen ausgedrückt werden müßte. Oder sie stehen unter einer Emotion, die, wenn sie in eine Form gegossen werden könnte, verständlich würde, und so weiter. Daher beginnen sie zu zeichnen, zu malen oder ihre Bilder plastisch darzustellen, und Frauen weben zuweilen. Ich habe sogar eine oder zwei Patientinnen gehabt, die ihre unbewußten Figuren tanzten. Natürlich können sie auch durch Schreiben ausgedrückt werden.

Ich besitze viele große Serien solcher Bilder. Sie geben eine enorme Menge archetypischen Materials her. Eben bin ich dabei, die historischen Parallelen von einigen auszuarbeiten. Ich vergleiche sie mit dem in früheren Jahrhunderten, vor allem im Mittelalter, auf ähnliche Weise erzeugten Bildmaterial. Gewisse Elemente der Symbolik gehen auf Ägypten zurück. Im Osten finden wir viele interessante Parallelen zu unserem unbewußten Material, bis hinunter zu den letzten Einzelheiten. Diese vergleichende Arbeit vermittelt einem eine höchst wertvolle Einsicht in die Struktur des Unbewußten. Man muß die notwendigen Parallelen auch dem Patienten mitteilen, natürlich nicht so ausführlich, wie man sie in einer wissenschaftlichen Studie darlegen würde, aber doch so viel davon, wie der Betreffende braucht, um seine archetypischen Bilder zu verstehen. Denn er kann ihren eigentlichen Sinn nur integrieren, wenn er sieht, daß sie nicht einfach eine seltsame persönliche Erfahrung ohne Beziehungen zur Umwelt sind, sondern ein typischer, immer wiederkehrender Ausdruck der objektiven Tatsachen und Vorgänge in der menschlichen Psyche. Durch die Objektivierung seiner unpersönlichen Bilder und das Verständnis der ihnen innewohnenden Vorstellungen wird der Patient befähigt, alle Werte seines archetypi-

schen Materials zu verarbeiten. Dann kann er
sehen, und das Unbewußte wird ihm verständlich
hat eine solche Arbeit eine eindeutige Wirkung au
immer er hineingelegt hat, wirkt auf ihn zurück und
eine Einstellungsänderung, die ich zu definieren su
ich vom Nicht-Ich-Zentrum sprach.

Ich will Ihnen ein interessantes Beispiel erzählen. Ich hatte einmal einen Fall, einen Akademiker, einen sehr einseitigen Intellektuellen. Sein Unbewußtes war in Unruhe geraten und aktiviert worden. Daher projizierte es sich in andere Menschen, die ihm als seine Feinde erschienen, und er fühlte sich furchtbar einsam, weil jedermann gegen ihn zu sein schien. Um seine Sorgen zu vergessen, fing er an zu trinken, wurde dann aber äußerst reizbar, und in diesen Stimmungen begann er mit andern zu streiten. Ein paarmal hatte er sehr unangenehme Zusammenstöße, und einmal wurde er aus einem Restaurant hinausgeworfen und zusammengeschlagen. Es gab noch mehr Zwischenfälle dieser Art. Dann wurde es ihm wirklich zu viel, und er kam zu mir, um mich zu fragen, was er tun solle. In dieser Stunde erhielt ich einen sehr deutlichen Eindruck von ihm: Ich sah, daß er bis obenhin mit archaischem Material angefüllt war, und so sagte ich mir: »Jetzt mache ich einmal ein interessantes Experiment, um dieses Material absolut rein, ohne jegliche Beeinflussung von meiner Seite, zu erhalten, und deshalb werde ich es überhaupt nicht berühren.« Ich schickte ihn daher zu einer Ärztin, die gerade anfing und nicht viel über archetypisches Material wußte. Auf diese Weise war ich absolut sicher, daß sie nicht hineinpfuschen würde. Der Patient fühlte sich so schlecht, daß er sich meinem Vorschlag nicht widersetzte. Er arbeitete daher mit der Ärztin und tat alles, was sie sagte[16].

Sie sagte ihm, er solle seine Träume beobachten, und er schrieb sie alle, vom ersten bis zum letzten, sehr sorgfältig auf. Ich besitze jetzt ungefähr dreizehnhundert Träume von ihm. Sie enthalten die wundervollsten Serien archetypischer Bilder. Und auf ganz natürliche Weise, ohne dazu aufgefordert zu sein, begann er eine Anzahl Bilder zu malen, die er im Traum gesehen hatte, da er spürte, daß sie sehr wichtig waren. In dieser Arbeit an seinen Träumen und Bildern tat er genau das, was andere Patienten in der aktiven Imagination tun. Er erfand sogar die aktive Imagination für sich selbst, um gewisse höchst verwickelte Probleme auszuarbeiten, vor die ihn seine Träume gestellt hatten, wie zum Beispiel die Frage, wie die Inhalte eines Kreises ins Gleichgewicht zu bringen sind, und anderes dieser Art. Er bearbeitete das Problem des *per-*

[16] [Dieser Fall lieferte das Material für den zweiten Teil von *Psychologie und Alchemie* (Ges. Werke XII).]

…m mobile, nicht auf verrückte Weise, sondern symbo-…sch. Er arbeitete an allen Problemen, die der mittelalterlichen Philosophie so wichtig waren, und von denen unser rationaler Verstand sagt: »Das ist alles Unsinn.« Eine solche Feststellung zeigt nur, daß wir nicht verstehen. Jene verstanden; wir sind die Toren, nicht sie.

Im Lauf dieser Analyse, die ihn durch ungefähr die ersten vierhundert Träume führte, stand er nicht unter meiner Kontrolle. Nach der ersten Besprechung sah ich ihn während acht Monaten nicht mehr. Er war fünf Monate lang bei jener Ärztin, und dann tat er während weiterer drei Monate die ganze Arbeit für sich allein, indem er die Beobachtung seines Unbewußten mit größter Sorgfalt fortführte. Er war in dieser Hinsicht sehr begabt. Am Schluß hatte er während ungefähr zweier Monate eine Anzahl Stunden mit mir. Ich brauchte ihm aber nicht viel von der Symbolik zu erklären.

Die Wirkung dieser Arbeit mit seinem Unbewußten war, daß er ein ganz normaler und vernünftiger Mensch wurde. Er trank nicht mehr, wurde völlig angepaßt und in jeder Hinsicht normal. Der Grund dafür leuchtet ein: jener Mann — er war nicht verheiratet — hatte in einer sehr einseitigen intellektuellen Weise gelebt und verspürte natürlich auch gewisse Wünsche und Bedürfnisse. Er hatte aber überhaupt kein Glück bei Frauen, weil sein Gefühl völlig undifferenziert war. So benahm er sich Frauen gegenüber immer gleich sehr ungeschickt, und sie hatten natürlich keine Geduld mit ihm. Er fiel auch Männern gegenüber unangenehm auf, und so wurde er furchtbar einsam. Aber jetzt hatte er etwas gefunden, das ihn faszinierte; er hatte ein neues Interessenzentrum. Er entdeckte bald, daß seine Träume auf etwas sehr Bedeutungsvolles hinwiesen, und dadurch wurde sein ganzes intuitives und wissenschaftliches Interesse wachgerufen. Anstatt sich wie ein verlorenes Schaf vorzukommen, dachte er: »Wenn ich am Abend mit meiner Arbeit fertig bin, gehe ich in mein Studierzimmer und werde sehen, was geschieht. Ich werde an meinen Träumen arbeiten und außergewöhnliche Dinge entdecken.« Und so war es auch. Eine rationale Beurteilung würde natürlich sagen, daß er einfach völlig in seine Phantasien hineinfiel. Aber das war absolut nicht der Fall. Er leistete wirklich harte Arbeit an seinem Unbewußten und arbeitete seine Bilder wissenschaftlich aus. Als er nach seinen drei Monaten Alleinarbeit zu mir kam, war er schon wieder fast normal. Nur fühlte er sich noch unsicher; es beunruhigte ihn, daß er einen Teil des aus dem Unbewußten ausgegrabenen Materials nicht verstehen konnte. Er befragte mich darüber, und ich gab ihm sehr vorsichtig einige Hinweise auf ihre Bedeutung, aber nur insoweit, als ihm dies helfen konnte, mit der Arbeit weiterzufahren und sie zu Ende zu führen.

Auf Ende dieses Jahres werde ich eine Auswahl aus seinen ersten vierhundert Träumen publizieren und die Entwicklung eines einzigen Motivs, des Zentralmotivs dieser archetypischen Bilder, aufzeigen[17]. Eine englische Übersetzung wird später herauskommen, und dann werden Sie sehen können, wie sich die Methode in einem von mir oder von irgendeinem andern Einfluß völlig unberührten Fall auswirkte. Es ist eine höchst erstaunliche Bilderserie, die wirklich zeigt, was die aktive Imagination vermag. In diesem Fall war sie allerdings nur teilweise eine Methode zur Objektivierung der Bilder in plastischer Form, da viele der Symbole direkt in den Träumen auftraten; sie zeigt aber doch die Art von Atmosphäre, die in der aktiven Imagination zu erreichen ist. Ich habe Patienten, die Abend für Abend an diesen Bildern arbeiten, indem sie ihre Beobachtungen und Erfahrungen malen und formen. Die Arbeit ist faszinierend für sie; es ist die Faszination, die die Archetypen immer auf das Bewußtsein ausüben. Aber indem man sie objektiviert, wird die Gefahr der Überschwemmung des Bewußtseins abgewendet, und ihre positive Wirkung kann sich entfalten. Es ist fast unmöglich, diese Wirkung in rationalen Begriffen zu beschreiben; es ist eine Art »magischer« Wirkung, das heißt ein suggestiver Einfluß, der von den Bildern zum Menschen geht, und auf diese Weise wird dessen Bewußtsein erweitert und verändert.

Wie ich höre, hat Dr. Bennet einige Bilder (siehe Kunstdruckbeilage) von einem Patienten mitgebracht. Würden Sie so freundlich sein, sie uns zu zeigen?

Das Bild (Abb. 14) soll eine Schale oder eine Vase darstellen. Es ist natürlich sehr ungeschickt ausgedrückt und bloß ein Versuch, nur die Andeutung einer Vase oder einer Schale. Das Motiv des Gefäßes ist selbst ein archetypisches Bild, das einen bestimmten Zweck hat, und von diesem Bild her kann ich beweisen, welcher Zweck das ist. Ein Gefäß ist ein Gerät, das etwas enthalten soll. Es enthält zum Beispiel Flüssigkeiten und verhindert sie am Verschüttetwerden. Unser deutsches Wort Gefäß ist das Hauptwort von fassen, das heißt enthalten, etwas ergreifen. Das Wort Fassung bedeutet Einpassung und im übertragenen Sinn Haltung, gesammelt bleiben. So deutet das Gefäß auf diesem Bild die Bewegung des Enthaltens an, um etwas zu sammeln und zusammenzuhalten. Man muß etwas zusammenhalten, was sonst auseinanderfallen würde. Aus der Art, wie dieses Bild zusammengesetzt ist, und aus einzelnen Zügen davon geht klar hervor, daß dieser Mann

[17] C. G. Jung, *Traumsymbole des Individuationsprozesses in: Eranos-Jahrbuch* III/1935 (Ges. Werke XII).]

eine Anzahl disparater Elemente in sich trägt. Das Bild ist typisch für einen schizophrenen Zustand. Ich kenne den Fall überhaupt nicht, aber Dr. Bennet bestätigt mir, daß meine Schlußfolgerung zutrifft. Man sieht die disparaten Elemente auf dem ganzen Bild verteilt; es sind eine Anzahl Dinge darauf, die ganz unmotiviert sind und nicht zusammengehören. Überdies sehen Sie die merkwürdigen Linien, die das Feld zerschneiden. Diese Linien sind charakteristisch für eine schizophrene Mentalität; ich nenne sie die Bruchlinien. Wenn ein Schizophrener ein Selbstportrait malt, drückt er natürlich die schizophrene Spaltung in seiner eigenen inneren Struktur aus, und daher findet man diese Bruchlinien, die oft mitten durch eine spezielle Figur hindurchgehen wie die Bruchlinien in einem Spiegel. In diesem Bild weisen die Figuren selbst keine Bruchlinien auf; sie gehen nur über das ganze Feld hinweg.

Dieser Mann versucht also, all seine disparaten Elemente in dem Gefäß zu sammeln. Das Gefäß soll sein ganzes Wesen, all seine unvereinbaren Einheiten zusammenfassen. Wenn er versuchen würde, sie in seinem Ich zu sammeln, wäre das eine unmögliche Aufgabe, weil das Ich immer nur mit einem Teil zu gleicher Zeit identisch sein kann. So weist er durch das Symbol des Gefässes darauf hin, daß er versucht, ein Behältnis für sämtliche Inhalte zu finden, und durch die Art Ball oder Kugel in der Mitte deutet er ein Nicht-Ich-Zentrum an.

Das Bild ist ein Versuch zur Selbstheilung. Es bringt alle disparaten Elemente ans Licht, und es versucht auch, sie im Gefäß zusammenzubringen. Diese Vorstellung eines Behältnisses ist eine archetypische Idee. Man findet sie überall, und sie ist eines der zentralen Motive unbewußter Bilder. Sie ist die Idee des magischen Kreises, der um etwas herum gezogen wird, das nicht entfliehen darf oder gegen feindliche Einflüsse geschützt werden muß. Als apotropäischer Zauber wird der magische Kreis seit archaischen Zeiten benützt, und man findet diese Verwendung noch in der Folklore. Wenn zum Beispiel jemand nach einem Schatz gräbt, zieht er als Schutz gegen den Teufel einen magischen Kreis um das Feld. Beim Ausstecken des Grundrisses einer Stadt pflegte ein ritueller Gang oder Ritt um die Peripherie stattzufinden, um den inneren Raum zu beschützen. In einigen schweizerischen Dörfern ist es immer noch Sitte, daß der Priester und der Stadtrat um die Felder herumreiten, wenn der Segen für den Schutz der Ernte erteilt wird. Im Zentrum des magischen Kreises oder heiligen Bezirks befindet sich der Tempel. Eines der wundervollsten Beispiele hierfür ist der Tempel von Borobudur in Java. Die Umschreibung, die *circumambulatio*, ist spiralförmig; die Pilger schreiten an den Figuren der verschiedenen Leben von Buddha vorbei, bis sie auf dem Gipfel zum unsichtbaren Buddha kommen, zum Buddha, der noch erscheinen wird. Der Grundriß von Borobudur ist ein Kreis innerhalb eines Quadrats. Diese Struktur wird im Sanskrit ein Mandala genannt. Das Wort bedeutet Kreis, insbesondere magischer Kreis. Im Osten trifft man Mandalas nicht nur als Grundrisse von Tempeln, sondern auch als Bilder in den Tempeln, oder als Zeichnungen für den Tag gewisser religiöser Feste. Genau in der Mitte des Mandala befindet sich der Gott oder das Symbol der göttlichen Kraft, der diamantene Blitz. Um diesen innersten Kreis herum zieht sich ein Kreuzgang mit vier Toren. Dann kommt ein Garten, und um diesen herum ist als äußerer Umfang ein weiterer Kreis angelegt.

Das Symbol des Mandala hat genau diese Bedeutung eines heiligen Ortes, eines *temenos,* der die Mitte zu beschützen hat. Es ist auch eines der wichtigsten Symbol-Motive in der Objektivierung unbewußter Bilder[18]. Es ist ein Mittel, um das Zentrum der Persönlichkeit davor zu schützen, nach außen gezogen und von außen beeinflußt zu werden.

Das Bild des Patienten von Dr. Bennet ist der Versuch, ein solches Mandala zu zeichnen. Es hat einen Mittelpunkt, und es enthält alle seine psychischen Elemente, und die Vase wäre der magische Kreis, der *temenos,* um den herum er die *circumambulatio* vollziehen muß. Die Aufmerksamkeit ist also auf das Zentrum gerichtet, und zu gleicher Zeit werden alle disparaten Elemente zusammen beobachtet und zu vereinigen versucht. Die *circumambulatio* mußte immer in Richtung des Uhrzeigers erfolgen. Die Bewegung in der andern Richtung war sehr ungünstig. Die Idee der *circumambulatio* in diesem Bild ist der erste Versuch des Patienten, ein Zentrum und ein Gefäß für seine ganze Psyche zu finden. Er hat damit aber keinen Erfolg. Die Zeichnung ist nicht im Gleichgewicht, und die Vase kippt um. Sie kippt sogar nach links um, das heißt nach der Seite des Unbewußten. Das Unbewußte ist also noch übermächtig. Wenn seine apotropäische Magie wirksam sein soll, muß er es anders anfangen. Wir wollen sehen, was er im nächsten Bild tut.

In diesem Bild (Abb. 15) unternimmt er einen Versuch zur Symmetrie. Jetzt sind die disparaten, monströsen Dinge, die er vorher nicht einfangen konnte, in günstigeren, weniger pathologischen Formen gesammelt und assimiliert. Er kann jetzt die lebendigen Einheiten seines Unbewußten in der Form von Schlangen in die heilige Vase sammeln. Die Vase steht fest, sie kippt nicht mehr um, und ihre Form hat sich verbessert. Seine Absicht hat noch keinen Erfolg; aber wenigstens kann er den Tieren eine gewisse Form geben. Es sind alles Tiere der Unter-

[18] [Vgl. C. G. JUNG, Kommentar zu *Das Geheimnis der Goldenen Blüte* (Ges. Werke XIII) und *Über Mandalasymbolik* (Ges. Werke IX/I).]

welt, Fische der Tiefsee und Schlangen der Dunkelheit. Sie symbolisieren die tieferen Zentren seiner Psychologie, das sympathische Nervensystem. Höchst bemerkenswert ist, daß er auch die Sterne einsammelt. Das heißt, daß der Kosmos, seine ganze Welt in dem Bild gesammelt erscheint. Es ist eine Andeutung der unbewußten Astrologie, die uns in den Knochen sitzt, wenn wir auch nichts davon wissen. Auf dem obersten Teil des Bildes befindet sich die Personifizierung des Unbewußten, eine nackte Anima-Figur, die dem Beschauer den Rücken kehrt. Das ist eine typische Position; zu Beginn der Objektivierung dieser Bilder dreht einem die Anima oft den Rücken zu. Am Fuß der Vase befinden sich acht Zeichen des zunehmenden Mondes; der Mond ist ebenfalls ein Symbol des Unbewußten. Für den Mann ist das Unbewußte die Mond-Welt, das heißt die nächtliche Welt, deren Kennzeichen der Mond ist, und Luna ist weiblichen Geschlechts, weil das Unbewußte weiblich ist. Es gibt noch eine Reihe von Bruchlinien in diesem Bild, die die Harmonie stören. Ich möchte aber annehmen, daß der Patient sehr wahrscheinlich auf dieser konstruktiven Linie weiterfahren wird, wenn nicht noch besondere Störungen auftreten. Die Hoffnung, daß er sich wieder ganz auffangen wird, scheint nicht unbegründet, denn das Auftauchen der Anima ist eher ein positives Zeichen. Sie ist ebenfalls eine Art Vase oder Gefäß, denn im Anfang enthält sie das ganze Unbewußte, statt daß dieses in seine verschiedenen Einheiten aufgesplittert ist. Ferner versucht der Patient die Motive in rechts und links zu trennen, was einen Schritt zur bewußten Orientierung andeutet. Der Ball oder die Kugel aus dem ersten Bild ist verschwunden, aber das ist kein schlechtes Zeichen. Das ganze Gefäß ist jetzt das Zentrum, es kippt auch nicht mehr um, sondern steht fest auf seiner Grundlage. All dies weist darauf hin, daß er in echter Weise versucht, sich in Ordnung zu bringen.

Man soll die Bilder den Patienten zurückgeben, da sie sehr wichtig sind. Man kann Kopien erhalten; Patienten fertigen gern Kopien für den Arzt an. Sie sollen die Originale aber behalten, da sie sie gerne anschauen; und wenn sie sie anschauen, spüren sie, daß ihr Unbewußtes sich darin ausdrückt. Die objektive Form wirkt auf sie zurück, und sie wirkt wie ein Zauber. Der suggestive Einfluß des Bildes wirkt auf das psychologische System des Patienten ein und setzt dort das gleiche in Gang, was er in das Bild hineingelegt hat. Auf diesem Vorgang beruht die Herstellung von Götzenbildern und die magische Verwendung heiliger Bilder, von Ikonen. Sie gießen ihre Magie in unser System und bringen uns in Ordnung, vorausgesetzt, daß wir uns selbst in sie hineinversetzen. Wenn man sich in eine Ikone hineinversetzt, spricht sie zu einem.

Nehmen Sie ein lamaistisches Mandala mit einem Buddha oder einem Shiva im Zentrum. In dem Ausmaß, in dem Sie sich in es hineinversetzen können, spricht es zu Ihnen und kommt Ihnen nahe. Es hat eine magische Wirkung.

Weil diese Bilder aus dem Unbewußten die gegenwärtige psychologische Situation des Verfassers zum Ausdruck bringen, kann man sie zu diagnostischen Zwecken verwenden. Auf Grund eines solchen Bildes kann man sofort feststellen, wo der Patient steht, ob er schizophren oder nur neurotisch ist. Man kann daraus sogar eine Prognose ableiten. Bei einiger Erfahrung sind solche Malereien außerordentlich hilfreich. Man muß natürlich vorsichtig sein. Jede Dogmatik wäre fehl am Platz, und man kann nicht zu jedem Patienten sagen: »Nun malen Sie einmal!« Es gibt Leute, die meinen: »Dr. Jungs Behandlung besteht darin, daß er den Patienten sagt, sie sollen malen«, genauso, wie sie früher fanden: »Er unterscheidet sie in Introvertierte und Extravertierte und sagt: ›Sie sollten so und so leben, da Sie zu diesem oder jenem Typ gehören‹.« Das ist sicher keine Behandlung. Jeder Patient stellt ein neues Problem für den Arzt dar, und er kann von seiner Neurose nur geheilt werden, wenn man ihm hilft, seinen persönlichen Weg zur Lösung seiner Konflikte zu finden.

Der Vorsitzende:

Meine Damen und Herren, durch Ihren Applaus haben Sie etwas von dem zum Ausdruck gebracht, was Professor Jung für Sie bedeutet. Dies ist das letzte Mal in dieser Vorlesungsreihe, daß wir die Ehre und Freude haben, Professor Jung zu hören. Wir können nur sehr unvollkommen ausdrücken, wie dankbar wir ihm für diese Vorlesungen sind, die so anregend und aufrüttelnd waren, und die so vieles in uns zurücklassen, worüber wir in Zukunft nachzudenken haben, so vieles, was für uns alle, besonders für die Psychotherapeuten, von enormer Eindrücklichkeit ist. Ich glaube, Herr Professor, daß Sie dieses Ziel im Auge hatten, und Sie haben es erreicht. Wir von diesem Institut sind außerordentlich stolz darauf, daß Sie hier zu uns gesprochen haben, und ich glaube, wir hegen alle die Hoffnung, daß Sie recht bald wieder nach England kommen, um zu uns zu sprechen und uns noch mehr über diese großen Probleme nachdenken lassen.

Diskussionsteilnehmer

In diesen kurzen Angaben werden berufliche Tätigkeit und Veröffentlichungen der Diskussionsteilnehmer aufgeführt. Die Mitarbeiter am Institute of Medical Psychology / Tavistock Clinic, im Jahre 1935, sind mit einem * versehen. Die Abkürzungen der in England üblichen Titel wurden beibehalten.

BAYES, Helton Godwin B. A., M. B., B. Chir (gest. 1943)
War als Chirurg im Balkankrieg (Rotkreuzmission nach der Türkei) und im Ersten Weltkrieg tätig. 1925–26 organisierte er Jungs Expedition nach Ostafrika zum Studium der Psychologie der Primitiven (vgl. JUNG/JAFFÉ, *Erinnerungen, Träume, Gedanken*, S. 257 ff), an der er selbst teilnahm. Übersetzte C. G. JUNGS *Psychologische Typen* und, zusammen mit Cary F. BAYNES, *Contribution to Analytical Psychology* (eine Anthologie, die Einzelaufsätze Jungs aus verschiedenen seiner Werke zusammenfaßt) und *Zwei Schriften über Analytische Psychologie*. Verfasser von *Mythology of the Soul, Germany Possessed* und *Analytical Psychology and the English Mind*, mit einem Vorwort von C. G. JUNG. Er war ein Pionier der Analytischen Psychologie in England und gründete den Analytical Psychology Club.

BENDIT*, Laurence John M. A., M. D., D. P. M.
Hielt Vorlesungen und schrieb verschiedene Arbeiten über psychologische und religiöse Themen in England und den Vereinigten Staaten, von 1961 an, schrieb u. a. *The Mirror of Life and Death* und, zusammen mit Phoebe BENDIT, *The Psychic Sense* und *This World and That.*

BENNET*, Edward Armstrong M. C., M. A., M. D., Sc. D., D. P. M.
Honorary Consultant an der Tavistock Clinic. Professor für Psychologische Medizin an der School of Physic, Trinity College, Dublin. Arzt am Bethlem Royal- und am Maudsley Hospital. Vorlesungen am Institute of Psychiatry. Vorsitzender der medizinischen Abteilung der British Psychological Society. Patron des C. G. Jung-Instituts, Zürich. Brigadier, R. A. M. C., und psychiatrischer Berater in der India Command und der 11. Army Group. Verfasser von *The Freud-Janet Controversy, C. G. Jung* und *What Jung Really Said.*

BION*, Wilfred Ruprecht D. S. O., B. A., M. R. C. S., L. R. C. P.
Major R. A. M. C., Direktor des Institute of Psycho-Analysis. Präsident der British Psycho-Analytic Society. Vorsitzender der medizinischen Abteilung der British Psychological Society. Verfasser von *Learning from Experience, Elements of Psycho-Analysis, Group Dynamics* u. a.

BROWNE*, Leonard Foster L. F., M. D. (gest. 1960)
Honorary Consultant an der Tavistock Clinic. Oberstleutnant

R. A. M. C. Psychiatrischer Berater der Eastern Command und der London Area. Stadtrat der County von London und Vorsitzender des Londoner County Council. Verfasser von *Everyday Relationships* und *The Psychopathology of Tuberculosis.*

BRUNTON, Charles E. M. A., M. D., Sc. D.
Vorlesungen am London Hospital Medical College über Physiologie, Vorlesungen an der Universität von Liverpool, ebenfalls über Physiologie, sowie über Psychologie für Medizinstudenten. Verfasser von Abhandlungen in Fachzeitschriften über Physiologie und Atmung.

CAMPS, Percy William Leopold M. B., B. S., F. R. C. S. (gest. 1956)
Diente in Malta und Frankreich in der R. A. M. C. Mitbegründer des Memorial Hospital Teddington, an dem er als Chirurg wirkte.

CRICHTON-MILLER*, Hugh M. A., M. D., F. R. C. P., M. D. Pavia (gest. 1959)
Begründer und Arzt an der Tavistock Clinic. Begründer des Bowden House, Harrow-on-the-Hill. Vizepräsident der National Association für Mental Health. Sir Charles Hastings-Professor, B. M. A. Präsident der psychiatrischen Abteilung der Royal Society of Medicine. Patron des C. G. Jung-Instituts, Zürich. Verfasser von *The New Psychology and the Teacher, Psycho-Analysis and its Derivatives.* C. G. Jung schrieb das Vorwort zu *Hugh Chrichton-Miller, 1877–1959: A Personal Memoir by his Friends and Family.*

DICKS*, Henry Victor M. A., M. D., F. R. C. P.
Stellvertretender Medizinischer Direktor I. M. P. und psychiatrischer Berater an der Tavistock Clinic. Oberstleutnant R. A. M. C., Berater für psychologische Kriegführung, SHAEF. Nuffield-Professor für Psychologie an der Universität Leeds. Vorsitzender der medizinischen Abteilung der British Psychological Society. Präsident der psychiatrischen Abteilung, B. M. A. Präsident der Royal Medico-Psychological Association. Mitglied des Forschungskomitees über kollektive Psychopathologie führender Nazis, an der Universität Sussex. Verfasser von *Clinical Studies in Psychotherapy, History of the Tavistock Clinic* (in Vorbereitung).

HADFIELD*, James Arthur M. A., M. B., Ch. B. (gest. 1967)
Studienleiter I. M. P. In dieser Eigenschaft lud er C. G. Jung ein, Vorlesungen an der Tavistock Clinic zu halten. Vorlesungen über Psychopathologie und seelische Hygiene an der Universität London. Oberstleutnant R. A. M. C. Verfasser von *Psychology and Morals, Psychology and Mental Health, Dreams and Nightmares.*

HENDY*, Bernard Drummond M. B., B. Chir.
Psychiatrie-Assistent am De La Pole-Hospital in Willerby, Yorkshire.

HOWE*, Eric Graham M. B., B. S., D. B. M.
Leitender Assistent an der Abteilung für psychologische Medizin am St. Thomas Hospital in London. Begründer der Open Way Clinic (Poliklinik). Verfasser von *Motives and Mechanisms of the Mind, The War Dance, A Study of the Psychology of War, Mysterious Marriage, Cure or Heal.*

LUFF*, Mary Constance M. D., D. P. M.
Stellvertretende medizinische Direktorin, I. M. P., Major, R. A. M. C. Lebt seit ihrer Pensionierung in Jamaica.

MACKENZIE*, Marion Enid Townsend M. B., B. S.
Psychiatrische Beraterin an der Abteilung für Kinder und Eltern an der Tavistock Clinic. Assoziiertes Mitglied der British Psycho-Analytical Society. Verfasserin von Abhandlungen über öffentliche Gesundheit.

MILLER*, Emanuel M. A., D. P. M., F. R. C. P.
Arzt I. M. P. Oberstleutnant R. A. M. C. Arzt am Bethlem Royal und am Maudsley Hospital. Vorlesungen am Institut für Psychiatrie. Arzt für Kinderpsychiatrie am St. George's Hospital, London. Psychiater im Direktorium der Medical Search and Statistics. Mitherausgeber des British Journal of Criminology. Verfasser von *Modern Psychotherapy*; Herausgeber von *Neuroses in War, Foundations of Child Psychiatry.*

REES*, John Rawlings C. B. E. (Mil.), M. A., M. D., D. P. H., F. R. C. P.
Medizinischer Direktor I. M. P. Brigadier R. A. M. P. Ehrenamtlicher psychiatrischer Berater der Armee. Präsident der World Federation of Mental Health. Präsident der psychiatrischen Abteilung der Royal Society of Medicine. Vorlesungen am Maudsley Hospital, sowie an der New York Academy of Medicine. Verfasser und Herausgeber von *The Case of Rudolf Heß, Mental Health and the Offender* und *Psychiatry in War.*

Ross, Thomas Arthur M. D., F. R. C. P. (gest. 1941)
Erster medizinischer Direktor des Cassel Hospital. Mitglied des Psycho-Analysis Committee, B. M. A., des Comittee für Research in Mental Diseases, sowie des Mental Health Committee, B. M. A. Verfasser von *The Common Neuroses and Their Treatment by Psychotherapy, An Enquiry into Prognosis in the Neuroses.*

STRAUSS*, Eric Benjamin M. A., D. M., F. R. C. P., Hon. D. Sc. Frankfurt (gest. 1961)
Arzt für Psychologische Medizin am St. Bartholomew's Hospital in London. Präsident der psychiatrischen Abteilung der Royal Society of Medicine. Croonian-Dozent, R. C. P. Verfasser von *Recent Advances in Neurology,* zusammen mit W. R. BRAIN (später Lord Brain); *Psychiatry in the Modern World*; Übersetzer von E. KRETZSCHMERS *Textbuch der Medizinischen Psychologie.*

SUTTIE*, Ian Dishart M. D., F. R. F. P. S. (gest. 1935)
Assistenzarzt am Royal Asylum in Glasgow. Verfasser von *The Origins of Love and Hate.*

WRIGHT*, Maurice Beresford O. B. E., M. D. (gest. 1951)
Spezialist für Neurologie am Ministry of Pensions.

YELLOWLEES, David M. B., Ch. B.
Psychiatrischer Berater an der Western Infirmary in Glasgow. Medizinischer Direktor der Lansdowne Clinic for Functional Nervous Disorders in Glasgow. Verfasser von *Psychology's Defence of the Faith.*

Literaturverzeichnis

ADLER, G. *Entdeckung der Seele.* Von Sigmund Freud und Alfred Adler zu C. G. Jung. Zürich 1934.

BOURGET, P. *L'Etape.* Paris 1902.

BROGLIE, L. V. de *Licht und Materie.* Ergebnisse der neueren Physik. Darmstadt 1949.

BUDGE, E. A. Wallis *Egyptian Literature.* Vol. I, *Legends of the God* (Books on Egypt and Chaldea, 32). London 1912.

DAVIE, T. M. »*Comments upon a Case of ›Periventricular Epilepsy‹*«. British Medical Journal. London 1935, Vol. II, 293–297, Nr. 3893, Aug. 17.

DIETERICH, A. *Eine Mithrasliturgie.* Leipzig, 2. Ausgabe 1910.

DUNS SCOTUS. *Super universalibus Porphyrii.*

FREUNDLICH, J. Artikel in: Deutsches Archiv für klinische Medizin, Berlin, 177: 4 1934, 449–57.

GRENFELL, B. P., und HUNT, A. S. (Hg. und Übers.) *New Sayings of Jesus and Fragment of a Lost Gospel.* London 1904.

DIGULLEVILLE, G. de »Le Pèlerinage de la vie humaine. Le Pèlerinage de l'âme. Le Pèlerinage de Jésus Christ.« In: JOSEPH DELACOTTE, *Guillaume de Digulleville.* Trois romanspoèmes du XIVe siècle. Paris 1932.

HARRISON, J. E. *Prolegomena to the Study of Greek Religion.* Cambridge 1922.

HERODOT. *Historien.* Deutsche Gesamtausgabe von A. HORNEFFER. Neu herausgegeben und erläutert von H. W. HAUSSIG. Mit einer Einleitung von W. F. OTTO. Kröners Taschenausgabe Bd. 224.

HEYER, G. R. *Der Organismus der Seele.* München 1959.

HUBERT, H., und MAUSS, M. *Mélanges d'histoire des religions.* Paris 1909.

J GING. *Das Buch der Wandlungen.* Aus dem Chinesischen übersetzt und erläutert von RICHARD WILHELM Köln 1967.

JACOBI, J. *Komplex, Archetypus, Symbol in der Psychologie C. G. Jungs.* Zürich 1957.

JOSEPHUS, F. *Der jüdische Krieg.* Übersetzt und eingeleitet von H. ENDRÖS. Goldmanns Gelbe Taschenbücher Nrn. 1642–45.

JUNG, C. G. *Der Mensch und seine Symbole.* Olten 1968.

KANT, I. *Anthropologie in pragmatischer Hinsicht.* 1798.

KRANEFELDT, W. M. *Therapeutische Psychologie.* Sammlung Göschen Nr. 1034.

LE BON, G. *Psychologie der Massen. Kröners Taschenbücher.* Stuttgart 1957.

LÉVY-BRUHL, L. *Die geistige Welt der Primitiven.* Köln 1959.

SCHOTT, A. *Das Gilgamesch-Epos.* Neu übertragen und mit Anmerkungen versehen. Durchgesehen und ergänzt von W. von SÓDEN. Stuttgart 1966.

Shaw, G. B. *Mensch und Übermensch.* In: Gesammelte dramatische Werke, übersetzt von S. Trebitsch. Zürich 1948.
Sophocles »Life of Sophocles«. In: *Sophoclis Fabulae.* Ed. by A. C. Pearson. Oxford 1924.
Das tibetanische Totenbuch. Hg. von W. Y. Evans-Wentz. Mit einer Einführung und einem psychologischen Kommentar von C. G. Jung. Zürich 1953.
Vergil. *Hirtengedichte* (Eklogen). Übersetzt und erläutert von H. C. Schnur. Stuttgart 1968.
Willcox, A. R. *The Rock Art of South Africa.* Johannesburg 1963.